U0585363

龙大轩 ◎ 著

道路与理念：
中华法文化趣论

Daolu yu linian:
zhonghua fa wenhua qulun

 人民出版社

目 录

理　念　篇

附录　案例举要

序　中华法文化之路

　　法文化之"文"，乃指人类社会在法律的制度、思想、观念与实践等方面形成的种种积淀，故早期文字中的"文"，通"纹"；法文化之"化"，则是将这样的积淀化育到法制建设、法律生活以至人的灵魂之中。中华文化从轴心时代一直延续至今，从未间断，这在世界所有轴心文明中绝无仅有。中华法文化作为其中的重要组成部分，亦当秉承这种恢宏的气势，古往今来一以贯之，走自己的道路，无须盲目照搬。

　　党的十八届四中全会指出：坚持走中国特色社会主义法治道路。习近平法治思想强调，坚持中国特色社会主义法治道路，"要传承中华优秀传统法律文化，从我国革命、建设、改革的实践中探索适合自己的法治道路"。这样的决定，既是党的重大决策，亦是法文化数千年演变发展的规律使然。那么，中华法文化究竟经历了哪些历程，才走上了今天的道路？笔者以为，主要包括四大阶段，即礼乐、法律、礼法和法治文化四个阶段。

一、礼乐文化：上古社会——夏商西周

中国最早的法不叫"法"，而叫"礼"。吕思勉在《先秦史》中说："古有礼而已矣，无法也。""礼"在甲骨文中，写作 ⚌⚎。下半部分是个高足盘；上半部分是"玉"。高足盘中盛放玉器，用来祭祀神灵。可见礼就是从原始人祭祀中产生的。到国家社会，演变为"夏礼"、"殷礼"、"周礼"，史称"经礼三百，曲礼三千"。晋代又将周礼分为吉、凶、军、宾、嘉五类，可知礼的内容是非常丰富的。礼的运行往往与乐相配，故合称"礼乐"，用以调整国家政治军事和个人言行举止。违反礼的行为，则用刑来惩治，所谓"出礼入刑"。用现代法理学来分析，礼是行为规范，刑是制裁措施，二者共同构成了那个时代的法律制度。严复在翻译西方启蒙思想家孟德斯鸠的《法意》时说："西人所谓法者，实兼中国之礼典。"[1]

礼乐作为中国早期的法文化样态，主要特征就是道德和法律混同。《礼记·曲礼》中说："道德仁义，非礼不成。教训正俗，非礼不备。分争辨讼，非礼不决。君臣上下，父子兄弟，非礼不定。宦学事师，非礼不亲。班朝治军，莅官行法，非礼威严不行。祷祠祭祀，供给鬼神，非礼不诚不庄。"可见当时的礼，涉及法制、道德、教育、军事、祭祀等方面，是道德与法律混同的产物。不像我们今天，有些领域归法律管，便是法律规范；有些领域归道德管，便是道德规范，道德和法律是分开的。世界上其他民族在第一个阶段的治理模式也一样，如古希腊和古罗马，最开始的社会控制手段是道德、宗教和法律的混同物，日本著名法

---

① [法] 孟德斯鸠：《法意》上册，严复译，商务印书馆 1981 年版，第 2—3 页。

学家穗积陈重将其命名为"礼"①，道德和法律是合二为一的。发展到一定阶段，法律才从这一混同物中独立出来，出现道德法律分离的现象。

二、法律文化：春秋战国——秦

进入春秋时期，社会经历大的动荡，以前的礼失去作用，出现"礼崩乐坏"的局面，传统的法律制度遭到了全面的破坏。各国诸侯纷纷进行法制改革，他们把以前的刑从礼当中剥离出来，与礼的部分条款一一对应，进行专门立法。公元前536年，郑国执政子产将国家的法典铸刻在彝器（青铜做的礼器）上，并向老百姓公布，史称"铸刑书"。公元前513年，晋国进行了改革，赵鞅向民众征收一鼓铁（480斤），铸了一个铁鼎，将刑书的文字刻在鼎上，公之于众，史称"铸刑鼎"。其他诸侯国也进行了类似的改革。

战国时期，法制改革得到进一步的推进。公元前五世纪中叶，法家始祖魏国的李悝在搜集、整理各诸侯国公布的刑书、刑鼎的基础上，编纂了《法经》，包括《盗法》、《贼法》、《囚法》、《捕法》、《杂法》、《具法》六篇。于是一种崭新的行为规范闪亮登场，那就是"灋"。到公元前四世纪中叶，商鞅在《法经》的基础上，根据秦国的实际情况进行了改革，《唐六典》称："商鞅传《法经》，改法为律"。改法为律的重要性在于：一是强调法律的稳定性，一旦制定，不能轻易改变；二是强调统一适用性，"所谓壹刑者，刑无等级。自卿相、将军以至大夫、庶人，有不从

---

① ［日］穗积陈重：《祭祀及礼与法律》，日本岩波书店1928年版，第199—200页。

王令、犯国禁、乱上制者，罪死不赦"。① 中华法文化由以前的"礼乐文化"走向"法律文化"。

"法律文化"相较于"礼乐文化"，最大的变化就是道德与法律相分离。以前的礼，进入法的部分，就变成了法，用刑的手段来加以保障；没有进入法的部分，有人称作"法外遗礼"，不再用刑的手段来调整，而由社会舆论、良心自律来调整，遂变成了道德。道德和法律自此分离。

秦国凭借"法"和"律"的治理，"繁法严刑而天下震"，迅速崛起并消灭六国，进而在全中国范围内推行"专任刑法"、"纯任法治"、"弃礼任法"式的"以法治国"，只讲法律，不顾道德。父子之间不讲孝道，法家韩非就说："君之直臣，父之暴子也……父之孝子，君之背臣也。"② 夫妻之间不讲情义，云梦秦简《法律答问》中记载："夫有罪，妻先告，不收。"鼓励夫妻相互告发。秦朝彻底抛弃三代的"礼乐文化"传统，不到16年即告灭亡。

三、礼法文化：汉——清

历史进入汉朝，人们开始反思，抛弃传统的做法是行不通的，法律如果离开了道德的滋养，肯定会出问题。司马谈在《论六家要旨》中指出："法家不别亲疏，不殊贵贱，一断于法，则亲亲尊尊之恩绝矣。可以行一时之计，而不可长用也。"③ 于是，从汉朝开始，统治者将以前被

---

① 《商君书·赏刑篇》。
② 《韩非子·五蠹第四十九》。
③ 《史记·太史公自序》。

抛弃的礼逐渐引入法当中来，史称"引礼入法"，开启了道德法律相结合的进程。魏晋南北朝，礼法结合得以进一步发展。到了唐朝，形成了"礼法合一"的格局，礼法传统得以定鼎。

礼法文化的治理模式，不再是单纯的法律之治，而是三大体系综合为理。首先是礼典体系。汉初叔孙通尝试编纂礼典，未果。西晋出台了第一部礼典——《新礼》，后世称《晋礼》，唐朝《大唐开元礼》是其集大成者。此后，历代王朝皆依其模式编纂礼典，用以调整国家的军政大事和官民的言行举止。其次是律典体系。汉有《汉律》、唐有《唐律》、清有《清律》，律典的制定，需以礼的精神原则为指导，故《唐律疏议》是"一准乎礼"。违反礼典、律典的行为，则用律典中规定的罚则进行制裁。最后是民间法体系。主要指乡规民约、家法族规以及民族地区的习惯法，其制定亦来源于礼俗、礼义。若宋初陈旭，其家族自唐朝以来，绵延不绝，宋太宗时参知政事张泊赞云："（陈）旭宗族千余口，世守家法，孝谨不衰，闺门之内，肃于公府"①。民间法虽有着自身独特的不同于国家法的行为规范体系和制裁措施，然国家对此则予以认同：对于乡规民约与家法族规，采"刑罚不可驰于国，笞捶不可废于家"之态度；对少数民族习惯法，则采"各依本俗法"的政策，从而使礼法文化呈现出德法合治、"多元并存"的格局。

礼法文化造就了中国两千年一以贯之的礼法社会，大多数情况下，国家社会处于稳定状态，且打造出文景之治、贞观之治、开元之治、康乾之治等盛世太平景象。即便在朝代更迭时出现混乱，一旦新的政权诞生，又自觉不自觉地重新走上礼法秩序。清末大理院正卿张仁黼说："数千年来礼陶乐淑，人人皆知尊君亲上，人伦道德之观念，最为发

---

① 《宋史》卷四五六，《孝义传·陈兢传》。

达，是乃我国之国粹，中国法系即以此。"① 这样的秩序，直到清末方始解体。

四、法治文化：清末以后

鸦片战争爆发后，中西文化发生了强烈的碰撞。1902 年清政府发布上谕，决定进行法制改革。1904 年成立法律修订馆，负责拟定新法，到 1911 年，仿照西方大陆法系的制度框架，颁布了以《大清新刑律》为代表的新的法律体系，传统的礼法到此彻底解体。现在的法律体系也基本是按照这个框架来建设的，法治成为我们追求的目标。

从礼法文化到法治文化带来了诸多变化，最为重要的有二：一是德法合治走向德法分治。以前是道德法律合二为一，凡是违反道德的行为，就会受到法律的制裁；之后，则是道德的问题归道德管，法律的问题归法律管，二者要分而治之。这种模式，能够缩小法律的打击面，有利于更大范围地保障自由、人权，代表了世界先进的法治文明。二是由"以刑统法"走向分部门设置法律。在礼法时代，凡是违犯国家法律的行为，统统叫"犯法"，都要用刑罚来制裁，笔者将其称作"以刑统法"，用刑罚的方法来统率、调整所有的法律。清末法制改革以来，在法律体系内部，分部门设置法律，于是有民法、刑法、行政法以及相适应的各种诉讼法，各种法典是单独设立的。由"以刑统法转向分部门设置法律"，使得法律的分工越来越明确，立法技术也来越精细，这是符合世界潮流的。

---

① 《清末筹备立宪档案史料》，中华书局 1979 年版，第 834—835 页。

这两大变化使得我们国家的法制有了与世界接轨的新气象，但也显露出新问题。有的行为明明缺德，比如子女不孝敬父母的行为、夫妻之间不忠诚的行为、公共场所不讲公德的行为，由于法律中没有规定，也不会受到惩罚，便有人大胆去干，我把它戏称为"绝对的依法缺德主义"。民事经济往来中，不遵守诚信的行为，虽然违法，但不一定构成犯罪，往往只能用民事法律手段进行制裁。在一些别有用心的人看来：付出的违法成本低、得到的收益高，就会放手去干，是为"相对的依法缺德主义"。究其因，乃是因为此前的法治建设，多注重学习国外的先进经验，而忽视了中国自身的文化传统。

中国数千年法文化演变，经历了从礼乐——法律——礼法——法治这四个大的阶段。总结其间的规律可以发现：凡是注重文化传统的时期，法制建设就能健康发展，汉唐到清朝，引礼入法，注重道德与法律的有机结合，造就了一个又一个盛世；凡是无视文化传统的时期，法制建设就会出现大的问题。秦朝抛弃三代的礼乐传统，落得二世而亡；清末以来百余年，抛弃了固有的礼法传统，我们正承受着道德滑落、诚信危机的代价。

西方倡导的"法治"，有着成功的经验，但移植到中国，必当有本土化的改造；盲目照搬，难免有削足适履之痛。党的十八届四中全会作出全面推进依法治国的重大决定，其中"坚持依法治国和以德治国相结合"，弘扬中华传统美德的原则；"坚持从中国实际出发"，汲取中华法律文化精华的原则；习近平总书记在中共中央政治局第三十七次集体学习时指出："要运用法治手段解决道德领域突出问题。法律是底线的道德，也是道德的保障。要加强相关立法工作，明确对失德行为的惩戒措施。"①2021年4月，中共中央办公厅、国务院办公厅印发的《关于加

---

① 《习近平谈治国理政》第二卷，外文出版社2017年版，第134页。

强社会主义法治文化建设的意见》将"推动中华优秀传统法律文化创造性转化、创新性发展"作为法治文化建设的主要任务之一，强调"传承中华法系的优秀思想和理念，研究我国古代法制传统和成败得失，挖掘民为邦本、礼法并用、以和为贵、明德慎罚、执法如山等中华传统法律文化精华，根据时代精神加以转化，加强研究阐发、公共普及、传承运用，使中华优秀传统法律文化焕发出新的生命力"。如此种种举措，正是对中华法文化传统的回归与转化。唯其如此，我们才能从一般意义上的"法治文化"走向"中国特色社会主义法治文化"的新道路。

这既是时代的选择，又是历史的必然。

道　路　篇

礼从远古走来

　　当前我国正全面推进依法治国，总目标是建设中国特色社会主义法治体系，建设社会主义法治国家。中华民族有着数千年文明史，在这漫长的历史长河中，法律文化是怎样一步步变化发展到今天的，今后又是个什么走向？只有理清其中的演变脉络，才能在当今法治建设中做到继往开来，推陈创新。

　　然而，法律文化从古到今的演化发展，过程是复杂的，内容是丰富的，既难以讲清楚，更不容易听明白。我认为，可以将它的演变脉络概括为四部曲、八个字：

一部曲	礼·刑	上古社会到夏商西周
二部曲	法·律	春秋战国秦
三部曲	礼法	汉——清
四部曲	法治	清末法制改革以来

　　从这四个阶段可以发现，中国最早的法不叫"法"，而叫"礼"。

　　大约在 2900 年前的一个春天，一位"省部级"高官——密国（今甘肃灵台县一带）诸侯康公，跟随西周天子周共王（公元前922—前900年）去泾水春游，见到水边有三个美女，那真是沉鱼落雁、闭月羞花，漂亮啊！康公心想：一切财产属于国家所有，我作为诸侯国的国君，应该把这几个美女收归国有，便把她们带走了，史称"有三女奔之"。① 回家后被母亲一顿暴怼，斥责他违背礼数，指令他将三女交周共王发落。康公身为贵族，也要受"父母之命"的约束，何况一般民众。这就是那时调整婚姻生活的礼，相当于现在的婚姻法。

可见，"礼"就是早期中国人的法。礼在施用的过程中，还配有相应的"乐"，合称"礼乐"。从文化形态的角度讲，这一时期的法文化，可称作"礼乐"文化。

那么，礼是怎么来的？为什么说它就是当时的法呢？

一、礼来源于原始人的祭祀

从文字学来看，"礼"在甲骨文中，写作 。什么意思呢？下半部分是个高足盘；上半部分是两块像石头的东西，文字学家解释为"玉"，是人间美物。高足盘中盛放玉器，用来祭祀神灵，这就是"礼"。可见礼就是从祭祀中产生的。

《礼记·礼运》中说："夫礼之初，始诸饮食。其燔黍捭豚，污尊而抔饮，蒉桴而土鼓，犹若可以致其敬于鬼神。"②"夫礼之初，始诸饮食"意思是礼最先来源于古人的饮食生活。早期的先民，吃饱肚子已很困

---

① 《国语·周语上》。

② 《礼记·礼运》。

难，但自己不敢先吃喝，先要献给鬼神。将黄米和撕开的猪肉块放在石头上烤，供神吃，这恐怕是最早的烧烤啰；在地上挖坑装水用手抔着，奉神喝；再用鼓槌在泥土做的鼓上敲击以娱乐神灵，让神 Happy！早期先民的饮食习俗，与祭祀鬼神完全交织在一起，礼就是在这个过程中形成的规矩。

据考古学的研究，这个时代距今至少有 8000 年左右的历史了，叫作"燔炙时代"，没有锅碗瓢盆，应该是陶器发明以前的事，而陶烹时代大约在 7000 多年前。当时条件有限，只好用这些原生态的东西来祭祀。后来条件好了，便改用玉器、黄金作祭。这便是《墨子·尚同》中所说："其事鬼神也，圭璧币帛，不敢不中度量。"① 于是就有了我们看到的上面那个字。

二、为什么说礼就是那时的法

有两点理由说那时的礼就是法。

（一）礼是古人日常生活中必须遵守的行为规范

今天，我们很可能一年才去拜祭一次祖宗；偶尔去风景名胜游览，才会去烧香拜佛，祭祀并不是生活的必需，所以很难理解：礼作为祭祀中的规矩，怎么可能成为古人日常生活中必须遵守的行为规范呢？然而在远古社会，祭祀是原始人经常性的活动，所以礼就成为他们日常生活

---

① 《墨子·尚同》。

中必须遵守的规矩。

那个时代，人类的认识水平低下，天地山川、日月星辰、草木虫鱼、毒蛇猛兽，以及泥石流、地震等自然灾害，如此种种，都是他们所不能理解的，人们生活在恐惧之中，大自然成为人类的第一大天敌。如何才能在这样的环境中生存下去？他们在思索、在追问，最后得出的结论是，万事万物都有一种超自然的力量在主宰，那就是神灵。他们无法一一去克服自然界带来的种种困难，却可以和神搞好关系，祈求神的庇护。

《说文·示部》说："礼，履也，所以事神致福也。"① 履指行为规范。礼是一种行为规范，是用来侍候神灵以获取赐福的办法。有的学者认为，祭祀就是一种人神交易。我觉得祭祀就像现实生活中的行贿受贿。祭祀是给神进贡，为的是获得保佑；贿赂是给官员送财物，为的是谋得利益，道理是一样的。不同的是：一是神不会真正拿走人类敬献给他的贡品；二是神不会表态。答不答应人的请求，他是不会开口的。你的愿望实现了，那就是神灵保佑；你的愿望没实现，那是你的心还不够诚。所以神永远不会犯错误，而官员就难免。

由于原始人认为神是天地之间的老大，只要把它搞定，一切都 OK啦，所以他们不得不拜神。今天去打猎，就得祭山神；明天去捕鱼，就得祭水神。这就是哲学上所说的"诸神崇拜"，是一种原始宗教。祭祀就成为经常性的活动，他们的祭祀活动要天天搞。

在长期的祭祀活动中，礼的内容越来越丰富，在五帝时代进行了系统的汇编。远古的历史线索是"自从盘古开天地，三皇五帝到如今"，三皇指天皇、地皇、人皇，五帝指黄帝——颛顼——帝喾——尧——舜，这样传下来。舜任部落联盟首领时，找了一个叫伯夷的人来帮他

---

① 《说文·示部》。

"典三礼",即掌管三礼。①

伯夷在其位谋其政。《尚书·吕刑》中说:"伯夷降典,折民惟刑。"就是说伯夷将以前各种零散的礼汇编成礼典,用刑罚的手段来督促民众,让他们遵守礼的规定。伯夷所编订的礼典,应该是中国最早的法典。

(二) 礼是有强制力的

礼作为行为规范,告诉人们应该做什么,不应该做什么。

比如祭祀时要虔诚端庄严肃,不得嬉笑打闹。孔子说:"祭如在,祭神如神在。"老百姓说:"头上三尺有神灵。"相当于现代法律术语中说的义务性规范。

又比如祭山神时约定,禁止春季砍伐林木;祭水神时约定,禁止汛期捕鱼。相当于现代法律术语中说的禁止性规范。

如果违反礼的规定,就会遭到相应的制裁。大禹任部落联盟首领时,发生了一桩案例,更能说明这一点。"禹致群神于会稽山,防风氏后至,禹杀而戮之。"②防风氏是生活在今浙江德清县一带的一个部落的首领,传说他有三丈三尺高,是典型的巨人族。大禹是当时部落联盟的首领,在会稽山祭神,防风氏因后至竟被处死刑。此时的礼就不再是彬彬有礼的礼,而是严酷无情的法了。

从上面的讲述可以看出,礼是一种具有强制执行力的行为规范,已经具有法的基本要素。然而现代法学知识告诉我们,法是国家制定或认可的,并以国家强制力保障实施的行为规范。礼在原始社会虽然也是用

---

① 《史记·五帝本纪》。
② 《史记·孔子世家》。

强制力保障实施的行为规范，但由于那时还没有国家，所以只能叫作原始习惯法。

礼作为习惯法，经过"五帝时代"传到大禹。大禹之后，他的儿子启建立了中国历史上第一个奴隶制国家——夏国。礼到这时就摇身而变为国家法律，即"夏礼"。夏朝的礼传到了商朝，就叫"商礼"。到西周初年，周公旦将夏礼、商礼与周族的风俗习惯结合起来，制定了一套完整的礼典，即"周礼"，史称"周公制礼"，是西周第一次大的立法活动。孔子说："殷因于夏礼，所损益，可知也；周因于殷礼，所损益，可知也。"① 反映的正是礼的这一演变过程。

宋代罗烨编的《醉翁谈录》记载这么一个故事，有个杨郎中想纳妾，老婆又很厉害，不敢明说，只好天天拿《诗经》来读："不嫉妒，则男女以正"，"不嫉妒，则子孙众多也"。意思是想让老婆允许他纳妾。老婆问他："不就是想讨小老婆吗？谁定的规矩啊？"杨郎中答："这可是周公定的礼哟！"老婆怒喝："怪不得是周公定的。换了周婆，肯定不会这么定。"这个故事说明，周公制礼在古代社会，可以说妇孺皆知，影响深远。

三、礼的主要内容

夏商周三代的礼是代代相传，一脉相承。严复在翻译西方启蒙思想家孟德斯鸠的《法意》就说了："西人所谓法者，实兼中国之礼典。"②

---

① 《论语·为政》。
② ［法］孟德斯鸠：《法意》上册，严复译，商务印书馆 1981 年版，第 2—3 页。

说明礼就是法。礼作为那个时代的法，究竟有哪些内容呢？

史称有"经礼三百，曲礼三千"①。经礼指带有根本性规定的礼，即大经大法，有三百条；曲礼，指细小的礼，有三千条。当然古人说话往往没个定准，说"三"但不一定是"三"，是多的意思。这句话只能反映礼的条款很多，并不一定真的就是说礼的重要规定有三百条，一般规定有三千条。晋代人把周礼分为五大类：

1. 吉。指祭祀鬼神的礼。

礼本来就是由祭祀而产生的，所以排在首位。

2. 凶。指丧亡殡葬之礼。

人死后治丧的时间、下葬的规格，必须依循相应的礼数。

3. 军。指行军动众之礼。

行军打仗也有礼。

4. 宾。指朝聘盟会之礼。

即诸侯朝见天子，以及不同国度之间结盟、拜会的礼节仪式。

5. 嘉。指婚冠饮宴之礼。

结婚、离婚有相应的礼，男子 20 岁成年要举行加冠礼，吃饭喝酒办宴席也有一套礼节仪式。这一类的礼，更是跟老百姓的生活息息相关。

礼有这五类，每一类又有什么具体规定呢？

大家看古典小说，就会看到古时打仗，要等双方排好阵势再开战，将对将，兵对兵。一方的大将败下阵啦，另一方才一拥而上。不想打还可以挂出免战牌，约定三天后再战。小时看到这些镜头，心里就着急，替古人担忧，心想他们为啥不晓得偷袭呢？后来才明白，这种作战方法是"军礼"的要求，叫作"成列而鼓"。

---

① 《礼记·礼器》。

春秋时期，宋国和楚国在泓水打了一仗，史称"泓水之战"。宋国部队先到，严阵以待。楚军后来，渡河时一片混乱。宋军司马（即军事长官）建议进攻，以收以逸待劳之功。宋襄公说："不可。"等楚国部队过了河还没排好队形，司马又建议进攻，宋襄公仍然坚持不打，说："未可。"大家一听就会想，耶！等楚国部队渡过泓水，排好阵势，宋襄公才下令进攻。结果宋国部队大败。宋襄公的大腿被箭射中，受了伤；警卫官也战死沙场。

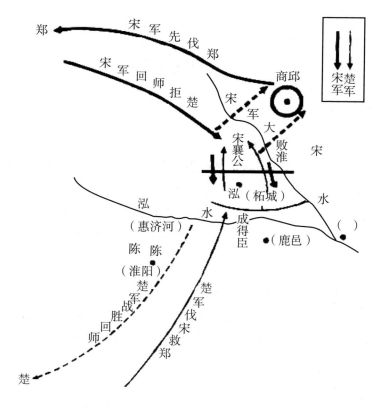

宋襄公这样打仗，现在看来确实有点傻。毛泽东同志在《论持久战》中就说宋襄公奉行的是"蠢猪式的仁义"。然而在那时，他的行为是符合军礼的。正如他自己所说："古之为军也，不以阻隘也。寡人虽亡国之余，不鼓不成列。"① 古代那些人打仗，是不会凭借地形险要来取胜的。古时击鼓进军，"不鼓"即不进攻。"不成列"，指没排成队列。即使是亡国之君商纣王的后代，也不会攻击没排好队列的敌人。"成列而鼓"是商、周时的"礼义之兵"的通行规则。宋襄公的行为看似迂腐，却正是遵守了军礼的这些规定。

除了军礼，再来看看嘉礼有些什么规定。

现在有"闪婚"的说法，在那个时代就行不通。因为嘉礼中的婚礼有要求，一桩婚姻必须有"父母之命，媒妁之言"，没有一年半载，媳妇是娶不进门的，怎么闪得起来呢？《诗经》说："娶妻如之何？必告父母。"想娶媳妇怎么办？告诉你的父母吧！父母不同意，你就只能是"做梦娶媳妇——想得美"。又说："娶妻如之何？匪媒不得。"② 讨个老婆怎么办？没有媒人你就搞不成。这相当于婚姻缔结的法律原则，谁也不能违背。

正因如此，以前我们批判那时的婚姻是包办婚姻。但这种批评也不一定完全正确。虽说父母之命媒妁之言，确实有包办的嫌疑，但也不是完全不考虑当事人的意见。比如在媒人提亲的环节，女方当事人就有"窥观"③ 的权利。按照"男不亲求，女不亲许"的婚礼，男方不能亲口向女方求婚，女方不能亲口答应男方的求婚。假如张家要和李家通婚，就派媒人提着大雁、带着张家男孩去李家提亲，李家父母出来交流，李家女孩本人不能出来，只能躲在闺房里，就是偷看随媒人而来的男青年，并暗地向父母表态同意与否。这就叫"窥观"。

东汉应劭的《风俗通》中记载：齐国有个女孩，估计是长得漂亮，前来提亲的媒婆都快踏破门槛了。一天突然来了两家人来提亲。东家的

---

① 《左传·僖公二十二年》。

② 《诗经·齐风·南山》。

③ 《易·观六二》。

男孩长得丑，但家里很有钱；西家的男孩长得帅，但家里穷。父母不好做决定，就叫女儿躲在闺房窥观，偷偷地看，看上东家，就"左祖"，把左边的袖子撸起来，父母就同意东家；看上西家，就"右祖"，把右边的衣袖撸起来，父母就同意西家。结果这个女孩看完，"两祖"，把两边的衣袖都撸起来。母亲问她："你啥意思?"女孩说"我两家都嫁。"母亲是过来人呀！说："宝贝也。你两家都嫁，怎么安排婚后生活呀?"女孩说："欲东家食而西家宿。"① 意思就是，我在东家吃饭，在西家睡觉。东家有钱，估计经常能吃上海参、鲍鱼，至少回锅肉是天天有的。但是我绝不在那里睡觉，那家的男的长得太矬了。我要去西家睡，因为那家男的英俊。她想出来这么一个主意！这个故事说明，所谓包办婚姻，其实也要考虑当事人意见的。

在日常生活中，除了婚冠饮宴之外，人与人见面要行"揖让周旋之礼"，也属于嘉礼的范畴。小时候我在农村，看到那些老年人之间，见面就拱手，就是这种礼。著名文化大师林语堂说：中国文化战胜西方文化，就在这礼节上，西方人握手为礼，要传染疾病；中国人拱手为礼，此乃卫生之道也。某甲性急，与人见面拱拱手就走了，别人批评他不懂礼数。他说："咋样做才合礼数呢?"别人说："你一边作揖打拱，心里一边数：一月、二月、三月，一直数到十二月，这样行礼就合礼数了。"该人后来见人就一边作揖打拱，一边默念一月、二月，等他念完十二月，再一看对方的人不见了，问旁边的人说："那人啥时走的?"旁人说："三月就走了。"可见，礼的内容十分丰富，上至军国大事，下至言行举止，都可以调整。

礼乐是夏商西周时期调整国家、社会和个人的行为规范，礼乐文化则是中华法文化发展史上的第一个阶段。然而单靠"郁郁乎文哉"的礼

---

① （明）冯梦龙：《古今谭概》。

与乐，如果缺乏强有力的制裁手段加以保障，也难以让人们普遍遵行，无法发挥法律调控社会的秩序功能。所以接下来将介绍作为制裁手段的"刑"，以及礼与刑之间的关系。

刑如刀光剑影

前面我们讲到中国从古到今法文化的第一个阶段表现为礼和刑两个字。礼的起源、性质和内容已经做了介绍，那么刑是怎么来的？它和礼是什么关系呢？

"刑"诞生于氏族部落战争的刀光剑影之中。

原始人面临第一大天敌是大自然，第二大天敌是外族。当时的生活资源极其有限，比如我这个部落靠采集野果过日子，你那个部落靠捕鱼过日子。我这儿吃完了怎么办呢？为了活下去，恐怕就得到你的地盘上去刨食儿，用学术语言表达就是争夺生存资源。因此，不同氏族部落之间的战争难以避免。通过战争，抓住俘虏怎么办？由于生产力水平不高，大家都不够吃，留着俘虏他还得吃喝，所以只能"咔嚓"了，杀掉，这就是死刑。随着生产力水平的提高，人类发明了农业，一个人种植出来的粮食可以够几个人吃，抓住俘虏怎么办呢？不杀，把他留下来劳动，创造剩余价值。那他要逃跑咋办？所以得给他来点记号：比如在脸上刺上图案，跑到哪儿都能把你抓回来；或者把你的脚弄出点毛病，让你既能够从事手工劳动，又跑不动。这种"伤人肌肤，残人肢体"的办法，就叫肉刑。

早在"五帝时代"，刑罚就初具体系了。在炎黄时代，东方有一个大的部落，叫作"九黎"部落，首领蚩尤为了统治内部的苗民，发明了五虐之刑。《尚书·吕刑》记载："杀戮无辜，爰始淫为劓、刵、椓、黥。"①杀就是死刑，蚩尤担心光用死刑，恐怕会滥及无辜，于是增加了劓刵椓黥这四种肉刑，来惩治轻重不同的犯罪。

劓就是割鼻子。我们在文学影视作品中可以看到早期先民往往有"被发"部落，他不像现代女孩们那样头发往脑袋后披，而是往前披。当然现在也有头发往前披的，或遮住一只眼，或两只眼睛都遮住，那是为了装酷。古人往前披，往往因为这个部落的首领曾经受过劓刑，不好看，所以把头发往前披，是用来遮丑。大家都跟着这样做，就形成了习惯，就有了被发部落。

刵就是割耳朵。

椓是后来的宫刑。简单地说，相当于对人采取了计划生育措施。

黥是在脸上刺字。细心的观众朋友们会说：中国最早的文字是商朝时的甲骨文。早在原始社会那会儿，连文字都还没有，怎么能在脸上刺字呢？是的，早期先民还没有发明文字，估计是在脸上刺一些图案，再在上面撒上一些植物颜料，以后再也不会褪色。刺字是后人对这种刑罚的一种固定说法，就没有必要去抠字眼了。

后来蚩尤被黄帝部落打败，他所发明的这五刑被黄帝拿来作为部落联盟的刑罚。黄帝这个超大级别的部落联盟就是他打败炎帝、蚩尤之后而形成的，很像后来的国家，但又不是真正的国家，所以民族学界将它称作"酋邦"。黄帝是酋邦的第一届领袖，以后由颛顼——帝喾——尧——舜——禹这样一代代传下来。传到禹的儿子启的时候，启建立了中国第一个奴隶制国家——夏朝。五刑也这样一代代传下来，当国家建立之后，就成为国家的刑罚制度。在夏商周三代，五刑比较起以前，略

---

① 《尚书·吕刑》。

有变化：

墨，就是原来的黥刑。

劓，和以前没有变化。

膑，新出现的刑罚，将罪犯的膝盖骨敲掉。

宫，就是以前的椓刑。

大辟，就是以前的死刑。

那么，礼和刑是什么关系呢？

我经常形容说："法律如果没有强制力，就像老虎没有牙齿。"礼作为夏商周的法，如果没有刑来加以强制，那它就是没有牙齿的老虎，甚至还不如。因为老虎即便没有牙齿，还是吓唬得住一些人的；礼如果没有刑做后盾，恐怕很难有人遵守。所以礼必须要有刑来做保障，才能真正具有法的功能。两者的关系是"出礼入刑"：一个人的行为超出了礼的规范，就会受到刑的制裁。《后汉书·陈宠传》说："礼之所去，刑之所取，失礼则入刑，相为表里。"①用刑罚来打击违反礼的各种行为。二者相辅相成，共同构成那个时代的法律体系。

值是之故，中华法文化史上的礼乐时代，实质上是一个礼刑时代。

礼刑时代的法律文化有哪些主要特征呢？

一、道德和法律混同

礼这种行为规范，既是道德的也是法律的，没有分别。不像我们今天，有些东西归法律管，便是法律规范；有些东西归道德管，便是道德

---

① 《后汉书·陈宠传》。

规范，道德和法律是分开的。世界上其他民族在第一个阶段的治理模式都一样，道德和法律都是合二为一的，没有区别。

　　举个例子来讲，比如在大街上，看到一个漂亮的美眉，便目不转睛、色眯眯地盯着她看，就会被人骂着"缺德"、"没修养"，这就是个道德问题，法律是管不住的。当然，现在有些女人也讲回头率，越有人看她，她越高兴。放在礼刑时代，这样的行为既是个道德问题，也是个法律问题，礼都要管。《淮南子·齐俗训》记载："帝颛顼之法，妇人不辟男子于路者，拂之于四达之衢。"① 颛顼是五帝时代继黄帝之后的第二个首领，他制定的法中规定，男女在路上碰上了，要相互避让，如果某美女见了某帅哥不避让，还要拿眼睛去"美目盼兮"、肆意放电，搞得别人神魂颠倒的。那么，部落会为此专门在四通八达的交通要道做一场法事来祛除邪气。可见，这既是个道德问题，又是个法律问题。

二、罪刑非法定

　　就是礼和刑之间，它事先没有一一对应的规定。什么意思呢？像我们今天说犯罪，比如说到故意杀人，刑法典当中是这样规定的：故意杀人的，处十年以上有期徒刑、无期徒刑或死刑。那么，在这个里面呢，故意杀人就是行为，是犯罪；处十年以上有期徒刑、无期徒刑或死刑，就是制裁方法，是刑罚。什么样的行为会受到什么样的制裁，在法条当中先是说清楚了的；也就是在犯罪和刑罚之间，法律事先是做了规定的，什么样的犯罪，会受到什么刑罚，这种就叫罪刑法定。

---

　　① 《淮南子·齐俗训》。

然而在那个时代，"经礼三百，曲礼三千"，礼有那么多条，刑有五种。但是你违反了什么样的礼，该用什么样的刑罚来制裁你，事先没有说清楚，或者说法律没有预先进行规定。这就叫罪刑非法定。

春秋时期，晋国的叔向说："昔先王议事以制，不为刑辟。"什么意思呢？西晋著名的律学家杜预解释这句话的意思是："临事制刑，不预设法也。"① 如果遇到违反礼的事情发生，由于对违反什么礼处什么刑，预先没有用法律进行规定，所以只能事后来讨论决定对当事人处什么样的刑罚。这样说起来比较笼统，我举个例子。假如说我们大家都可以穿越到西周那个年代，本人龙老师偷了别人一头牛，被抓住了，那么司法官就要临时来讨论，看对我用什么刑罚。从秦汉以后的法律来看呢，偷牛都是要杀头的，因为牛是非常重要的生产工具，是吧？那么司法官就要讨论：那个龙大轩，自号睡龙先生，说话偏激，尽是讽刺我们，这种人，唱反调，判他个大辟，就把我杀了。明天又抓住一个人偷牛，谁啊？某某明星大腕。司法官又来讨论：该明星大腕，四大天王之一也，对中国的音乐事业作出巨大贡献，这种人，不杀，处他一个宫刑算了。这就叫罪行非法定，古人叫"临事制刑"。这就是礼刑法律文化的第二个特点。

三、等级差异

人与人之间在法律面前是有等级差异的。《左传》中说："天有十日，人有十等。"② 天上有十个太阳，人要分十个等级。又说："名位不同，

---

① 《左传·昭公六年》。
② 《左传·昭公七年》。

礼亦异数。"①人的名号、地位不同，相应的礼也不一样，简单地说就是不平等。像我们今天说法制是以平等为基础的，而那个时候则公开说我们的法律就是不平等的，所以我们今天就先进，那个时候就落后。但是我最担心你嘴上说是平等的，实际上是不平等的，那就糟糕了，对不对？比如说，我们出去看到一辆车，撞死两个人，一个是农村人，一个是城市人，赔的钱就不一样。大家就会想：你不是说人人在法律面前是平等的吗？怎么这就不平等了呢？口头上说的和实际上做的不一样，就会把老百姓的思想搞乱，这正是须要进一步改进的地方。基于此，2019年4月15日，《中共中央国务院关于建立健全城乡融合发展体制机制和政策体系的意见》明确指出："改革人身损害赔偿制度，统一城乡居民赔偿标准"，实行同命同价，法律的平等性才能更好地凸显出来。这既是培育社会主义核心价值观的有效举措，又是将核心价值观融入立法实践的重要抓手。

有一句话最能体现礼刑时代法律的不平等，那就是大家可能都熟悉的"礼不下庶人，刑不上大夫"。

从表面上看，这句话的意思是：庶民是没有礼的，大夫这些贵族犯罪不受刑罚的制裁。实际上并不是这个意思，因为在这句话的前后还有一句话，后人断章取义，把前面和后面的话都给删掉了。这一掐头去尾，意思就全变了。

在"礼不下庶人"前它还有句话，是这样子的：

"国君抚式，大夫下之，大夫抚式，士下之，礼不下庶人。"②

国君就是诸侯国的国王，坐在车上，如果和大夫碰上了，大夫也要坐车，以前的贵族都要坐车。那时的车没有今天的这个车舒服，今天的

---

① 《左传·庄公十八年》。
② 《礼记·曲礼上》。

人坐在车上还可以打电话、刷微信，那时的车很颠簸，所以车前面有一个木头，这个木头就叫"式"，写全了就是苏轼的那个"轼"字。由于坐车很颠簸，所以车上的人就要抓住这个木头。如果我是一个诸侯王，相当于省部级官员，从这个方向走。你们呢，是大夫，相当于厅级官员，你们也坐车，向我这个方向走，我们就碰上了，碰上了就得行礼。我级别比你们高，我就一个手抓住这个木头，另外一个手就直接给你们行礼，这就叫"抚式"。至于说什么话，史书当中没有更加详细的记载。但是我可以想象，可能就是这样的："同志们好，同志们辛苦了，同志们晒黑了！"那你们呢？你们不能直接这样说，你们必须要把车停下来，然后从车上下来到地上，再跟我行礼，再跟我说"首长好，首长更辛苦，首长更黑"。这就叫"大夫下之"。

那么大夫碰到士呢？大夫也可以像我这样要大牌，一手抚式，一手行礼："同志们晒黑了！"那么士必须停车，下到地上，跟大夫行礼。这样的礼就不下庶人了。为什么呢？庶人哪有车啊，他只有"11"路公共汽车啊，左腿和右腿捯饬捯饬地往前边走，他本来就在路上，这样的礼就不适用于庶人。

可见"礼不下庶人"是指庶民百姓没有贵族那种抚式礼。进一步讲，就是庶民的礼和贵族的礼是不一样的，比如葬礼。我们现在的人，死了都要去高温炉烧了，真正体现了人人平等。西周时人分五等：天子、诸侯、大夫、士、庶民，身份不同，死后下葬的礼数也不同，以体现人与人之间的高低贵贱。

天子死了叫"崩"，"坟高三仞，树以松。"一仞是多少呢？大家熟悉的《射雕英雄传》中就有裘千仞、裘千丈、裘千尺。西周时一仞等于八尺，三仞就是二丈四尺高，旁边栽的松树。假如我们穿越到那时，一看这样的坟，就知道里面躺的是天子，可见那时的最高统治者很环保、很低碳哩！死了才占这么一点地方。后来的封建皇帝死了，往往要占一座山。

诸侯死了叫"薨"。坟高是天子的一半，旁边栽柏树。

大夫死了叫"卒"。坟高八尺，旁边栽栾树。

现在立墓志铭都是"某某某，生于多少年，卒于多少年"，就是由这种古礼演化而来。但在古时候是用于大夫级别的，一般老百姓是不能用的。

士死了叫"不禄"。恐怕是士一旦挂了，就会被收回禄田，没了工资来源，所以叫"不禄"。坟高四尺，旁边栽槐树。

只有庶民百姓死了才叫死，埋在地下之后，还不能留坟头。那你说后人记不住祖宗埋哪儿，咋办哩？旁边栽杨柳树做记号。庶人死后无坟，任杂草丛生，所以叫草民。①

所以"礼不下庶人"并不是说庶人没有礼，而是说庶人的礼和贵族的礼是有等级差异的。

"刑不上大夫"这句话后面还有一段话，"刑人不在君侧"。

什么是刑人呢？受过肉刑的人，脸上刺了图案的，或割掉鼻子的，或敲掉膝盖骨的，或被采取了计划生育措施的，就叫刑人。这样的人不能在国君面前晃悠，就叫"刑人不在君侧"。

为什么呢？

那时的贵族是分封的，天子的嫡长子，也就是大儿子，继承他的天子之位，其他儿子怎么办呢？不可能叫他去考公务员、考英语四六级，那太痛苦啦，而是直接分封为诸侯；诸侯的嫡长子继承他的诸侯之位，其他儿子分封为大夫，以此类推。这些贵族的地位与生俱来，他们有着共同的祖宗，都是有血缘关系的。如果对这帮人使用了肉刑，到法定朝见的日子，他们还得回来朝见国君；到了共同祭祖的日子，他们还得回

---

① 《白虎通·崩薨》。

来一起祭祀祖宗。到那时，国君一看，这个是大花脸，那个是瘸腿，那真是"一只没有眼睛，一只没有尾巴，真奇怪！"岂不是大煞风景！

所以刑不上大夫的意思，并不是说贵族犯罪不受惩罚，而是会享受一些法律特权：

第一，一般犯罪不受肉刑的制裁。不使用肉刑，那用什么刑罚来惩罚他们呢？我个人认为，很可能是用鞭刑来替代。《尚书·尧典》中说："鞭作官刑。"用鞭子抽打，作为官僚贵族的刑罚。肉刑的特点是"伤人肌肤，残人肢体，使人终身不息"，脸上的皮肤破坏了，一辈子也恢复不了；鼻子割了，一辈子也长不出来了，所以对贵族就改成鞭刑。用鞭子抽打之后，过一段时间还可以恢复。

第二，贵族犯死罪，也要受到优待。那是不是就不用死了呢？不行，还是得死。只是死得体面些。一般老百姓犯死罪，押赴市场上去公开砍头，还要让很多人来观看，叫作"刑人于市，与众弃之"①，意思是大家都来看呀，这家伙罪该万死，咱们大家都不跟你玩儿啦，我们都抛弃你啦，你自己去阎王殿报道吧，这种刑罚叫"弃市"。贵族犯死罪，就不能押到集市上去杀砍头了。而是由一种叫"甸师氏"的官员专门负责执行，将其押到秘密场所用绳子勒死，不搞公开执行，以保留贵族的体面。

通过上面的讲述，可以看到夏商西周时期的法律制度，体现为两个字：礼和刑。

如果说中华法文化发展变化的一部曲是礼刑时代，二部曲是法律时代，那么礼和刑是如何过渡到法和律的呢？

---

① 《礼记·王制》。

"法"的闪亮现身

　　前面我们讲了中华法文化发展变化的第一阶段是礼刑时代，第二个阶段是法律时代。那么夏商西周的礼和刑，是如何转变为春秋战国时期的法和律的呢？

　　周宣王时期，社会上流传这样的谶言："檿弧箕服，实亡周国。"谶言就是带有预见性的语言，以儿歌形式在民间进行传唱。意思是"桑木做的弓箭，箕木做的箭袋，是灭亡周国的祸害"。宣王听了，很是生气，下令抓捕那些卖桑木弓和箕木箭袋的人，要把灾祸消灭在萌芽状态。镐京（当时的京城）正好有一对夫妻是卖这玩意儿的，吓得赶紧逃跑，在路上捡到一个被抛弃的女婴，然后逃到了褒国。这个女孩长大后就是褒姒，出落得十分漂亮。后来褒国人得罪了周朝，就把她献给朝廷。这时的天子已经换成了周幽王。

　　周幽王一看到褒姒，就着迷了。无奈这褒姒是个冷美人，不笑。话说一个美眉，每次出门总是浓妆艳抹，脸上搽上厚厚的脂粉，看起像快掉下来一般，有人想让她出丑，故意讲很多笑话，逗得大家哈哈大笑，唯独这个美眉紧绷着脸，一笑不笑。别人问她："你怎么不笑呀？"她一本正经地说："你笑我不笑，一笑粉要掉。"褒姒不笑，当然不是因为搽了太多的粉，人家是天生丽质。周幽王为了逗她笑，想了很多办法，都没有效果，最后居然点烽火来逗她玩。烽火一点，八方诸侯都带兵来勤王，结果周王宣布没事。那真是"北平无战事"啊！各路诸侯扫兴而归。后来西方的犬戎来侵犯时，幽王点起了烽火，结果诸侯都不带兵来勤王。周幽王被杀死在骊山之下，褒姒也被抢走了，西周灭亡。后来，诸侯联合拥立周幽王的太子宜臼为天子，是为周平王。这就是著名的"烽火戏诸侯"的故事。①

公元前 770 年，平王将都城迁到洛阳，历史从此进入春秋时期。从法文化演进史来看，礼刑时代开始向法律时代转变。

烽火戏诸侯有点像我们小时候听到的"狼来了"的故事，不足以令人相信，因为它听起来更像童话，逗小孩玩儿呗！钱穆在《国史大纲》中就对此提出质疑，认为"此委巷小人之谈"。2012 年，清华大学整理获赠的战国竹简（清华简）时，发现竹简上的记述与"烽火戏诸侯"故事也有所偏差。我认为，烽火作为国家重要军事设施，周幽王身为一国之君，点烽火逗诸侯玩肯定是戏说；而诸侯不来保护周天子则是真的，他反映了社会剧烈的变迁：那就是传统的礼管不住各地的诸侯王了。

礼作为夏商周三代的法，它是怎么遭到破坏的呢？

马克思主义哲学原理中有一个经典理论，即"经济基础决定上层建筑"。法律制度是一个国家的上层建筑，它会因经济基础的变化而变化。

早在西周中期，出现了铁农具。铁农具的使用，使得生产力水平大大提高。举个例子，比如你是个诸侯王，有 20 万个奴隶，100 万亩地。以前用的是石器做的农具，20 万奴隶耕种这 100 万亩地刚刚好，没有太多的剩余时间。现在有了铁农具，20 万奴隶耕种 100 万亩地非常轻松，还会剩下很多空余时间，这就是生产力水平的提高。奴隶们有这么多空

---

① 《史记·周本纪》。

闲时间，难道让他们去打麻将、斗地主吗？难道叫他们去上 QQ 闲聊、刷微信吗？不行。而是叫他们去开荒。新开垦出来的土地，叫作"私田"。

诸侯是天子分封的，分封的土地叫"公田"。当时有"田里不鬻"的法律规定，即天子分封的公田，诸侯只有使用权，没有所有权，不能拿去买卖。现在奴隶们开垦出大量的"私田"，诸侯们可以自行处置，或者拿去交易，或者拿去抵债。土地是最重要的生产资料，一旦进入流通领域，就会快速带来贫富分化，从今天房地产开发就可以看出其中的道理。有些诸侯经营得不好，土地越来越少，变得"筚门圭窦"，[①] 逐渐就破落了；有些诸侯经营得好，土地越来越多，变成了大诸侯，拥有了大量的财富。那是"诸侯有钱就变坏"。有了钱，人的思想、行为就会发生相应的变化，就会突破旧有法律的一些条条框框。

第一，生活上的礼失去了法律约束力。按照原来的礼，天子可以观看"八佾"歌舞，横着排八个人，竖着排八个人，八八六十四个人唱歌跳舞供其观赏。诸侯只能看"六佾"，横着排六个人，竖着排六个人或者六六三十六个人唱歌跳舞供其观赏。现在诸侯中那些暴发户就不满足了：有钱了，凭啥只能看"六佾"舞，偏要看"八佾"歌舞。春秋时期，鲁国权贵季孙氏把持朝政，设置六十四人的大型舞乐队。孔子谈到这件事时，就愤怒地说："八佾舞于庭，是可忍也，孰不可忍也！"[②] 这样的事情都可以容忍，还有什么不能容忍的呢？传统生活中的礼就约束不住他们了。

第二，经济上的礼失去了法律约束力。按照宾礼的规定，诸侯定期要去朝见周天子，并向朝廷敬献各种土特产品，不按期朝见会受到刑罚

---

① 《左传·襄公十年》。
② 《论语·八佾》。

的制裁，叫作朝贡制度。由于地方诸侯坐大，中央大权旁落，有的诸侯就不把朝廷放在眼里，也不按期朝贡。周景王十八年（鲁昭公十五年，公元前527年），晋国史官籍谈出使周王室。宴席间，籍谈看周天子的生活过得冷冷清清，问为什么。天子发牢骚说："还不是你们这些诸侯不给我朝贡，才会沦落如此。"籍谈答道："我们不给你朝贡，那是因为晋国从未受过王室的赏赐，何来贡物？"周景王就叫人拿出旧典来看，一一列举出王室赐给晋国的器物清单来，然后责问籍谈，身为晋国史官，怎么能"数典而忘其祖"，这就是"数典忘祖"的典故由来。① 意思就是忘了本啦！

第三，军事上的礼失去了法律约束力。按照原来的军礼，天子有重要军事行动，就点烽火向诸侯传递信息。诸侯应当及时带兵去勤王。由于地方诸侯坐大，不听天子诏，不听从周天子的召唤，所以才有前面讲到的"烽火戏诸侯"的一幕。

从上面讲的可以看到，从西周末年到春秋时期，社会正经历大的动荡，以前的礼已经失去了作用，大家都不按照礼的规定来做了，这就是所谓的"礼崩乐坏"，传统的法律制度遭到了全面的破坏。

正因为如此，所以春秋时期各国诸侯纷纷进行法制改革，制定出新的法律制度。

那么春秋时期的法制改革是怎么搞的呢？

那肯定是方方面面都有，不胜枚举，但最主要的是把原来礼当中的部分条款抽出来，和刑一一对应地加以规定，形成新的行为规范，并将其公诸于众。

公元前536年，郑国执政子产将国家的法典铸刻在彝器（青铜做的礼器）上，并向老百姓公布，史称"铸刑书"。公元前513年，晋国进

---

① 《左传·昭公十五年》。

行了改革，赵鞅向民众征收一鼓铁（480 斤），铸了一个铁鼎，将刑书的文字刻在鼎上，公之于众，史称"铸刑鼎"。其他诸侯国也进行了类似的改革，这就是春秋时期公布成文法的活动。

到战国时期，法制改革得到进一步的推进。法家始祖李悝（公元前455—前 395 年），担任魏国的相国，他在搜集、整理各诸侯国公布的成文法的基础上，编纂了《法经》，包括《盗法》、《贼法》、《囚法》、《捕法》、《杂法》、《具法》六篇，于是一种崭新的行为规范闪亮现身了，那就是"灋"（法）。由夏商周三代的礼刑演化为现在的灋，可以用图表来表示：

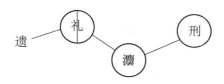

这样一套新的法律体系，和以前比起来有哪些大的变化呢？主要有如下几方面：

一、由道德法律混同走向道德法律分离

新制定出来的灋，是把原来礼当中的部分条款拿来和刑一一对应进行规定，形成新的行为规范，代表了道德与法律的分离。从晋国铸刑鼎就可以得到印证。因为赵鞅只用了 480 斤铁做成鼎，显然这个鼎不会太大，再将新法的文字刻在上面，显然也刻不了太多的内容，我们以前说到礼的整体规模是"经礼三百，曲礼三千"，内容是很多的，不可能都刻在鼎上。公布新法之后，进入法的那些礼就变成法了，用刑的手段来加以保障；没有进入法的那些礼，有人称作"法外遗礼"，不再用刑的手段来调整，而由社会舆论、良心自律来调整。那它是什么呢？它就变成道德了。于是道德和法律就分开了。

世界各国法制变化发展的历史，在早期是相同的，都有一个从道德法律混同走向道德法律分离的阶段，只是中国道德和法律相分离是春秋战国时完成的。举个例子来说明：

男女之间的关系，以前由礼来调整，所以有礼为"男女之大防"的说法。"父母之命，媒妁之言"是婚姻成立的必备条件，任何自由恋爱都是违背礼的，是法律问题。随着礼的破坏，新法对这一块又没有作出规定，男女之间自由恋爱问题就不再是法律问题，而只是道德问题了。而道德又没有相应的惩罚措施，缺乏约束力，所以人们就会"弃礼而征于书"①，抛弃原来礼的规定，完全按照刑书法典来处置自己的行为，只要法中没有规定的，就敢大胆去干，这就相当于今天法学中的那句名言："法无禁止即可为"。在男女关系上，就可以大胆去追求爱情。

兹以《诗经·郑风·褰裳》这首诗来进行分析：

> 子惠思我，褰裳涉溱。子不我思，岂无他人！狂童之狂
> 也且！

子，对男性的尊称；惠，真心诚意。你要是真心爱我，就提着衣裳渡过溱河来找我。（周时男性也穿裙子，提着裙角就可过河。）你要是不想我，难道就没有别人了吗？你这傻小子呀傻小子！"狂"通"痴"、"傻"，"且"读"jū"，一声。当今学者李敖说应这样断句"狂童之狂也，且！"且读作今天的发音，发出一种不屑的语气。依此理解，相当于今天女孩说："傻样，有什么了不起，且！"说的都是反话，怨声于外而爱

---

① 《左传·昭公六年》。

心于内，对不喜欢的人反倒不会说这种话，表达了女孩急切相见的心情。真是像流行歌曲唱的那样："因为爱情，简单的生长，依然随时可以为你疯狂。"

《诗经》中涉及男女自由恋爱的篇目还很多，可见"父母之命，媒妁之言"的礼，到春秋时已变成了道德观念，不再具有法律约束力。

道德法律分离，可以缩小法律的打击面，人的自由能得到更大程度的保障。所以由礼刑时代的道德法律混同走向道德法律分离，代表了一种先进的法治文明，成为当时法制改革的一个方向。

二、由罪刑非法定走向罪刑法定

新制定出来的法，是把原来礼当中的部分条款拿来和刑一一对应地加以规定，也就是什么样的行为会受到什么样的刑罚制裁，事先是在法典中说清楚了的，这就是罪刑法定。李悝为魏国制定的《法经》，其中有一条规定："盗符者诛"，就是这一原则的典型。讲个案例来说明。

公元前 257 年，秦军大举进攻赵国，赵国危急，魏国派将军晋鄙率十万大军救赵。秦国使者立即来到魏国，宣称："谁敢去救赵国，下一个就打谁。"秦国号称虎狼之国，魏王害怕，命晋鄙在赵国边境按兵不动。当时天下有四大公子：魏国信陵君、齐国孟尝君、楚国春申君、赵国平原君，相当于我们今天说全国四大杰出青年。赵国公子平原君向魏国公子信陵君求救，信陵君劝魏王发兵，魏王不听。信陵君只好带着自己的几百个门客去袭击秦军，企图用这种方法救赵。一个叫侯嬴的隐士，70 岁了，是个守城门的老头，信陵君对他十分敬重。他对信陵君说："您这样去，不但救不了赵国，自己也只能当炮灰。"建议他去偷魏王的兵符，再到边境去调动那十万大军救赵。当时有一种兵符制度，叫作铜虎符。用青铜做成老虎形状，从中间分为两半，国王拿一半，将军拿一半。将军持兵符只能练兵，真正要采取军事行动，必须把国王那一半拿来，两半勘合在一起，才能调兵遣将。

信陵君通过魏王的爱妃如姬偷得了兵符。这时候侯嬴又给他推荐了一位奇人：朱亥，市场上杀猪的屠夫。所谓"大隐于朝，中隐于市，小隐于野"。这个朱亥，正是一位隐于市的侠士，他衣袖中长期藏有一柄40斤重的铁锤。他随信陵君来到边境军营，见将军晋鄙，声称有国王兵符，要调兵救赵。晋鄙一想："现在国际形势如此紧张，魏王怎么会同意对秦开战呢？"一脸怀疑之色。信陵君一时没了主意，没想到朱亥上前用铁锤打死晋鄙，拿到了将军兵符。将兵符勘合之后，信陵君调动大军与秦军开战，大获全胜。这就是军事史上著名的"窃符救赵"的战例。①

《史记》中说："魏王怒公子之盗其兵符"，魏王对信陵君偷自己兵符的行为非常愤怒。信陵君自己也明白这一行为是非常严重的犯罪，所以他派将领带着军队返回魏国，自己却和门客待在赵国，不敢回国，一直在赵国待了十年。信陵君之所以这样做，因为魏国一直有"盗符者诛"的法律规定。

偷盗兵符是行为，处以死刑是后果，事先在法典中作了明确规定，这是典型的罪刑法定的立法模式。类似的规定，在《法经》中还有很多。

在礼刑时代，罪刑关系是非法定的，老百姓干了什么会受到什么制裁，事先是不能预知的，法律没有预测功能，得不到民众的拥护，所以要改革。由罪刑非法定走向罪刑法定，代表了一种先进的法治文明，成为当时法制改革的另一个方向。

---

① 《史记·魏公子列传》。

三、由礼有等差走向刑无等级

前面讲到在礼治时代，庶民与贵族使用的礼各有不同，在法律适用上，贵族犯罪要享受特权，这是典型的等级社会。春秋战国时的法制改革就是要打破这种不平等。晋国铸刑鼎时，孔子反对说："贵贱不愆，所谓度也。……今弃是度也，而为刑鼎，民在鼎矣，何以尊贵？"[①]贵贱地位不错乱，才是真正的法度。现在晋国搞改革，抛弃了这个法度，什么行为受什么制裁，统统刻在鼎上，老百姓就会只关心鼎上的规定，人与人之间就没有高低贵贱之分了。这就从反面说明，晋国刑鼎上公布的新法中，贵族和平民在法律适用上是没有区别的，这就是后世所谓的"刑无等级"，其中包含了法律面前人人平等的含义。由礼有等差走向刑无等级，代表了又一种先进的法治文明，成为当时法制改革的第三个方向。

由夏商周三代的礼刑转变为春秋战国时的法，代表了三种先进的法治文明，成为各诸侯国进行法制改革的基本思路。

那么，法又是怎样转变为律的呢？

---

① 《左传·昭二十九年传》。

改法为律

前面讲到中国法制在春秋战国时期表现为两个字:"法"、"律"。需要注意的是,今天"法"和"律"字是连用的,我们常常说法律法规,那时"法"和"律"是不能连用的,各有各的含义。由"礼—刑"如何转化为"法",这个过程我们讲清楚了。那么,"法"又是如何转变为"律"的呢?

公元前四世纪,各诸侯国的争霸战争越打越激烈。地处西方的秦国,比起东方的诸侯国,相对落后,毕竟是西部地区嘛!就像我们现在,一说到西部,就会立马想到是欠发达地区。秦国那会儿也一样。为了在战争中胜出,秦孝公任用法家代表人物商鞅主持制度改革。商鞅在公元前356年和前350年先后两次进行变法,这就是著名的"商鞅变法"。

在法律制度的变革上,商鞅最重要的举措就是把"法"改为"律"。《唐六典》说:"商鞅传《法经》,改法为律。"他在李悝《法经》的基础上,根据秦国的实际情况又增加了一些新内容,制定了《秦律》。其演变轨迹可以用图来表示:

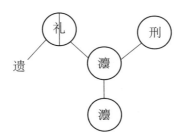

　　为什么要把法改为律呢？先来讲一讲商鞅的真实故事，再从中来分析原因。

　　商鞅因变法成为秦孝公身边的红人，猛得很。秦孝公的太子嬴驷触犯了新法，商鞅认为："法之不行，自上犯之"。①法律之所以难以推行，就是因为这些身处高位的人带头犯法。商鞅想处罚太子，但人家是政治接班人，对他不便处罚，咋办呢？便把太子傅（太子的老师）公子虔揍了一顿，后来公子虔又犯法，干脆把他鼻子给割了；把太子师（太子的又一种老师）公孙贾处了黥刑，在脸上刺字。这帮被他处理过的人，岂能不怀恨在心？等秦孝公死后，嬴驷上台做了秦王，也就是秦惠文王，公子虔便告发商鞅谋反。过去整人，杀手锏就是说他谋反，不管他是否真的犯罪，只要说他谋反，他就得玩儿完。请秦王下令抓捕商鞅，商鞅便四处逃亡，来到一个客栈要住店。店家问他："你是谁呀？"按照商鞅给秦国制定的新法，留人住宿，客人姓名，从何处来，到何处去，都必须问清，否则是犯罪。商鞅正遭通缉呢？哪敢说自己是商鞅呢？客栈说："您老说不清楚，俺不能留您住下。此乃商君之法也。"商鞅无奈，出门后伤感地叹息说："我这是作法自毙呀！"自己制定的法律把自己给搞死了。

　　从商鞅的经历可以看出改法为律的两点理由。

———————————

　　①　《史记·商君列传》。

其一，"范一"。

清代段玉裁在其《说文解字注》中指出："律者，所以范天下之不一而归于一。"天下人的地位各有不同、行为各不统一，要用律把他们统一规范到一个模子上去。此时的律，原意指的是梳子。《荀子·礼论篇》说"三律而止"，不是说要去读三遍法律，而是说要梳三次头。头发乱糟糟的，梳子一梳它就整齐了。"范一"强调的是法律的统一适用性：不管是什么人犯法，都要用统一的标准来制裁。所以公子虔、公孙贾虽贵为太子的师傅，谁叫你把太子给教坏了呢？该处罚就得处罚。在法律面前，上自卿相将军，下至大夫庶人，大家都是一样的，不能搞特权。这正是对前期法家"刑无等级"思想的制度化。

其二，"均布"。

《说文》中说："律者，均布也"。什么意思呢？律这时候指吹的笛子，定音笛。均布指定音笛的音孔是均匀分布的。如果音孔不是均匀分布的，就会五音不全。因此用律来代替法，是强调法律的稳定性。法律一旦制定，不能轻易改变，朝令夕改是不行的。商鞅逃亡时住不了店，只好流落街头，说明他在秦孝公时期制定的法，在秦惠文王时同样生效。韩非就说："及孝公、商君死，惠王即位，秦法未败也。"[①] 秦孝公、商鞅死后，秦惠文王上台，商鞅制定的法律没有因改朝换代而被破坏，依然得到了有力的推行。甚至连妇女儿童都能"言商君之法"。[②]

由上面的分析可以看到，之所以要把法改为律，目的就是要强调法律的统一适用性和稳定性。从此以后，秦朝的主要法典叫秦律，唐朝的叫唐律，清朝的叫清律，一以贯之，两千年没大变。直到清朝末年，我们仿照西方进行法制改革，改出来的新法，最初还是叫刑律、民律、刑

---

① 《韩非子·定法》。
② 《战国策·秦策》。

事诉讼律、民事诉讼律等，后来才改成今天的叫法：刑法、民法、刑事诉讼法、民事诉讼法。

王充在《论衡·书解》中说："商鞅相孝公，为秦开帝业。"商鞅担任秦孝公的相国，为秦国统一中国奠定了基础。公元前221年，秦国最后消灭东方六国，统一中国。"海内为郡县，法令由一统"①，大海之内的诸侯，以前各是各的国家，现在都成了秦的下属机构——郡县；法令也完全统一起来，秦始皇把以律为代表的这样一套法律制度推行到全国。

以前我们搞法制建设，有个十六字方针，叫作"有法可依、有法必依、违法必究、执法必严"。你用这十六个字去衡量，会发现秦始皇也是这样搞的——我话还没有说完，先埋个伏笔。

一、有法可依

《史记》中说，秦始皇上台后，"治道运行，诸产得宜，皆有法式"②。治理国家的方法得到有效运行，社会的各个产业都能得到相应的保护，相当于现在我们讲改革开放的迅速发展需要得到法律的保护，是一个道理。"皆有法式"，就是什么样的行为都要有相应的法律制度来调整。你把它用现代汉语来说，就是"有法可依"。

秦始皇统一中国后，国家法律的主要形式有这几种：律、令、制、诏。

---

① 《史记·秦始皇本纪》。
② 《秦始·秦始皇本纪》。

律是最基本的基本法典，就是以前商鞅搞的那一套《秦律》。古代律学家（相当于我们今天的法学家）说："律者，万世不变之常法。"律是不能变的。我们现在往往认为改朝换代就要打破原来的法律制度，那是我们近代以来才做的事儿，古代不是这样的。秦朝灭亡了，秦律被汉朝继承了；汉朝灭亡了，汉律又被曹魏继受了。这样一代一代传下来，一直传到清朝。律是没有大的变化的，只有增加或者减少。

有人会问，这律的稳定性你倒是强调了，那万一出现什么新情况，律又没有规定，该怎么办呢？万一出现新情况，就要用令的形式来解决。所以令是针对新出现的问题、临时颁布的法令，具有灵活性。正好和稳定的律配合起来使用。但是这个令，和后面的制和诏有交叉，所以得专门说明一下。

公元前221年，大臣们给秦始皇建议说："命为'制'，令为'诏'。天子自称曰朕。"意思是，您的命就是"制"，您的令就是"诏"，您应该自称叫"朕"。战国时期，朕是第一人称，相当于说"我"，比方说我们超越时空，回到那个年代，我就可以说："朕今天来给大家讲中华法文化。"各位读者朋友也可以说："朕今天正在学习中华法文化。"但是秦始皇统一中国后，只有皇帝才能叫朕，一般老百姓就不能自称叫朕了。他发布的命和令就是制和诏，是特别法，具有最高法律效力。

那制和诏又有什么区别呢？

皇帝的命就是制。"奉天承运皇帝制曰"，用的是制书，是针对人来发布。当时有个罪名叫"听制书不恭"，正好可以印证这个说法。秦朝人席地而坐，不坐板凳。如果太监来向你宣读皇帝的制书，你必须马上从席子上站起来，还要避开席子，站得恭恭敬敬的，听他宣读。这有点像《王保长》那部电影里说的："只要一听到蒋总裁，统统都要立正。连正在解手的，也要立正。"如果别人来给你宣读制书，你不站起来；或者站起来了，但没离开这个席子；或者离开席子，但态度是吊儿郎当的，就构成这种犯罪：罚你掏出两副铠甲的钱，还要"废官"，不让你做官了。可见制是针对人而发布的。

皇帝的令就是诏。"奉天承运皇帝诏曰"，用的是诏书，是针对事而发布的。比如公元前 213 年，李斯建议秦始皇把天下那些搞乱人思想的书都给烧了，就是焚书。但这在法律中是没有规定的呀，怎么办呢？所以秦始皇就颁布了一个命令，就叫"焚书令"。

秦朝有律、令、制、诏这种种法律形式，对任何问题都做了相应的规定。汉代桓宽的《盐铁论》中说："秦法繁于秋荼，而网密于凝脂。"荼，野花。秦代法律多得像秋天的野花，数都数不清；法网严密得像凝固的猪油一样，没有缝隙。任何行为都有相应的法律进行调整，这难道不是有法可依吗？

二、有法必依

《秦始皇本纪》记载："事皆决于法"，法律是怎么规定的，就应当怎么做；如果发生纠纷，一概用法律手段来解决。用现代汉语来说，就是有法必依。

公元前 216 年，也就是秦始皇统一中国后的第六年，专门颁布一道法令："令黔首自实田"。秦朝崇尚水德，衣服旄旌节旗皆尚黑，因此平民形成以黑巾裹头的风俗。所以黔首指的是平民百姓。这道法令的意思就是叫那些有田土的人，如实向国家申报自己占有土地的数额，然后在土地与土地之间砌上简单的土墙作为界限，叫作"封"，封这边是张三家的，封那边是王二麻子家的，用来确定土地的权属。凡是申报备案的就能得到法律的保护，从而在全国范围确认了土地私有制。谁敢侵犯他人的私有土地，就要用法律手段来解决。

1975年湖北云梦出土一批秦简，其中有一部分叫《法律答问》，其中有一条律文："盗徙封，赎耐。"意思是，偷偷移动土地之间的界限"封"。比如，我把我和你家土地之间的封向你那边移动了，你家的土地就变窄了，我家就变宽了。这在今天，属于民事侵权行为，一般用恢复原状的民事手段来解决。但在秦朝，这种行为就是犯罪，法律后果是"赎耐"。耐是一种刑罚，将当事人的鬓发胡须都剃掉，同时要服劳役。有耐为"鬼薪"，把胡子鬓发剃掉，专门去砍柴供宗庙祭祀鬼神用，所以叫鬼薪，刑期是三年；还有耐为隶臣，把胡子鬓发剃掉，到官府去当奴隶，时间可能比鬼薪短。古人认为："人之发肤，受之父母，不敢毁伤。"所以鬓发胡子是不能剃的，只有犯了罪，才会被强制剃掉，作为对当事人的一种侮辱。今天没有这种观念了，所以我们天天都在刮胡须，换在过去，等于天天在对自己用刑。"赎耐"的意思是，这种刑罚，也可以拿钱来赎，那就要看你家有没有钱了。

又比如，你如果是管牛羊马的官，到了秋后，有人就要来检查你所管理的牛羊马。怎么考核啊？量牛的腰围，如果牛的腰围瘦了一寸，你就是犯罪！必须依法处置。怎么处置？笞二十——打二十下屁股。笞，就是一种用竹子做的刑具，一寸宽五尺长，再把接头处给削平，用来打人的屁股。这叫作"牛瘦一寸"。如果你是管仓库的官，到了秋后就要来检查你管理的仓库。看仓库里是不是有耗子洞，如果有耗子洞，那么你就犯罪了。法律后果是什么呢？也是笞二十——打二十下屁股。这叫"仓库鼠洞"。《法律答问》中还有这样的古怪规定："毋敢履锦履"，不准穿绣花鞋。连穿鞋法律也有规定。所以那个时代呀，法律太多了，它什么都管，它可以管到牛的腰上去，可以管到仓库的耗子洞上去，还可以管到人的脚上去。大家必须这样去做，否则就会受到法律制裁，这是不是"有法必依"呢？

三、违法必究、执法必严

我觉得，这句话是一个意思的两个方面：对老百姓而言，必须遵守法律，否则会受到追究；就执法者而言，对任何违法行为，都必须依法进行追究，核心就是要严格执法。在秦朝，则表述为"深督严责"，就是要加强监督，从严问责。比如，按照当时的法律规定，盗采别人家的桑叶，价值不到一钱（秦朝的钱叫半两钱，俗称"秦半两"，是圆形方孔的铜钱，半两一个，由于造型设计合理、使用携带方便，一直使用到清朝末年）。抓住了怎么判，判30天苦役，就是干30天重劳力。你要是司法官，会怎么想？肯定会觉得，偷几片破树叶就算了呗，教育一下不就完了吗？而且还不值一个铜钱，就要判30天苦役，这规定也太不近情理了，太过分了！如果法官敢这么想，不给当事人判处30天苦役，就要追究你的责任，罪名叫"纵囚"，意思是你放纵了罪犯，属于故意枉法，要从严追究。所以司法官就不敢不判。

由于秦朝法律规定太细太密，老百姓稍不注意就犯罪了。到秦二世那会儿出现什么状况呢？"囹圄成市"，囹圄就是监狱，监狱里面跟市场一样，关的罪犯太多了。"褚衣塞道"，你在路上走，到处都是穿黄泥巴颜色衣服的罪犯，因为当时罪犯穿的衣服就是黄泥巴的颜色。这说明什么？当时法律的执行确实很严格，你稍微不注意，你就成罪犯了。相传有这么一个典故，秦朝修长城，需要大量的劳动力，结果却找不到多少正常的人，因为差不多的人都成了罪犯。怎么办呢？结果有人给秦二世出主意：让那些罪犯去修长城。好，就把这些罪犯押去修长城，又害怕他跑啊，就把这些罪犯的手捆上，一个一个地串在一起，一根绳子上套着十几个罪犯，那真是"一条绳上的蚂蚱"，就不好逃跑了。当这帮人内急，就会报告："我要上 WC。"这时押解的士兵就会把他的手解开，让他去方便，完了回来，再把手捆上。所以咱们中国人习惯把上厕所叫作"解手"，就是这样来的。当然，这个典故不一定可信，但可以从侧面印证：当时执法确实是太过严格。

从上面讲述可以看到，秦朝狠抓以"律"为核心的法律体系的制定与落实，而且真正做到了十六个字的要求。然而，秦朝自公元前 221 年统一，到公元前 206 年就垮台了。秦朝灭亡，标志着中华法文化第二阶段：法律时代的结束，历史将进入第三个阶段：礼法时代。秦朝灭亡得也太快了，前后还不到 16 年，这说明它的法制建设是有问题的。

那么，问题在哪儿？后来的人又会如何进行反思？又是怎样将法律转化为礼法的呢？

引礼入法

上一节讲到秦朝重视法制建设,结果却落得个二世而亡。这说明它的法律制度本身是有问题的。有哪些问题呢?

后人对秦朝法制建设的总体评价就是"弃礼任法"、"纯任法治",抛弃了传统的礼,只重视用法律来治理。换成今天的话来说,就是只重视法制建设,不重视道德建设。任何时代,法律如果离开了道德的滋养,它肯定会出问题。

比如,父子之间的孝道,在礼刑时代,受到礼的维护。到了法律时代,礼崩乐坏,孝道被抛弃在法律之外,成为纯粹的道德。法家韩非就说:"君之直臣,父之暴子也。……父之孝子,君之背臣也。"① 对君王正直忠诚的大臣,恰恰在家里是暴逆的不孝子;对父母孝顺的儿子,恰恰在国家是背叛君王的叛臣,将忠、孝两种价值观完全对立。秦朝法制是在法家思想指导下建立起来的,不提倡孝道。

汉初著名政论家贾谊就说,秦朝那会儿,家里有点钱,儿子长大了,就分家单过;家里穷,儿子长大了,就给别人当上门女婿,社会上

---

① 《韩非子·五蠹第四十九》。

是一个个小家庭。"借父耰鉏，虑有德色。母取箕帚，立而谇语。……妇姑不相说，则反唇而相稽。"① 儿子给父亲借一把锄头用用，一脸的得意之色："耶，老汉，你还要找老子借锄头用呀！"我在重庆经常看到一些儿女对父亲从来不叫爸爸，而是叫"老汉"，甚至直呼其名："张老头，记得给我买圣诞礼物哟！"婆婆找媳妇借把笤帚用，媳妇站在门口就骂："凭啥借给你呀！那可是我家的财产，所有权是我的。"婆婆和媳妇不对付，你说她一句，她就顶你十句，"反唇相讥"的成语就是这样来的。流行歌曲说"女人为何为难女人"，看来是古已有之啊！

正因为家庭内部的亲情淡薄，所以秦朝强制告奸的法律制度才能有效地推行。老子犯罪，儿子要去告发；丈夫犯罪，妻子要告。《法律答问》中记载："夫有罪，妻先告，不收。"丈夫犯了罪，老婆在官府还没发现之前就去告发，就不会被没收为官奴婢，而且娘家陪嫁来的丫鬟、嫁妆也不没收。反之，如果老婆隐匿不告，就要和老公同罪。父子之间、夫妻之间，是用亲情来维系的，结果法律还要砸烂这些亲情。

秦朝法律中，像这样违反人性、违反情理、违反规律的规定还很多。这样的法律虽然有利于国家对社会进行有效控制，但用西方自然法学派的观点来看，它就是"恶法"。著名史学家司马迁的父亲司马谈在《论六家要旨》中指出："法家不别亲疏，不殊贵贱，一断于法，则亲亲尊尊之恩绝矣。可以行一时之计，而不可长用也。"② 法家不讲亲疏贵贱，什么事情都用法律来解决，亲属之间的亲情、上下级之间的恩情，统统不讲了。由此建立起来的法律，它可以让你在短时间内获得成功，但不能成为长治久安的大计。秦国自商鞅变法以来，迅速崛起，"繁法严刑而天下震"③，统一了中国，但统一后不到16年，就垮台了。历史告诉人们，

①　《汉书》卷四十八，《贾谊传》。
②　《史记·太史公自序》。
③　贾谊《过秦论下》。

没有道德滋养的法律会变成恶法，你推行得越彻底，就失败得越快！

有了这一段深刻的历史经验，汉朝人不得不认真考虑法律与道德的关系问题。经过六十多年的摸索，公元前 134 年，汉武帝接受儒学大师董仲舒的建议，作出了"罢黜百家，独尊儒术"的决定，在法制建设上，确立了"礼法并用"、"德主刑辅"的原则，成为从汉到清两千多年的法制指导思想。在这种思想的指导下，以前被抛弃的礼大量进入法律，礼与法不断融合，也就是道德与法律不断结合，形成一套新的法律体系，中华法文化进入了第三个阶段：礼法时代。

礼法的形成大致经历了这样几个时期：

汉	引礼入法
魏晋南北朝	礼法结合
唐	礼法合一
宋元明清	礼法延续

1. 汉：引礼入法。把以前被抛弃的那些礼引入法律当中来，从此开始了道德与法律相结合的运动。如果说夏商周三代的道德与法律的混同，是自发形成的；那么现在的道德与法律的结合，则是通过历史选择之后自觉形成的；

2. 魏晋南北朝：礼法结合。更多的礼涌入到法律当中来；

3. 唐：礼法合一。大量的礼转化成了法律，同时编撰有专门的礼典，同样受到法律的保护，礼与法达到了高度的统一，也就是道德与法律合二为一；

4. 宋元明清：礼法延续。基本沿袭礼法传统，没有本质上的变化，只有适当的增减。

所以中国传统社会被称作礼法社会，和这种治理模式有着极大的关系。

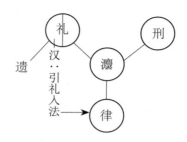

那么礼究竟是怎样进入法律的呢?

在春秋战国秦这一时期，礼被抛弃在法律之外，成为纯粹的道德，不被国家重视。但儒家却大力宣扬礼，孔子说过一句经典语言："克己复礼"，他的毕生追求就是要恢复三代的礼治传统。儒家认为，社会上所有的人际关系，可以概括为五大类：父子、夫妇、君臣、兄弟、朋友，只要用传统礼的精神来指导这些人际关系。

父子之间讲孝。

夫妻之间讲义。

君臣之间讲忠。

兄弟之间讲悌。哥哥对弟弟要友爱，弟弟对哥哥要恭敬。

朋友之间讲信。这里的朋友不是严格意义上的朋友，而是指社会上所有和你打交道的人。所谓"四海之内皆兄弟也"。

如此一来，礼治秩序是可以恢复的。

儒家的这些论述，形成一套完整的学说，只是在那个时候，没有多少人听。所以，春秋时期 170 多个诸侯国中，为了争权夺利，臣子杀国君的有 36 个，亡国的有 52 个，儿子杀老子，弟弟赶走哥哥，或者哥哥赶走弟弟的情况，更是"不可胜数"①，根本不把忠孝义悌这些礼当回事。

斗转星移，时来运转。孔子死后 345 年，出了一位年轻的天子——

---

① 《史记·太史公自序》。

汉武帝，他把儒家思想作为国家的统治思想，将"礼法并用"、"德主刑辅"奉为法制建设的指导原则，以忠孝义悌为代表的礼，逐渐演变为相应的法律制度、法律原则，甚至直接写成相应的法律条文。这就叫"引礼入法"。

我们先来看看孝道是如何进入法律的？

中国从汉代以来，一直到清朝，统治者无不宣称自己是"以孝治天下"，可见孝是礼中最核心的内容，也是传统道德中最重要的成分。孝道主要是从如下三方面进入法律的。

一、物质层面的孝道进入了法律

按照传统的礼："孝有三：大孝尊亲，其次弗辱，其下能养。"①孝的最低层次，就是让父母在物质层面得到赡养。

比如，一个父亲三天三夜没饭吃，亲生儿子也不管他。这种事情，显然是违反孝道的，但放在秦朝，当事人会怎么样呢？秦朝法律不保护孝道，而且父子之间依法要分家，父亲饿了饭，儿子恐怕不会受到什么法律制裁，最多是遭到别人的道德谴责。换在汉朝，当事人就会死得很惨。汉朝法律规定："有生父而弗食三日，……当弃市。"②父亲三天没饭吃，亲生儿子要被杀头。这就将孝道中赡养父母的要求变成了法律。

汉武帝时发生了一个真实案例。有两兄弟轮流养父，一次交接时发生争执。哥怨弟弟把父亲养瘦了，弟说上月还不是你养的？大哥莫说二

---

① 《大戴礼记·曾子大孝》。
② 《二年律令·奏谳书》。

哥，脸上麻子一样多。闹到官府，董仲舒说：养父亲，还要吃转转会，推来推去的？不孝，统统杀了。有人说：俩儿子都杀了，父亲谁养。董仲舒说："官府供养。"轮流养父就处死刑，有些过分，但对今天还是有警示作用的。我看到农村轮流养亲的，父母在老大家，老大家憋着这一星期不吃好的，等老人到老二家再放开肚皮造；老二也如法炮制，以致老人总也吃不上好的，缺乏营养。

这个案例说明，违反孝道在物质层面的要求就构成犯罪，罪名叫"供养有阙"。只是唐朝以前，不赡养父母的处死刑，显然太过苛刻。到了唐朝，立法不断完善，不赡养父母的行为，统统处两年徒刑，这种规定，似乎更合理些。从此以后直到清朝末年，立法都沿袭这一精神，没有大的变化。

二、精神层面的孝道与法律相结合形成了相应的法律规定

孔子说，尽孝要做到"无违"，就是不要违背父母的意志，不能顶撞父母，更不能辱骂父母，这是孝道在精神层面的要求。通俗地讲，就是对父母，在行为上要做到孝顺，在态度要做到孝敬。

有个家伙，总是不听父亲的话，叫他向东偏向西，叫他向西偏向东。父亲临终前心想："这个不孝子，做事从来都跟我反着干，我要是叫他把我埋了，他肯定会把我扔进水里不管；我要叫他把我丢进河里，说不定他反倒会把我埋了。"就留下遗嘱说把自己扔进河里。儿子心想，我这一辈子都没听过父亲的话，现在他死了，我还是听一回吧，就把他父亲扔河里啦。

这样的行为，放在秦朝，就不会有什么严重后果。因为那时，这样的古礼是被抛弃在法律之外的，所以才会有前面我讲到的那些现象：儿子动不动就给老子脸色看，媳妇稍不如意就会和婆婆对骂。到了汉朝，那就不行了。

儿女动不动就顶撞父母，法律上有规定，叫作"子孙违反教令"，如果把父母顶得打嗝、捶胸口，外加卧床不起，受不了啦，要到官府去告你，你只有去丰都报到啦！啥意思？丰都是鬼城，只有死了才去那儿报到！南朝宋何承天说："法云，谓违犯教令，敬恭有亏，父母欲杀，皆许之。"①违反教令的，父母要杀他，告到官府，官府就会同意。到了唐朝，这种犯罪，统一处两年刑罚，一直到清朝末年，没有大变。

"子孙违反教令"的出现，是精神层面的孝道进入法律在一个方面的表现。精神层面的孝道进入法律在另一方面的表现则是"不孝"罪的出现。

从汉代以来，凡是骂父母的行为，就是不孝。

南朝刘宋时期，安陆应城县（在今天湖北孝感市应城市）发生一起严重的家庭悲剧。县民张江陵和妻子吴氏，共同辱骂母亲黄氏，"令死"。意思是：你这老不死的，死去吧。肯定使用了很多恶毒的语言。老人家非常伤心怨恨，就上吊自杀了。

这样的事情，大家听了一定会很气愤，但对张江陵这两口子该怎样处理呢？

依照现代法律，可以用虐待罪来惩治这两个不孝之徒，应判 2 年以上 7 年以下有期徒刑。但在那个时候，张江陵这两口子会受到什么法律制裁呢？

自汉朝以来，就有相应的法律规定："子殴詈父母，弃市。"儿子殴

---

① 《宋书·何承天传》。

打、谩骂父母的，处弃市之刑；"妇贼伤、殴詈夫之父母，弃市。"① 媳妇无故殴打、谩骂公婆的，也处弃市之刑。不同的是，儿子不论出于什么情况，打骂父母都得死；媳妇必须是无缘无故去打骂公婆才会死，两者还是有区别的。刘宋继承了这样的法律规定。司法部门经过多次讨论后，决定对张江陵处死刑。那他媳妇吴氏该怎么处刑呢？司法机关讨论认为，"妇本以义，爱非天属，黄之所恨，情不在吴"②。妻子与婆婆没有血缘关系，只是遵照"义"的道德规范来行事，其对公婆的关爱之心并非天性。死者黄氏所忿恨的，并不是媳妇吴氏，而是自己的儿子。所以免除了吴氏的死罪，罚她去做冶铸刑徒，从事冶炼锻铸，相当于现在的钢铁工人，干的都是重体力活儿。

骂父母的行为，在法律上的术语就叫"不孝"，后果是死刑，从汉朝到清朝都是这么规定的。立法的目的就是要维护精神层面的孝道。

三、宗教层面的孝道转化为法律制度

宗教层面的孝道，不太好理解，所以先讲一个案例。510 年 12 月，即北魏时期，有位偏将军叫乙龙虎，父亲去世，他就回老家守丧去了。龙虎为父亲守了二十七个月的丧，在 513 年二月就回来上班了。万万没想到的是，领军元珍当即上言指控他："案《违制律》，居三年之丧而冒哀求仕，五岁刑。"按照当时施行的《违制律》，守丧三年期间出来做官的，叫作冒哀求仕，应该判五年徒刑。乙龙虎守丧没守满期限，依照法

---

① 《二年律令·贼律》。
② 《宋书·孔渊之传》。

律应该判五年刑。

父母去世，儿子要守丧，这就是孝道在宗教层面的要求，目的在于激发人认祖归宗的意识，强化人的血缘归宿感。有人问孔子，父母死后该如何尽孝。孔子说："葬之以礼，祭之以礼。"要按礼的规定下葬，按礼的规定祭祀，其中最重要的就是要守丧三年。

在春秋战国时期，这样的礼完全无法落实，普遍实行的是"既葬除服"的短丧，和今天的情况差不多。秦朝统一中国之后，奉行法家思想，为父母服丧三年也没见到记载。从汉武帝时开始，由于儒家思想吃香，有些人就开始践行守丧三年的古礼。第一个就是当时的丞相公孙弘，继母去世后，他守了三年丧。① 后来守丧的情形越来越普遍，于是法律也作出了相应的规定。守丧名为三年，实为二十七个月。

乙龙虎为父亲守丧，守了 27 个月，已经合乎法律的要求。为什么元珍还要弹劾他呢？原来礼制中有一条，守丧期间，遇到闰月不算；也就是遇到闰月，要守 28 个月。513 年那一年刚好闰二月。就是有两个二月，按礼制两个二月也只能算一个月。这样算来，他应该在三月回来上班。你说冤不冤枉？好在有一个著名的儒学大师崔鸿为他辩护说：三年之丧，不算闰月，连好多儒生学士都搞不清楚。乙龙虎是个粗人，没读过啥书；加上经月累年，又害怕耽误了上班时间，也就赶忙回来了。其本意不是贪图官位，而是认识不足，相当于今天刑法理论中的疏忽大意的过失，对这样的行为，不应该严惩。最后以"匆匆之失，宜科鞭五十"结案，意思是守丧期间，你就急急匆匆地回来做官干吗呀，改为鞭打五十下。②

围绕守丧之礼，除了不许出来做官外，汉代以来的法律还有一系列

---

① 《汉书·公孙弘传》。

② 《魏书·礼志》。

规定。比如守丧期间要穿孝服，谁要追求时尚，穿点皮尔卡丹啥的，就叫"释服从吉"，是犯罪；守丧期间，儿子不能讨老婆，女儿不能出嫁，否则就是"居丧嫁娶"，是犯罪；守丧期间不得从事娱乐活动，谁敢去K歌，或者打麻将斗地主、听明星的音乐会，叫"居丧作乐"，也是犯罪。如此种种，都是孝道在宗教层面的要求，法律也给予保护。

从上面讲的可以看到，与孝道有关的礼是如何进入法律的。

那么，除此之外，其他的礼又是如何进入法律的呢？

礼法合治

前面讲了有关孝道的礼，在汉朝以后是如何进入法律的。接下来讲夫妻之间的礼是如何进入法律的。

先给大家猜一段字谜：

> 二人力大顶破天，
> 十女耕田耕半边。
> 八王在我头上坐，
> 千里连土土连田。

每一句话的谜底是一个字，总共四个字。那这四句话究竟对应了哪四个字呢？那就是：

> 夫妻义重

夫妻之间的礼，主要强调一个"义"字。《礼记·昏义》中说："夫妇有义。"夫妻之间是依靠义来结合的，也是根据义来决定是否分手的。

《汉书·孔光传》："夫妇之道，有义则合，无义则离。"什么是义呢？

《礼记》云："义者，宜也。"北宋理学家程颐说："顺理而行，是为义也。"即一个人的行为合乎时宜、符合情理，就是义；不合时宜、不近情理，就是不义。

先说结婚，在那个时候，一桩婚姻必须要有父母之命、媒妁之言，再通过严格的六道程序，这样结合的，就合乎时宜、符合情理，就做到了义。否则，只能叫苟合。现在流行的闪婚，放在那时，肯定是行不通的。

再来说离婚，现在离婚是以感情破裂为前提的。而那时是以是否符合"义"的标准为前提，也就是该不该这样做。当义的价值观念融入法律之后，离婚环节就出现了如下两方面的规定。

一、离婚必须有法定的理由

想离就离就是不义。按照礼的要求，离婚有七种情况。《仪礼·丧服》：一、无子，二、淫逸，三、不事舅姑，四、口舌，五、盗窃，六、妒忌，七、恶疾。有其中一种理由，才能离婚。这些规定后来都被写进了《唐律》。

这七种离婚理由中，最让今天的人想不通的就是第一条，老婆没有生儿子就离婚！生不生儿子，谁知道是老婆的问题呢，还是老公不行。但古人认为，没有儿子就绝后了，是最大的不孝。我就只有一个女儿，回到老家，有人就会开玩笑，说："你再牛，也绝后了。"我也调侃地说："你们思想太落后了，去看看计划生育的公益广告，上面贴了一位明星的头像，旁边写着：'生男生女都一样！'"

但无子休妻有一定的条件限制，不能结婚不久没生儿子就休，得有个考验期，要考验到五十岁，"律：五十无子而休妻"。要等到女方五十岁没生出儿子才能休。所以在此之前要不停地生，只要生出了儿子就能保住婚姻。某夫妇生第一胎是女儿，取名"招弟"；又生还是女儿，取名"又招"；再生还是女儿，取名"再招"；最后生的，还是女儿，一气之下，取名"绝招"。由此看来，中国古人重男轻女的观念，不光是农业社会的产物，同时也是法律的产物。

通过上述讲解可知，允许离婚的法定理由，正是礼进入法律之后的结果。

二、不准离婚的法定情节

按照礼制，有三种情况是不能离婚的："有所取无所归不去；与更三年丧不去；前贫贱后富贵不去。"这些礼后来都写进了《唐律》。

为公婆守丧三年的媳妇不能休，是因为她已经尽了孝道。在家庭中，孝是最大的伦理，夫妻的伦理必须服从父子之间的伦理。

另外两种不准离婚的情形，古人的解释是："为其不义也"。在这种情况下离婚，是不讲情义的。

"有所取无所归"意思是老婆嫁来时带了很多嫁妆，说明她娘家家境很好。后来，他娘家破败了，家破人亡了，这样的老婆，就不能休。因为人家现在娘家没人了，你把她休了，叫她到哪儿去呀？这样做就是不顾情义。所以不准离婚。

"前贫贱后富贵"，老公讨老婆时还是个穷光蛋，后来发达了，有钱有势有名了，谁敢玩儿"男人有钱就变坏"那一套，那就是无情无义了。所以不准离婚。

宋朝时，那些有权大佬们喜欢在科举考试公布的题名金榜下去物色女婿。被选中的新科进士，称为"脔婿"。"脔"是一小块一小块的肉的意思，"脔婿"看来就是他们能一口吞进嘴里的新鲜肉。有一位新科少年，相貌俊美，风度潇洒，被一个权贵看上了，派了十几个仆人去往家里拉。少年全无推辞之意，一路上显得很乐意。到了权贵家门口，前来观看的人围得里三层外三层，好不热闹。不一会儿，从里面走出一位穿金紫衣服的官员来，见了新科少年，满脸堆笑地说："老夫有个女儿，长得不错，愿与你结为秦晋之好，不知尊意若何？"少年连忙鞠躬拜谢道："我乃寒微之士，领导高看，实乃三生有幸。只是我还得先回家和老婆大人商量一下，再来答复如何？"众人闻之，大笑而散。①

作为新科进士，谁不想攀高枝呢？这位少年，或许心里也会有冲动，但他却巧妙地予以拒绝，因为他知道法律中有"前贫贱后富贵"不准离婚的规定，必须得遵守。

不准离婚的这几种情形，也是礼进入法律后的产物。

除了父子关系、夫妻关系中的礼大量法律化，其他各种社会关系中的礼也纷纷进入法律。比如，自汉代以来到隋唐时逐渐形成的十恶制度，其中有四条涉及君臣关系：谋反（企图推翻当朝政权的行为）、谋大逆（破坏皇室宗庙、挖先皇坟墓的行为）、谋叛（背叛朝廷投降敌国或伪政权的行为）、大不敬(冒犯皇帝尊严、妨害皇帝人身安全的行为)。这四种罪名，就是将"忠"这种道德义务，上升为法律义务。正是传统君臣之礼进入法律的表现。

当然，有的法律制度和法律原则，可能是多种礼进入法律的混合产物。比如"亲亲相隐"的法律原则，既体现了父子之礼，也体现了夫妇之礼和兄弟之礼。

---

① （宋）彭乘：《墨客挥犀·卷一》。

叶公对孔子说："俺们那儿有个正直的人，名字叫躬。您猜他咋啦？他父亲去偷别人的羊，结果他站出来指证他父亲。真是大义灭亲啊！佩服佩服。"

孔子听了，一脸的不感冒，说："我们这儿正直的人，与他不一样。'父为子隐，子为父隐，直在其中矣'。父亲为儿子隐瞒，儿子替父亲隐瞒，这其中体现出来的品质，才叫正直哩。"①

儒家提倡的这种思想，正是古礼中的一些原则。但到春秋战国秦时，这些礼就不再管用了。秦国在商鞅时就规定："夫妻交友不能相为弃恶盖非"②，朋友之间、夫妻之间都不得相互掩盖隐瞒对方的犯罪，要检举揭发。告发他人犯罪的重赏；包庇隐瞒犯罪的重罚，处腰斩之刑。③

汉朝人认为这种强制告奸的搞法，使得父子反目、夫妻成仇，家庭和社会完全乱了套，于是将原来"父子相隐"的礼引入法当中来。汉宣帝地节四年（前66年）颁布"亲亲得相首匿"的诏令，规定：从今以后，儿子包庇父母、妻子包庇丈夫、孙子包庇祖父母，一概不追究法律责任；父母包庇儿子、丈夫包庇妻子、祖父母包庇孙子，一般不追究法律责任，如果对方犯的是死罪，需要追究包庇罪的，也能享受特权，即上报最高审判机关廷尉，申请减免罪刑。一般都能得到减免。④

这就是"亲亲相隐"的法律原则，即亲属之间相互包庇隐瞒犯罪而不追究法律责任。违反这一规定，反而要受到法律制裁。

南朝梁武帝天监三年（504年），京城建康（今天的南京市）有一个女人叫任提，因拐卖人口被审判。估计在证据上有疑点，不能完全坐实她的犯罪。这时她的儿子景慈竟然出庭作证，说"母实行此"，即他

---

① 《论语·子路》。
② 《商君书·禁使》。
③ 《史记·商君列传》。
④ 《汉书·宣帝纪》。

母亲任提确实干了拐卖人口的事。

法官虞僧虬依法判了任提死刑，对景慈的行为也大为恼火，认为亲属间本来应该互相包庇，结果你倒好，身为人子，却"陷亲极刑，伤和损俗"①，把母亲陷于死地，严重败坏了孝顺父母的和睦风俗，于是给他判了个流放交州（今天越南北、中部和中国广西的一部分）的刑罚。

"亲亲相隐"到唐朝发展为"同居相为隐"。同居和今天的意思完全不同，指"同财共居"之人，共同使用财产居住在一起的人，可以相互包庇犯罪，但涉及国家安全的除外，就是谋反、谋叛、谋大逆这三种犯罪不能包庇。具体来讲，由祖父传下来的亲属，属于"大功亲"，在这个范围内的人，祖孙之间、父子之间、兄弟之间，甚至堂兄弟之间相互包庇犯罪，都不追究责任，比以前范围又有所扩大。

追究犯罪嫌疑人罪责，那是国家公权力的事，不能强求儿女去告发父母，不能强求妻子去证明丈夫犯罪。亲亲相隐正是调整忠与孝义悌之间的冲突的产物，这样的原则，就是防止法律对亲情的破坏。我国现行《刑事诉讼法》第188条第一款规定，父母、配偶、子女有拒绝出庭作证的权利，这正是对亲亲相隐的传统法律精神的继承。当然这种继承是有限的，父母、配偶、子女只是在审判阶段，可以拒绝到法庭去作证，如果在公安的侦查阶段、检察院的审查起诉阶段，还是要作证的。

自汉代以来，调整人际关系的种种古礼纷纷转化为法律，甚至日常生活中细小的礼节也进入了法律。儒家认为"礼之用，和为贵"②。礼的用处，就是要建立和谐的社会秩序。如何才能和谐？人与人之间就必须相互谦让，依礼而进行谦让就叫"礼让"。这样的礼，到唐朝也变成了法律。《仪制令》中规定：

---

① 《隋书·刑法志》。
② 《论语·学而》。

行路，贱避贵，来避去，少避老，轻避重，违者笞五十。

走在路上，卑贱的人要给高贵的人让路，来的人要给去的人让路，年轻的要给年长的让路，负担轻的要给负担重的让路，违背者打五十下屁股。

由于礼让成了法律规定，人们不得不遵守，时间长了，以至于变得越来越繁琐。过去有一对夫妇，特别讲礼，与别人打交道，总是拱手为礼，让别人先走；两口子出门，也拱手为礼，让对方先走，颇有西方人"女士优先"的绅士风度。后来，老婆怀上了小孩，可总也生不下来。一怀就是几十年，终于生下一对双胞胎。哥儿俩须发皆白，垂垂老矣，各自向对方抱拳施礼，口中念念不绝："您先请，您先请！"原来这哥儿俩都很谦让，要让对方先出生。结果推来推去，在娘胎里就已经长老了。

这个故事，显然是文人故意编出来的，用来讽刺那些繁文缛礼。

综合上面讲的，可以说从汉朝以来，礼与法不断结合，到唐朝形成了一套完整的社会治理体系，就是"礼法"。

那么，礼法有哪些重要特征呢？

（一）礼法合一

礼与法合二为一，大量的礼进入了法律。正如唐太宗所说："失礼之禁，著在刑书"[①]。违反礼的禁忌的行为，要尽量写进法典中去。另外，历朝历代还要编纂专门的《礼典》，作为人们遵守的行为规范，同样受法律的保护。然而，法律条文有限，而社会生活无穷，有的行为虽然违背社会伦理道德，但法律上却没有规定，该怎么办呢？那也不能让

---

① 《全唐文》卷七，《薄葬诏》。

他跑啰！所以唐律中专门设置了一个口袋罪，叫作"诸不应得为罪"，意思是各种不应该做的行为，"谓律令无条，理不可为者"，凡是法律上没有规定，依情理又不该做的行为，统统可以装进这个口袋里来定罪，最轻的打四十下屁股，最重的打八十下屁股。有了这一条规定，法律与道德之间简直就达到了无缝链接。

礼法的统一，用今天的话来说就是道德与法律的高度统一。凡是道德所反对的，法律就要打击；凡是道德所赞扬的，法律就要保护。举个简单的例子来说，武则天就有这么一条规定，晚上在路上行走，男男女女混杂在一起，要处杖一百的刑罚。在今天看来，晚上男女在一起走路，再正常不过了，男的还会被赞美为护花使者哩，没有任何问题，那真是"天空飘来五个字：那都不是事！"回到上个世纪六七十年代，这种情况可能会被人说成是作风不好，就是个道德问题，但不会受到法律制裁。再回到唐朝，这种情况既是道德问题，会遭人骂；同时还要打板子，也是法律问题。这就是道德与法律的统一。

（二）以刑统法

传统的礼法，到唐朝最为成熟，主要有律、令、格、式这四种法律形式。

律：关于什么是犯罪，该如何处刑的规定，相当于现在的刑法典；

令：关于尊卑贵贱的等级、国家制度设置等方面的规定；

格：是皇帝发布的各种指示的汇编；

式：是关于国家机关如何办事、公文格式如何书写的规定。

我们现在把法律分成刑事法律、民事法律、行政法律这几大块，这种模式是按西方的法律体系来设置的。违反刑法的，用刑罚来制裁；违反民事法律的，则用民事责任手段来制裁；违反行政法律的，用行政责任方式进行制裁。而在以前，无所谓刑事、民事、行政之分，只有律令格式之别，凡是违反国家法律的，"一断以律"，① 统统用刑罚来制裁。所以我把这个特点，称作"以刑统法"，就是用刑罚来统率所有的法律形式。

比如，债权债务纠纷，在今天属于民事法律的范畴，处理方式是判令债务人偿还债务，并支付违约金或者利息，用的是民事手段；如果超过三年债权人没找债务人索要过，或者虽然索要过，但没有证据证明，法律就不予保护。但在礼法时代，欠债不还，既要判令还钱，叫作"各令备偿"；还要处以刑罚。唐代法律中专门有"负债违契不偿"的条文规定，按照欠债的数量和拖欠的期限，来确定刑罚的轻重，欠债越多、拖欠时间越长，量刑就越重。最轻的笞二十，用竹子做的刑具打二十下屁股；最重的要用木杖打一百下，或者判一年徒刑。② 可见，我们今天所说的民事违法行为，当时是用刑罚来制裁的。

再比如，小偷小摸，盗窃的财物没有达到犯罪的立案标准的，在今天就属于行政违法。比如重庆，盗窃犯罪的立案标准是 2000 元，如果盗窃财物没有达到这个标准，就用拘留、罚款等行政处罚的方式来处理，拘留最长不能超过 15 天。换在过去，就没有这么轻松了，《唐律·贼盗篇》规定："窃盗不得财，笞五十。"没偷到一分钱，只要实施了盗窃行为，也要打五十下屁股，用的是刑罚。此后的宋元明清都有这样的规定。可见，我们今天所说的行政违法行为，在那时也是用刑罚来调整的。

中华法文化发展的第三阶段是礼法时代，那么它是如何过渡到第四个阶段的呢？

---

① 《新唐书·刑法志》。
② 《唐律疏议·杂律》。

法治梦想

  前面讲到中华法文化变化发展的前三个阶段,自清末以来至今,进入第四个阶段:法治时代。当然这决不是说清末、民国就已经进入法治社会,而是说自清末以来到今天这一百多年,中国在法律制度建设上一直在向这个方向努力。

  先讲一个案例。上个世纪四十年代,一位兼司法官的县长遇到了一桩棘手的案件。某甲的老婆偷人,和某乙有一腿。某甲知道后,气不打一处来,就把某乙给打伤了。结果某乙跑到县衙门来告状,说某甲犯了伤害罪。某甲的行为合理不合法,某乙的行为合法不合理,把这位县长搞得头都大了,他就向著名的社会学家费孝通先生请教,而且说这样的案子还很多,不知道怎么处理才好。①

  那么,为什么法律的规定会和老百姓的情理不一样呢?我认为,这就是由礼治转向法治之后带来的一种必然的变化。

---

  ① 费孝通:《乡土中国·生育制度》,北京大学出版社 1998 年版,第 58 页。

一、转型带来的变化

1840 年鸦片战争爆发后，西方列强用洋枪洋炮打开了中国的国门，中西文化发生了强烈的碰撞。但当时的文人士大夫只承认西方的物质文明比咱强，人家的枪炮确实厉害，所以要"师夷人之长技以制夷"，学习他们的先进技术，再转过头来对付他们，搞起了洋务运动；不承认西方文化就比中国文化强，在法律制度上，坚守"祖宗之法不可变"的信条。1900 年义和团失败后，统治者觉得西方不但物质文明比咱们强，文化制度也比咱们强，要向他们学习，进行变法。

1902 年清政府发布上谕，决定进行法制改革。1904 年成立修订法律馆，负责拟定新的法律。1911 年，仿照西方大陆法系的法制框架，制定了《大清新刑律》、《大清民律草案》、《大清商律草案》、《刑事诉讼律草案》、《民事诉讼律草案》等，新的法律体系初步形成，传统的礼法到此彻底解体。到南京国民政府时期，形成了六法体系，包括宪法、民法、刑法、行政法、刑事诉讼法与民事诉讼法。现在的法律体系，也基本是按照这个框架来建设的，法治成为我们追求的目标。

那么，从传统的礼法到现在的法治，法律制度有哪些大的变化呢？最大的变化我认为有两个方面：

（一）礼法合治——德法分治

在礼法时代，道德与法律是合二为一的。清末法制改革以来，认为这种治理模式，加大了法律的打击面，是落后的，应该是道德的问题归道德管，法律的问题归法律管，二者要分而治之。

比如唐朝那会儿，看到有人在偷东西，周围的人必须帮助受害人，共同去对付小偷，否则打七十大板。旁观者共同制止盗窃行为，既是道德问题，又是法律问题，这就是礼法合治。换在今天，你在公共汽车上看见小偷在摸别人的钱包，你上前制止，这叫见义勇为。反之，你一想："多一事不如少一事。"一车的人都这么想，任由小偷猖狂，这样做，虽然违反道德，但不违法，更不是犯罪，不会受到法律制裁，这就是德法分治。

由礼法合治转向德法分治，有利于自由、人权得到更大范围的保障，代表了世界先进的法治文明。但从这一百余年的实践来看，这种转变也存在一些不尽人意的地方。有的行为明明很缺德，由于法律中没有规定，就会有人去干，我把它戏称为"依法缺德"。

在礼法时代，通奸是犯罪，法律术语叫"和奸"。唐律规定是男女双方各判一年半徒刑，明清时甚至规定，当场捉奸杀死奸夫淫妇的，不追究责任。① 清末改革时认为，和奸问题，欧洲法律并无治罪之条文。这种事情有关风化，不应该由法律来管，要从法律中剔除出去。从此以后，这样的问题就变成了道德问题，法律中不再进行规定。

所以在我们一开始讲到的那个案例中，奸夫某乙勾引某甲的老婆，某甲将他打伤，按照老百姓的情理看来，是合理的："打死活该！"但法律上规定，打伤人要构成伤害罪。反之，某乙的行为虽然缺德，但并不违法，更不是犯罪。干了坏事，还绝对不会受到法律的惩罚，这是"绝对的依法缺德主义"。现实中这样的情形更多。我曾经在网上看到一个报道：一对夫妇经常吵架打架，多次找派出所调解。女方说打闹的原因就是因为丈夫出轨的次数比她多，她觉得不公平，也要再出轨，直到次数和丈夫扯平。

---

① 《大清律例》二六，"杀死奸夫"。

可见，某些道德规范，如果没有法律的支持，有些人就根本不拿舆论谴责当回事，变得毫无廉耻，突破道德底线。

（二）以刑统法——分部门设置法律

在礼法时代，凡是违犯国家法律的行为，统统叫"犯法"，都要用刑罚来制裁，所以我把他称作"以刑统法"，用刑罚的方法来统率、调整所有的法律。清末法制改革以来，在法律体系内部，分部门设置法律，于是有民法、刑法、行政法以及相适应的各种诉讼法，各种法典是单独设立的。违反民事法律的行为，叫"民事违法"，用民事责任方式来调整；违反行政法律的行为，叫"行政违法"，用行政责任方式来调整。只有违反了刑事法律并达到"三性"的行为：社会危害性、刑事违法性、应受刑罚惩罚性，才能叫犯罪，才能用刑罚来制裁。

由以刑统法转向分部门设置法律，使得法律的分工越来越明确，立法技术也越来越精细，这是符合世界潮流的，有着重要的积极意义。但在这一百年来的实践中，也产生了一些不良的社会效果。有的行为，虽然违法，但不一定构成犯罪。相对而言，如果付出的违法成本低、得到的收益高，就会有人去干，这就是"相对的依法缺德主义"。

比如你欠别人100万元的货款，不按约定支付，在以前就是犯罪，在现在就叫违法，法律后果就是返还财产、支付违约金。有些人觉得这样的制裁根本没有惩罚性，就会故意欠账赖账，不守诚信的行为就越来越多，在民事法律与刑事法律之间钻空子。

某县公安局领导给我介绍了一个他处理的案件，一个小偷在别人家偷了2000元钱，同时把自己身上的一元零钱放在茶几上，走了。公安查明事实之后移送起诉，检察院不受理，理由是该案件不够立案标准。重庆市以2000元为盗窃犯罪的立案标准。该小偷虽然偷了2000元，但人家找了一块钱呀！不够犯罪立案标准，就只能按治安行政违法来处理，最多拘留 15 天。这就是在行政法律与刑事法律之间钻空子。

二、文化分析

既然德法分治、分部门设置法律代表了世界先进的法治文明，为什么拿到中国来会产生这些问题呢？

这不是法律本身的问题，而是文化不同造成的。如果说文化是土壤，那么法律就是这片土壤上的植物。植物只有和土壤相适应，才能茁壮成长；法律也只有和文化相适应，才能有效运行。

学术界关于文化的定义有百余种观点，我认为文化的核心在思维方式和行为方式。

（一）思维方式的不同导致了中西方治国理政的模式不同

思维方式就是遇到问题你是怎么想的。中国人认为人在这个世界上太渺小了，所以要与宇宙万物保持统一，才能够长久地生存下去。这种天人合一的思想，使得人们在遇到任何问题，都会把个体放在整体当中，综合起来考虑；对个体问题本身，不需要把它搞得很清楚，这种思维方式叫综合性的思维方式。

西方人认为，在宇宙万物当中，人是老大，人可以征服、利用、占有整个世界。这种人定胜天的思想，使得他们在遇到任何问题时，要打破条件，逐一进行分析研究，从而占有它，利用它，征服它。这种思维方式叫分析性的思维方式。

举个例子，比如说中医和西医，就代表了不同的思维方式。我得过肾结石，找西医看，他就会先照片，然后分析研究，看石头有多大，一般来说 0.7cm 以下可以排出来，0.7cm 以上的就排不出来，就得在腰上打个眼，直奔主题，取出来得啦。这就是分析性思维。

手术后三年，毛病又发了，找中医看。老中医跟我说，人吃了五谷杂粮，都可能形成结晶，但人家排泄通畅，就排走了。你呢，因为是湿热体质，排泄不通畅，就淤积下来了，形成了结石。所以一开始给我吃的是清热利湿的药，根本不是排石头的药，吃了一个多月，才给我开排石的药，两个多月后，结石居然真的不见了。这就是综合性思维。

上升到国家社会层面，人们普遍认为，西方的分析性思维方式刺激了科学主义和法治主义的发展，所以他们要把道德与法律分开，马路警察——各管一段；在法律体系内部，也要逐一分析，分出民事、刑事、行政的法律部门，各自功能明确。中国人奉行综合性的思维方式，所以要把道德与法律统一起来，礼法合治；在法律体系内部，也用刑罚把所有的法律形式统率起来进行调整，以刑统法。

思维方式的不同，使得中西方治国理政的模式也不同。把西方那一套拿来，难免不适应。

（二）行为方式不同导致了中西方对待法律的态度不同

思维方式的不同进而导致了行为方式的不同。行为方式就是遇到事情你是怎么做，怎么说的。

综合性思维使得人们在言行举止上表现出这样的特点：灵活性有余而规则意识不强。在整体和个体之间可以不停地转换，看到前面，想到后面；看到左面，想到右面。心里想的和嘴上说的可以不一样；嘴上说的和实际中做的也可以不一样。比如一个领导要表扬下级，说："小李同志啊，最近工作干得好啊，应该表扬！"你会怎么回答，你一定会说："哪里哪里，我离领导的要求还差十万八千里哩！"孟子在两千多年前就说："其辞若有憾焉，其心窃喜之。"言辞上说还有遗憾，其实心里高兴得很呐。分析性思维则使人的行为显得：规则意识有余而灵活性不足。西方人做饭要定闹钟来卡时间，炒菜放盐要拿秤来称。

有这么一个段子，或许能集中反映这种差异。说一个中国留学生到德国，谈了个德国女朋友，一天晚上驾车兜风，走到红绿灯前，男孩一看，既无车辆又无行人，还没有摄像头，一踩油门就闯过去了。女孩说："你这人，咋这么没有规则意识呢？"两人就黄了。男孩回到中国又谈了个中国女朋友，同样是晚上驾车遇到红绿灯，同样是既无车辆又无行人，还没有摄像头。男孩一想："以前那个女朋友，就是因闯了红灯吹的，这次可不敢了。"于是就等红灯变绿。女孩不高兴："三更半夜的，既没车，又没人，还没有摄像头，咋不闯过去呢。你傻呀！"俩人又给吹了。闯红灯肯定不是好习惯，但它却反映了中西方行为方式的差异。

既然行为方式上中西方有如此大的差异，你把西方那一套德法分治、分部门设置的法律体系移植到中国来，就会有人在其中钻空子！"依法缺德主义者"就是这样产生的。

三、对策和出路

既然西方移植过来的法律和中国文化有这么大的差异，那么我们该怎么办呢？

（一）用中华传统美德来滋养当代法律制度

比如仁爱、孝道、诚信、礼让、廉耻等传统道德规范，不但过去适用，在今天同样有着积极意义。如果将其中的一些内容引入今天的法律制度中，能使冷漠无情的法律变得更加符合中国人的情理人心，更接地气。比如孝道问题，现代法律只调整物质层面的孝道，规定子女有赡养父母的义务；不调整精神层面的孝道，至于老人是否幸福，子女是否顶撞父母，法律是不管的，显得有些冷漠。而传统的孝道，既包括物质层面，又包括精神层面，如果将精神层面的孝道引入法律中来，"老吾老及人之老"，必将在全社会形成尊老敬老的社会风气。2013 年开始实施的《老年人权益保障法》中规定：子女要常回家看看，就是将精神层面的孝道进行法律化，这正是现代法治建设在继承传统美德的道路上迈出的重要一步。

（二）用传统法律的智慧来完善当代法治建设

我曾经看到一幅漫画：律师对他代理的当事人说："告诉你一个好消息，一个坏消息。好消息是你胜诉了，坏消息是找不到被告。"现实生活中，经济交往中背信弃义的行为司空见惯，法院民事案件执行难也成为比较普遍的现象，诚信危机已成为不可回避的社会问题。

历史上，主要用刑事法律来调整债权债务纠纷，少则打二十大屁股，多则坐一年牢，诚信传统得到了良好的维护。清末法制改革以来，债务纠纷转变成用民事责任方式来调整。中国人长期积淀形成的法律观念，就是对刑罚有着天然的敬畏之心，对刑罚以外的民事责任方式，则不太在乎。比如你去给一个老赖说，你要是故意欠债不还，就是违法啦！要用返还财产、支付违约金的方式来制裁你。他会想：违法算个啥呀！返还财产本来就是应该的，支付违约金不过是象征性给点利息罢了，简直就是小儿科，违反它一下又有什么大不了的呀！不守诚信的行为自然会层出不穷。

所以要应对诚信危机，还得从我们固有的法律传统中去寻找智慧，那就是将债务纠纷入刑，用刑罚来维护诚信的最低法律底线。

讲到这儿，或许会有人反对说：从西方引进的"民事行为不科刑"的原则，是先进的法制文明；你却建议债务纠纷入刑，这是封建、落后。但我觉得，当绝大多数民众都明白，这一法律原则目前还不太适合中国的国情，不能解决中国的问题时，为什么我们还非要这样做呢？而且，现行民事法律领域，也并不是所有的民事行为都是按照这一原则来立法的。债包括四种：合同之债、侵权之债、不当得利之债、无因管理之债。其中不当得利之债，如捡到财物拒不归还的行为，就是用刑罚来调整的，罪名叫"侵占"。既然与老百姓生活关系不太大的不当得利之债就可以用刑罚来调整，为什么与老百姓生活息息相关的合同之债、侵权之债，就不能用刑罚来调整呢？

曾几何时，我们把酒后驾车视为行政违法，使用行政责任方式来制裁，或者扣分，或者罚款，人家根本不怕，所以效果一直不明显。自从酒驾入刑以后，将行政处罚改为刑事处罚，这一社会问题可以说迎刃而解。将债务纠纷入刑，肯定也能收到同样的效果。我们又何乐而不为呢？

中国数千年法治文明，经历了从礼刑——法律——礼法——法治这四个大的阶段。凡是抛弃民族自身的历史文化传统的时代，法制建设就会出现大的问题，秦朝只讲以法治国，不讲道德教化，最后落得二世而亡。凡是注重历史文化传统的时代，法制建设就能健康发展，汉唐到清朝，引礼入法，注重道德与法律的有机结合，造就了一个又一个盛世。

党的十八届四中全会作出全面推进依法治国的重大决定，其中"坚持依法治国和以德治国相结合"，弘扬中华传统美德的原则；"坚持从中国实际出发"，吸取中华法律文化精华的原则，正是对历史文化传统的高度重视。在这种思想的指导下，我们在法治建设上一定能做到继往开来，走向新的辉煌！

理　念　篇

中华法文化在漫漫的历史长河中，积淀了丰富而优秀的思想理念和精神智慧，值得今天挖掘、借鉴。

古往今来，外在的物质文明容易随时代的变化而变化。以前的住房是青砖碧瓦，现在是高楼大厦，抬头都看不见天；以前我们穿的是长袍马褂，现在则是西装革履，人人都以洋气为时尚；以前交通基本靠走，现在坐的是汽车飞机，屁股一冒烟就能日行千里；以前治安基本靠狗，现在到处都是电子眼，让作奸犯科之人无所遁形，前后变化不可谓不大。然而，内在文化层面的思想理念，却不受时空阻隔，能够一以贯之。看到对患者关怀有加的医护人员，我们就会由衷发出"医者仁心"的赞叹；看到无微不至地照顾年迈父母的子女，就会夸他们孝顺；看到一身正气、两袖清风的官员，就会给出廉洁奉公的评价；看到夫妻之间相亲相爱、患难与共，就会说他们重情重义。如此种种评判，正是文化的延续。其中的"仁"、"孝"、"廉"、"义"，就是中华民族祖先留给我们的文化基因。

2021年4月，中共中央办公厅、国务院办公厅印发了《关于加强社会主义法治文化建设的意见》，其中指出："推动中华优秀传统法律文化创造性转化、创新性发展。传承中华法系的优秀思想和理念，研究我国古代法制传统和成败得失，挖掘民为邦本、礼法并用、以和为贵、明德慎罚、执法如山等中华传统法律文化精华，根据时代精神加以转化，加强研究阐发、公共普及、传承运用，使中华优秀传统法律文化焕发出新的生命力。"本篇旨在挖掘中华传统法文化中"仁爱"、"诚信"、"孝道"、"清官"、"礼让"、"侠义"、"廉耻"、"夫妻情义"等优秀思想理念，考察其在传统法律实践中的运行机制，分析其形成原因，力求进行创造性转化和创新性发展，以期对推进今日法治建设有所启示。

仁　爱

　　每当新春佳节之际，大家是不是这样过的呢？你提着年货到亲友家去串门，亲朋好友也会拿着礼物到你家来拜年。放在平时，你给别人帮了忙，别人是不是得请你撮一顿？别人请你吃了 N 回饭了，你是不是也得回请别人一顿呢？这叫什么？说通俗点，叫人情往来；说深一点，这其实是一种文化现象："仁"的文化现象。所以今天我们来讲传统法文化的"仁爱"理念。

　　说到文化，首先我要讲一下文化的概念。关于文化的概念，学术界有百余种定义。绝大多数是从名词的角度来解释文化的。我认为，文化更重要的含义是动词，叫作"文而化之"，就是用文来化人。如果光有文而不用这种文去教化人；或者虽用文去教化人，但被教的人没有消化，没有变化，那也不能叫文化。比如我们平常人管柴火就叫柴火，有个秀才读了书，知道书上管柴火叫"薪"，于是就不说人话了。一次他要买柴火，对担柴的人喊道："荷薪者过来。"卖柴火的人听不懂，但听得懂过来一词，就担柴过来了。秀才说："其价几何？"农民又听不得，估计几何就是讲价的意思，就报了个价。秀才又说："此薪外实而内虚，烟多而焰少，请损之！"① 农民一句也没听懂，担着柴火就走了，这就是文而不化，等于没文化。仁爱文化就是要用仁爱的思想理念去教化天下人，同时天下人也为之发生变化，就形成了一种普遍的社会现象。

一、仁爱理念的内涵

那么仁爱的思想理念有什么价值内涵呢？

（一）仁爱包括两种"心"

仁爱是我们说顺口了的词汇，现在的词汇常常由两个字组成。换在过去，一个"仁"就是一个词，已包含了爱。要说清仁爱理念的内涵，其实只需说明仁的内涵就行了。

说起仁，朋友们首先想到的是什么呢？是不是就是爱人、慈祥等含义。这种理解没错，但太狭窄。在儒家经典《论语》中，仁字总共出现了 109 次，每次的含义都不大一样。我认为，仁的核心思想就是四个字：将心比心。

东汉学者许慎在中国最早的字典之一《说文》中解释说："仁，亲也，从人二。"② 左边一个单人旁，右边一个二，就是两个人该如何相处？要做到"亲"。那么两个人之间如何才能做到亲呢？你用什么样的心来对我，我就用什么样的心来对你。按照孔子的说法，叫作"推己及人"，

---

① （明）赵南星：《笑赞》。
② 《说文·人部》。

用通俗的话说就是将心比心。所以，我们一开始讲到的人与人之间的礼尚往来，其实就是仁的一种表现。

那么将心比心比的又是什么心呢？我总结主要有两种心。

1. 不忍人之心

孔夫子说："己所不欲，勿施于人。"自己不情愿的事，就不要强加给别人。孟子进一步将其发展为"不忍人之心"，自己都觉得心有不忍的事，就不能去做。比如说我是个生产制造商，明知道奶粉里面加三聚氰胺，可能会导致婴幼儿死亡，想起来心有不忍，就不要往里面掺三聚氰胺了；比如我是个菜农，明知道向蔬菜施放超标农药会严重危害人体健康，想起来心有不忍，就不要往里施放超标农药了。每个人都有追求金钱财富、权势荣誉的欲望，这很正常。但我们在追求各种利益时，一定要坚持一道底线，那就是用"不忍人之心"去对待别人，做到不整人、不害人。这是"仁"的最低标准。

讲一个故事来加以说明。一位父亲要去集市上卖母猪肉。儿子说，这不是害人吗？母猪肉皮糙肉厚，自己都不愿吃，怎么能卖给别人呢？父亲不听劝，坚持要去，告诫他说："到了市场，千万别说我家卖的是母猪肉哟！"一顾客来到摊前，将肉翻来覆去地看。小孩见状，赶紧说："我们家卖的可不是母猪肉哟！"顾客一听，转身就走了。父亲一看生意没做成，气得揍了儿子一顿。后来又来了一位顾客，同样将肉翻来覆去地看，同时嘴里念叨说："你家卖的是不是母猪肉哟？"小孩听了这句话，立马对父亲说："老爸，这下可不是我说的哟！"顾客闻言，自然也转身离开。

这个故事说明，小孩还有一颗不忍人之心，那真是"人之初，性本善"呐！随着年龄的增长，为了追逐更大的利益，有的人反而越老越不像话了，不惜以次充好，不惜整人害人，心中那颗不忍人之心被各种欲望蒙蔽了，这就叫麻木不仁。

2. 慈爱之心

孔子说："仁者爱人。"一个仁者用慈爱之心去对待别人，不是只关爱自己亲近的人，还要爱天下所有的人。这就是《论语》中所说的："泛爱众，而亲仁。"

可能大家都知道"杏林"一词是中医学界的代称，但这个典故是怎么来的，跟仁爱的文化理念又有什么关系呢？或许有些人就不太熟悉了。

晋代葛洪《神仙传》记载，三国时期，福建出了一位神医名叫董奉，医术非常高明。传说一位少年第一次见到他时，他已是四十出头。五十年后，此人回乡探亲，看见许多当年的邻居朋友，都已经老的老，死的死，唯有董奉的颜貌一如往日，没有一点变化，心中很奇怪，就问董奉："当初我看到先生是中年人，而今我已满头白发，您却仍然健壮如中年，先生是否得道？"董奉回答："偶然耳。"

为了治病救人，董奉四处悬壶济世，后来走到安徽凤阳，他看到当地人民由于三国争战而贫病交加，十分同情，便在安徽凤凰山之南六十里的一个贫困的小山坡上居住下来，并定下一道奇特的规矩：看病不收费用，但重病者治愈后，要在他居住的山坡上种植杏树五株；病轻治愈者，种一株。由于他医术高明，医德高尚，远近患者纷纷前来求治，数年之间就种植了万余株杏树，成为一遍杏林。杏子成熟时，董奉写了一张告示，规定：来买杏的人，不必通报，只要留下一斗谷子，就自行摘一斗杏去。

清代征士放《杏林诗》云："吾亦知医术，平生慕董君。药非同市价，杏以代耕耘。"董奉用杏子换那么多谷子来干啥？用来救济贫民。据说，每年有二三万贫病交加的人，受到他的救济。后来，人们便用"杏林"来称颂医界，医家也每每以"杏林中人"自居。

医生用慈爱之心去对待天下的病人，老师用慈爱之心去对待天下的学生，官员用这样的心去对待民众，商家用这样的心去对待顾客，如此种种，做到仁者爱人。这是"仁"的最高标准。

（二）推行仁爱的方法

总的来说，仁爱理念所提倡的将心比心，就是用不忍人之心和慈爱之心去处理人与人之间的关系。

那么，大家肯定会问：是自己先用这种心去对待别人呢？还是先强求别人用这种心来对待自己呢？《论语》中有个词汇，叫作"仁之方"，就是推行仁爱思想的方法。那么这是一套什么方法呢？为了让大家印象深刻，先讲个故事。

有一个县官，发誓要用整部《论语》来治理他管辖的县。因为宋朝宰相赵普号称"半部《论语》治天下"，就能够名满寰宇，走红政坛，这位县太爷还要青出于蓝而胜于蓝。一天早上，差役抓了个偷钟的贼。县官下令说："饶恕他吧，把他放了。"下级不明白为啥。县官说："《论语》说了：'夫子之盗钟，恕而已。'有人偷了别人的钟，应该宽恕他。"这是怎么回事呢？《论语》中是这样说的："夫子之道，忠恕而已。"孔夫子的处事之道就俩字：忠和恕。忠就是要摆正自己的心态；恕就是要原谅别人的过错。看来这个县官是个白字先生，不但读了错别字，把道德的"道"读成了盗窃的"盗"，把忠诚的"忠"读成了敲钟的"钟"；还把句子给断错了，糊涂官办糊涂案。

借助这个故事，我们就会记住传统儒家学说中有一种"忠恕之道"，正是推行仁爱的有效方法。

1. 从我做起

"忠"字上面一个中，下面一个心，指中人之心，就是要用正常人的心态去对待别人。那么，什么是正常人的心态呢？

按照孟子的说法，一个正常的人，生下来就有四种"善端"：恻隐之心，羞恶之心，辞让之心，是非之心。其中"恻隐之心"是"仁之端"，羞恶之心是"义之端"，辞让之心是"礼之端"，是非之心是"智之端"。所谓恻隐之心，就是看见别人受苦受难，你就会自然而然地产生同情心，这是每个人与生俱来的善的源头。只要大家扪心自问，一定会发现，我们每个人，不管是你还是我，都有这种善端。

比如一个孩子掉进水里了，我想没有哪个人心里会这么想："掉的好啊掉的妙，淹死活该！反正又不是我家的孩子。"谁要是这么想，他一定就不是人了。这就是孟子所说的："无恻隐之心，非人也。"① 任何一个正常人见到这样的场面，心里肯定会萌生出救人的冲动，只是我不会游泳，不能将救人的冲动转化成行动罢了，但这样的念头是有的。这是什么？这就是一种善的源头，就是"仁"。

正因为人人都有这种善端，所以推行仁爱思想，首先要从我做起，而不能先去苛求别人。正如孔子说"为仁由己，而由人乎哉?"② 要做到仁，必须率先由自己先做起，怎么能先要求别人呢？如果一开始就强求别人对自己怎样怎样，既不符合情理，事实上也办不到。所以，只有从自己做起才有可能。

正因为人有着共同的人性，只要大家能坚持从我做起，就必然能引领更多的人这样做。就像流行歌曲唱的那样："我踏着不变的步伐，是为了配合你到来。在你不注意的时候，请跟我来。"在不知不觉中，在潜移默化中，逐渐就会形成讲仁爱的社会风气。

2. 宽以待人

当自己以仁爱之心待人时，别人却不能以仁爱之心对待自己，该怎么办呢？就要用个"恕"字。"恕"字上面一个如，下面一个心，指如他人之心。遇到这样的情况，应该多站在对方的立场考虑考虑：别人是

---

① 《孟子·公孙丑上》。
② 《论语·颜渊》。

不是没注意到，才这样做的？是不是偶尔这样做的？或者是出于迫不得已，才这样做的？

明代才子郑板桥为官清廉，免官之后靠卖画为生，过着清贫的日子。一天晚上，有小偷进他家偷东西。他发现这个小偷竟是个未成年人，穿得破破烂烂，脸色苍白，明显缺乏营养，一看就是穷苦人家的孩子，迫不得已才这样做，于是怜悯之心油然而生，既不愿报官抓了这孩子，又不愿白白被偷。于是他躺在床头朗诵起诗来：

> 细雨蒙蒙夜沉沉，梁上君子入我门。
> 腹内诗书存千卷，床头金银无半文。

小偷一听，知道被主人看见了，而且在提醒自己，说他家没钱，便打消了偷盗的念头。刚转身想出门，听到主人又在朗诵说：

> 出门休惊黄尾犬，

哦，他在提醒我门口有狗，别被狗咬了，或惊动了官府，到时就走不脱了，看来这主人是一片好心啊。想到这儿，他准备翻院墙逃跑。那墙上有一盆兰花，是郑板桥心爱之物，经常出现在他画中。郑板桥怕小偷碰翻兰花，又朗诵一句：

> 越墙莫损兰花盆。

小偷避开兰花，顺利跳出围墙，又听见主人在屋里高声朗诵：

> 天寒不及披衣送，

趁着月亮赶豪门。

到这时，小偷被彻底感动了，向着院内深深拜了一拜，发誓再不做小偷了。当然郑板桥最后这句"趁着月亮赶豪门"，鼓励小偷去有钱人家去偷东西，恐怕是一种仇富心理，不值得提倡。

"恕"字在于宽以待人，用自己的言行去感化他人，让人走向正道。但是在生活中，大家肯定会碰到这样的现象：有些人，你对他再好，他也不会感动。遇到这种情况该怎么办，还是继续以仁爱之心对待他吗？所以接下来就是：

3."直道而行"

我对你一而再、再而三地讲仁爱，你却把我当傻子对待，以为把我卖了我还得帮你数钱。这个时候该怎么办呢？就要"直道而行"。"你不仁，休怪我不义"，你以奸诈害人之心待我，我也不能再跟你客气。再客气，不是迂腐就是真傻了。古人说："惟仁者能好人，能恶人。"① 只有仁者才能公开表达自己的好恶。因为仁者已经做得问心无愧，所以才会爱憎分明，敢爱敢恨。

举个例子来说明。汉武帝手下有三个大臣：窦婴、灌夫和田蚡。窦婴任丞相，田蚡就巴结他，遇到喝酒的时候，就像儿子服侍老子一样照顾窦婴，窦婴也少不了关照他。后来窦婴下台了，田蚡做了丞相，对窦婴就不待见了，这样的情形在官场经常能见到。

有一次，田蚡碰到灌夫，就说："俺正想去拜访你和老丞相哩！"因为他清楚灌夫和窦婴关系特别好，简直就是穿一条裤子。灌夫说："好哇，那就明天一大早去老丞相家。"然后把消息告诉了窦婴。窦婴心想田蚡这小子不忘旧情，很感动，晚上就和老伴准备酒菜，一直忙到天

---

① 《论语·里仁》。

亮。到第二天早上，还派人在门口迎接客人。灌夫一大早就来了，结果左等田蚡没来，右等田蚡也没来，直到中午，还是没有影子。灌夫就不高兴了，直接来到田蚡家，见田蚡还在睡觉，拉着他就走。一路上田蚡又磨磨蹭蹭，灌夫更加生气。等到喝酒喝得差不多的时候，灌夫就故意去拉田蚡跳舞。田蚡不起来，灌夫趁机将他大骂一通："你现在当了丞相，就不认老丞相啦！典型的小人。"① 灌夫的举动，正体现了"惟仁者能好人，能恶人"的风范。这就是直道而行。

对一个永远不懂得将心比心的人，你只能用这样的方法去对待他。以前我单位上有个同事，平时别人给他递烟，他总是来者不拒。轮到他自己想抽烟时，他绝对是自个儿扣扣搜搜拿一根出来自己抽，绝不会给别人递烟，久而久之，单位上的人都知道他这一习性，很少有人跟他打交道。抽烟事小，但可以以小见大。如果一个人在大事上也不懂将心比心，在社会上就会变得孤立。所以用直道而行的方法去推行仁爱的思想理念，那些不懂得将心比心的人就会越来越没有市场。

通过上面的讲述，我们看到仁爱理念的核心在于将心比心，推行仁爱的方法是忠恕之道。

那么仁爱的思想理念在传统社会又有哪些表现呢？为什么说它是一种文化呢？

二、仁爱传统的表现形式

前面讲到仁爱理念的核心是将心比心，就是用不忍人之心和慈爱之

---

① 《史记·魏其武安侯列传》。

心去处理人与人之间的关系。那么这样的理念在传统社会的生活中有哪些表现呢？为什么说它是一种文化呢？

（一）仁爱理念在生活中的体现

传统社会把所有的社会关系分为五种：即父子、君臣、夫妇、兄弟、朋友，又叫五伦。仁的思想是指导五伦关系的总原则。著名哲学家冯友兰先生就说：仁是"全德之名"，是统帅其他各种道德的总概念，忠孝节义悌、温良恭俭让，都包含在仁的范畴之中。忠就是君臣关系中体现出来的仁，孝就是父子关系中体现出来的仁，依此类推。

1. 家庭

我们首先来看仁爱理念在家庭生活中的表现。

将仁爱理念落实到家庭伦理中，要求"父慈子孝"，父母对子女要慈爱，子女对父母要孝顺；"兄友弟恭"，哥哥对弟弟要友爱，弟弟对哥哥要恭敬。你怎么对我，我也怎么对你，彼此将心比心。

北齐有位大臣叫石动筩，是位幽默哥。有一天，他突发奇想地问另外几个博士官说："老天爷姓什么？"有的说天姓高，因为当朝皇帝姓高；有的人说天姓张，因为张天师姓张。石动筩说："回答错误。老天爷姓什么，典籍上记载得清清楚楚。《孝经》中说：'父子之亲，天性也。'老天爷姓'也'噻。你们这些博士怎连这个都不懂呀！"①

父子兄弟之间，流着相同的血，吃着同一口锅里的饭，亲情是与生俱来的，是一种天性，容易做到将心比心，无需用更多的证据来证明。

将仁爱思想落实到夫妻关系中，要求"夫义妇德"。丈夫对妻子要义字当先，妻子对丈夫要恪守妇德。彼此也要做到将心比心。

---

① （隋）侯白：《启颜录》。

　　《礼记》中说："夫者，妻之天也。"①"天"字出头就是"夫"。老公是老婆的天，不是说他要把老婆压倒在脚下，莫非你还敢翻天呀？而是说丈夫要努力撑起家庭这一片天，这就是他的"义"；老婆要遵守妇德，多操持家务，不让老公分心担心，这就是她的"德"。现在的女性得到了充分的解放，如果老婆能力强，她撑得起家庭这一片天，她就是女汉子。那么老公就应该支持她，主动进入厨房，干些买菜、做饭、洗尿布的家务，也是应该的。所以夫妻之间的将心比心，就是各自做好自己的角色：一方承受社会压力和经济压力大，另一方就支持他；一方为家庭付出多，另一方就要尊重她、呵护她，彼此之间以情义为重。情义就是夫妻关系中体现出来的仁。

　　西汉有一个奇葩人物，叫张敞。小时经常和一个女孩一起玩耍，一次投掷石块，误伤女孩。张敞一看惹了祸，吓得一溜烟跑了。长大做官后，听家人说起该女孩因被他扔石头砸伤了眉角，破了相，一直未能出嫁。张敞觉得对不起人家，便上门提亲。娶进门后，彼此十分恩爱。到汉宣帝执政时期，张敞做了京兆尹的官，主管京师长安的地方长官，地位非常显赫。走到哪里都像蹲在厕所里抽烟——前呼后拥。如此威风的人物，回到家里，对妻子却十分体贴。他每天为妻画眉毛，整个长安街都流传说张京兆画的眉十分妩媚。后来有关部门将这件事汇报给了皇帝，意思是张敞作为京师的地方长官，天天给老婆画眉，岂不耽误本职工作吗？汉宣帝问他有没有这种事。张敞回答："臣闻闺房之内，夫妇之私，有过于画眉者？"②我听说闺房之内夫妻之间，没有比给老婆画眉毛更快乐的事了。

　　张敞画眉，恐怕在今天一些大男子主义看来，那就是怕老婆。然而

_____

① 《礼记·丧服》。
② 《汉书·张敞传》。

站在文化的角度，我们看到的是仁爱理念在夫妻关系上的运用。

《易序·家人卦》中说："父父子子，兄兄弟弟，夫夫妇妇，而家道正。正家而天下定矣。"父亲要有父亲的样子，儿子要有儿子的样子；哥哥要有当哥哥的样子，弟弟要有当弟弟的样子；丈夫要有丈夫的样子，妻子要有妻子的样子。可见仁爱思想不仅是对妻子、儿子、弟弟这些在家庭中地位低的人有要求，对丈夫、父亲、兄长这些在家庭中地位高的人也同样有要求，彼此关系是对等的，正是这种对等精神，使得一个家庭的秩序得以正常。家庭和睦自然天下就稳定。

2. 社会

其次来看仁爱理念在社会交往中的运用。

五伦中朋友一伦，不是严格意义上的"朋友"。严格意义上的朋友，古人说是"同师曰朋，同志曰友"；今天的人认为朋友就是指意气相投、志同道合的人。农村人形容朋友关系说得更绝，说："那两个人好得简直可以穿一条裤子，撒尿都能泡饭吃。"五伦中朋友指的是广义上的朋友，"四海之内皆兄弟"，所有社会上的人，都应该以朋友相待。所以朋友一伦实际上指的就是人在社会上应当如何与人相处。

将仁爱理念落实到社会关系上，就是"朋友有信"。信就是社会关系中体现出来的仁。彼此不得坑蒙拐骗，不得偷奸使诈，要诚实守信。关于诚信，我们将在另一个专题进行详细的讲解。在这里，我想对仁爱理念在社会交往中的运用，做两点特别的说明。

其一，与熟悉的朋友打交道，要一视同仁。现在很多人交朋结友往往有一种势利心，今天你有用，就是朋友；明天你下台了，没用了，就形同路人，这是作为仁者的一大忌讳。仁爱精神要求交朋结友应该做到不嫌贫爱富、不喜新厌旧，如此等等。仁者眼里应该是"结识新朋友，不忘老朋友"，应该是一视同仁。传说唐朝名将薛仁贵，功成名就之后仍不忘旧交。一天他做寿，一位小时候的朋友想去拜寿，可是囊中羞涩，买不起寿礼，但又想去见见现在已经当大官的老朋友。怎么办呢？他拿酒壶装了一壶清水前去贺寿，见了薛仁贵的面就说："君子之交淡如。"大家都知道"君子之交淡如水"这句话，他故意没说这个"水"字，言下之意是老朋友啊！我王老五混得差，只有拿水来朝贺您呀！没想到薛仁贵热情洋溢，拉着老朋友的手，说："醉翁之意不在。"故意没说"酒"字，意思是你我之间，在乎的是旧日交情，哪在乎它是不是酒哩！"快快入座，看茶！"每每讲到这个故事，我就会为薛仁贵的仁爱之风感动。

其二，与不熟悉的人打交道，不要整人害人。俗话说"害人之心不可有，防人之心不可无"。人与人交往，最基本的底线就是不得有整人害人之心。传说道教中有八位神仙，其中一位叫吕洞宾，他的师傅叫钟离（权，即汉钟离）。钟离要教吕洞宾一个法术，叫"点铁成金"术，并告诉他说："你要帮助天下穷苦的人，只要手指头这么一点就 OK 了。"吕洞宾问师傅说："用这种法术变出来的金子，时间长了会不会变回去？"钟离说："五百年后会变回原形。"吕洞宾说："这样干，岂不是害了五百年后的人？这样的法术，我不学。"吕洞宾不但不愿害当时的人，更不愿害五百年后的人。这颗心肠，就是仁。

在社会上，如果人人都能有一颗仁爱之心，即便不能做到去关爱天下人，至少也能做到不整人害人。这样的社会，自然会和谐有序！

3. 国家

最后来看仁爱理念在政治生活中的表现。

孟子说："以不忍人之心，行不忍人之政，治天下可运之掌上。"[①]当官的不忍心自己的家人受穷，就不要让老百姓饿肚子；当官的不愿自己的小孩没文化，就不要让老百姓的小孩也没书读，用这样的心态去施

---

① 《孟子·公孙丑上》。

政执法，就是仁政。只要推行仁政，治理天下就像用手去拿东西一样简单，很快就能治理好。

当然，推行仁政远远没有说一句话那么简单。具体该怎么做呢？

有一天，孔子到卫国去，弟子冉有赶车侍从。孔子看到卫国的情况，感叹说：人好多啊！简直跟北上广和重庆一样拥挤了。冉有请教说：人口众多后，该怎么治理呢？孔子说："富之。"冉有又问：人民富裕起来以后呢？孔子说："教之。"①

按孔子的设计，推行仁政有"三部曲"：

第一步"富之"。要搞经济建设，让大家过上衣食无忧的日子。当经济发展起来后，各种思潮就会蜂拥而至，各种生活方式也会纷纷出笼，比如找小三，傍大款，炫富，奢靡，如此等等，没有统一的价值观，就像流行歌曲唱的那样："我无所谓，管他错与对；我无所谓，管他是与非"，狼爱上羊也可以，老鼠爱大米也没什么不对，人人丰衣足食却心灵空虚、价值观倒错，唯一能做的就是及时行乐，最担心的就是"人死了钱还没花完"。没有追求，没有担当，没有信仰！

第二步"教之"。要发展教育，用正确的价值观去引导民众，让人们懂得是非对错，懂得道德礼义，懂得法律观念。

第三步"教而后诛"。"诛"字在古汉语中不只是诛杀的意思，还包括追究责任的含义。孔子在其他的地方说过："不教而诛谓之虐"，意思是先不搞教育，等老百姓犯了错误就追究责任，就不是仁政，而是暴政的体现。这句话的另一层意思是：已经先进行了宣传教育，结果还是有人作奸犯科，就应该依法追究他们的责任。对那些欺行霸市，胡搅蛮缠，无理的缠诉缠访，闹而优则是的行为；对那些既不讲法又不讲理，简直就是脱了裤子打老虎——既不要命又不要脸的刁顽之徒，如果不加

---

① 《论语·子路》。

追究惩罚，任由其横行，善良的人就得不到保护，就起不到惩恶扬善的作用，同样不是仁政。所以荀子就说："教而不诛，则奸民不惩。"明朝皇帝朱元璋也说："明礼以导民，定律以绳顽。"申明道德礼义是用来引领和开导善良的老百姓的，制定法律制度是用来制裁那些刁民的，要来点狠的才行。

这里讲一个推行仁政的典型人物。清朝有一个知县叫陆陇其，处理案件充分体现了仁政的理念。每每遇到小偷小摸的盗窃案件，他就问被告人："你为什么要当小偷呀？"当事人一般都会回答说："家里穷呀！"他说："你在我衙门住一个月，既不打你也不骂你，充分保障你的人权。只要你能学会纺纱，就证明你确实是因穷才去偷摸的，也不治你的罪。"为了证明自己，所有小偷不到一个月就学会了纺纱。陆陇其语重心长地说："看来大家都是因穷而犯罪。这样，我给你们每人一些银子，拿回去购买纺纱的设备和材料，认认真真干，赚的钱够你们生活了。就不要再偷盗了。如若再犯，下次抓住可不轻饶。"小偷们无不磕头感恩而去。

有的人不思悔改，第二次又被抓住，陆陇其还是用老办法对待。若有人死不悔改，已经是三进宫了，陆陇其就会令差役押着小偷快走一千步，然后给他喝一碗热醋。在他正喝的时候，突然命人用掌猛击小偷背部，便会呛嗓子，落下咳嗽的病根，终生不能再当小偷。走到哪里你就"咳咳咳"，等于在给人报信哩，还怎么偷别人的财物？

陆大人完全是按"富之"、"教之"、"教而后诛"这三步来处理案件的，可以说是最典型的仁政。

（二）仁爱是一种文化

从上面讲的可以看出，仁爱思想在家庭、社会、国家这三个层面都有体现，形成一种普遍的社会现象。同时，广大民众对这样的社会现象也形成了普遍的认同，凡是能推行仁爱思想的，人们就赞扬。你孝顺父母、尊重师长、忠于爱情，人们会夸你仁义；你诚实守信、助人为乐，人们会夸你仁义；你要是个做官的，能够在施政执法中处处为老百姓着想，人们更会夸你大仁大义。

话说古代有一个穷私塾先生，租了财主家的房屋，因为拖欠房租，财主将其告到官府。县太爷查问案情得知，私塾先生因房屋破烂，催促财主维修，财主没有理睬。先生只好自己花钱修补房屋，所以拖欠了房租。于是县太爷写出了判词：

晴时鸡卵鹅卵，
雨时盆满钵满。
若想要得房钱，
除非本官届满。

意思是财主你这租出去的房子破破烂烂，天晴时，阳光从房顶上的小破洞照进屋里地面上，看起来像一个个鸡蛋，阳光从大破洞照进屋里地面上，看起来像一个个鹅蛋；下雨天，雨水从屋顶破洞流下来，用盆子接满后，再拿钵去接，搞得整个屋子如水漫金山。你作为一个大款，又是房主，本应该对房屋进行修缮，你却不维修，这是为富不仁。私塾先生是弱势群体，作为租房人，本来没有维修房屋的义务，人家却掏钱进行了维修，理应将维修费和房租进行冲抵。所以财主若想再收取房钱，那就是"墙上挂窗帘——没门"。除非本官到届离职之后，等下一届县官来了你再来告。

县太爷作出这样的判决，正是在仁与不仁之间进行平衡，势必得到老百姓的拥戴。

反之，一个官员不追求公平正义，只知道捞油水，就会被人骂做不仁不义。

讲一个故事。夏天时，一群人坐在树荫下乘凉，有人就问："这世界上哪儿最凉快？"有人说："嫦娥的广寒宫最凉快。"又有人说："东海龙王的水晶宫最凉快。"问话人说："不对。广寒宫、水晶宫大家都没去过，谁知是真是假。我知道一个地方最凉快，就是官府的衙门。"大家都不明白，说："为啥衙门最凉快呢？"他说："因为那里暗无天日。"

可见，为官如果不能推行仁政，更会遭到无情的讽刺与谩骂。

我们说文化就是"文而化之"，用某种"文"去教化天下，天下的人也为之而发生变化，就叫文化。在传统社会，人们用仁爱的思想理念去教化天下，天下的人也随之而发生了变化，凡是以仁爱精神去处世为官的，人们就赞扬；凡是不以仁爱精神去处世为官的，人们就批判，形成一种共同的社会氛围，这就是仁爱文化。

那么，仁爱的文化理念在现实生活中的境况如何呢？提倡仁爱精神对社会发展有什么好处呢？

三、提倡仁爱理念的现实意义

现实生活中，我们常常会看到或听到这样的现象：卖猪肉的不吃自己卖的猪肉，卖馒头的不吃自己卖的馒头。卖什么的不吃什么，因为他们最清楚，自己在里面捣了什么鬼，所以他们吃的猪肉、馒头，是单独为自个儿准备的，与拿到市场上去卖的是两回事。但是，卖猪肉、卖馒头的人，总不能天天都吃猪肉、馒头吧，你还得吃大米、蔬菜吧。至于别人卖的大米、蔬菜中，又搞了什么鬼，是不是有毒有害，也就只能"眼不见心为净"了。人们在侵害别人的同时，也在承受着别人对自己

的侵害。正印证了孟子论证"仁"时所说的那句话："我为人人，人人
为我。我害人人，人人必将害我。"

社会之所以变成这样，跟"仁爱"理念的缺失密切相关。那么，仁
爱这种优秀的传统文化为什么到现在就消失了呢？

（一）仁爱理念的缺失

我认为主要有两方面的原因。

1. 文化的批判

前面已经讲到，仁包括低层次的不忍人之心，做到不整人、不害
人；高层次的慈爱之心，做到爱人、泛爱众。仁的低层次要求显得世
俗，却容易做到，也能让人相信；仁的高层次虽然高尚，却不是人人都
能做得到的，也不是人人都能相信的。比如你去跟小孩讲，一个人首先
要爱你的父母，他肯定会点头，觉得你说得对。结果你一走起来就教他
说要"泛爱众"，爱天下所有的人。他连世界有多大，天下有些什么人
都不知道，必然会感到茫然，甚至会怀疑，你是在"逗我玩儿哩！"

随着时代的推移，人们把仁的精神拔得越来越高，仁的低层次内涵
被淡忘，仁的高层次内涵被凸显。比如各位观众朋友，一说到仁，是不
是首先想到的就是孔子说的那句"仁者爱人"、"泛爱众"呢？是不是首
先想到的就是仁慈，甚至是毫无原则的慈悲呢？除此之外的东西，似乎
就没有资格说得上是仁了。

仁的理念在被拔高的同时，就变得越来越虚胖了，也变得越来越难
以令人心悦诚服了。一旦被人批判，就很难站住脚跟。

话说有一个秀才，忽然发誓说自己不再吃荤，要吃素，还认真坚持
了一段时间。结果有一天，他老婆做了一只鸡，香喷喷的。秀才想吃，
碍于自己发过誓，又不好意思吃。于是便赋诗一首，说：

鸡有五德之才，

难免一刀之挨。

生前为人报晓，

死后无处葬埋。

权且借我肚腹，

为尔做副棺材。

呜呼哀哉，

酱油拿来！

秀才不好意思吃鸡，结果把吃鸡说成是做好事、做善事，就可以名正言顺地吃了，还要老婆赶快拿酱油来蘸着吃。

为什么说鸡有五德之才呢？意思是：鸡有慈爱之心，见了虫子它不吃，这就是"仁"；一只鸡叫，其他鸡讲义气，都跟着叫，这叫"义"；鸡走路就点头，很有礼貌，这叫"礼"；鸡不吃虫子，那不过是假慈悲，结果是专门偷吃主人家的粮食，聪明得很呐，这叫"智"；鸡都按时打鸣，从不耽误时辰，就是"信"。这就是鸡的五德。这个典故，其实就是文人士大夫为讽刺"仁义礼智信"的假大空，故意编撰出来的。连鸡都有这样的德性，还算什么美德呢？

经过这样一些文化批判，仁的含义慢慢就向假慈悲转化了，其中最朴素的不整人不害人的含义逐渐被人遗忘。话说有一位老和尚，常年不吃肉，心里馋得慌。一天他穿着宽袍大袖走在路上，一只麻雀突然闯进他袖中，老和尚赶紧捂住袖口，高兴地说："老僧今日得一口肉吃。"不想麻雀在他袍子里钻来钻去，又给飞走了。老和尚很是失望，叹口气说："老僧仁慈为怀，且将你放生了去吧！"这就是假慈悲。

近代以来，中国传统道德更是遭到了猛烈的抨击。最为典型的说法是："满嘴的仁义道德，一肚子的男盗女娼。"（鲁迅）

随着这句话的深入人心，仁爱等词汇的含义逐渐发生变化，似乎成了虚伪的象征。如今谁敢标榜自己是仁人君子，别人就会笑话你，甚至会怀疑，这是不是神经病哟！这是不是一个说一套做一套的伪君子哟！于是，仁爱等代表中华民族传统美德的词汇逐渐变得陌生。

2. 观念的转变

传统社会的仁爱理念，是以对等的人际关系为基础的。父母对子女要慈爱，子女对父母要孝顺，这是"父慈子孝"；丈夫对妻子要注重情义，妻子对丈夫要有良好的品德，这是"夫义妇德"；君主对臣民要仁慈，臣民对君主要忠诚，这是"君仁臣忠"，以此类推。人与人之间，虽然角色不同，地位也不同，但彼此要讲究对等：你怎么对我，我就怎么对你，就是将心比心。

近代以来，西方的平等思想传到中国，人们的观念发生了巨大的变化。提倡平等，这是我们每个人孜孜以求的梦想，我个人也是很拥护的。但是如果平等精神绝对化，这就成了绝对平等，就会出现一些意想不到的问题。

当人们把父母与子女的关系理解为绝对平等时，就会看到一些家长教育未成年子女的时候，稍不如意，子女就会以"我和你是平等的"，凭啥骂我？再骂，我就离家出走。有些性格急躁的孩子说不定会趴在窗台上，声称自己要做自由落体运动，吓得父母哪敢再管教？

当人们把夫妻关系也理解为绝对平等时，男方就会想：我挣钱多，老婆挣钱少。俺俩是平等的，凭啥呀！心里就不平衡。所以有了"男人有钱就变坏"的现象；女方也想：俺天天买菜做饭洗衣服，老公回来都是吃现成的。咱俩是平等的，凭啥呀！想起来就怨气连天。一旦吵起架来，总是拿自己的长处去比对方的短处。男人说自己挣钱多，女人说："我还会生娃儿耶，有本事你给我生一个出来瞧瞧！"我曾经查阅过解放初期的离婚档案，发现一些离婚案件中的女方当事人陈述说："现在解放了，男女平等了，我不给你做饭了。"久而久之，导致感情破裂。这样来理解平等，无疑是对平等精神的歪曲。

当人们把兄弟姐妹的关系理解为绝对平等时，就会看到有些人赡养父母，那真是"亲兄弟明算账"，相互约定：每个子女每月给父母200块钱，大家都一样，讲究的是公平。执行的时候，一旦有人不给或少给，其他人也就拖着不给，还会振振有词："大家都是后人，都是平等的。凭啥他不给，还要我给呢？"这就是绝对平等思想惹的祸。其实兄弟姐妹之间，"打断骨头还连着筋儿"，应该站在别人的处境去考虑问题：我条件好，我就多出点钱；你条件差一点，你就少出点，何必那么斤斤计较呢？

当人们把师生关系理解为绝对平等时，就会看到这样的现象。在教室里，老师在台上卖命讲课，学生在下面行使"四打"的权利：打瞌睡、打情骂俏、打手机、打望（重庆人说打望就是色眯眯地免费看美女的意思）。老师要管的话，有的学生会振振有词地抗辩说："师生关系，是一种法律关系，受《消费者权益保护法》的保护，我和你是平等的。你提供的服务质量不好，我们有权不听。"每每遇到这种情况，我就不敢批评学生，而是善意提醒说："前排的同学请别说话，以免影响后排的同学睡觉。"下课后，公用热水器前，学生排成长队。遇到老师来接开水，很少有学生会主动让你，大家都一起排队。每到这时我就在推测，他们心里肯定是这样想的：我们法科大学生，最讲平等精神，我和你老师是平等的，不让老师先接水，恰恰是反对特权、捍卫平等的表现，弘扬法治精神正是要从我做起，从现在做起。按照这种思路，那么尊老爱幼就成了对平等的践踏。如此理解平等，岂不荒唐！

仁爱强调将心比心，就是要多站在别人的立场考虑问题；平等强调个人价值，注重人与人之间平等的权利保护。这两者各有各的好处，而且相辅相成。但如果把平等绝对化，就变成只从个人自身的角度考虑问题，不愿站在他人的立场考虑问题。长此以往，势必排斥将心比心的仁爱思想。

正是由于文化的批判，使得仁爱的真谛被误解；正是由于观念的演变，使得人们从内心排斥将心比心，从而导致了当今社会仁爱理念的缺失。

（二）仁爱有助于社会风气

那么，今天我们来提倡和弘扬仁爱这种传统法文化中的价值理念，对现实社会有什么好处呢？

1. 养成正确的平等观念

卢梭说："人人生而平等，无往不在枷锁之中。"人与人生来就是平等的，但总有着种种条件限制。作为生物意义上的人，大家都是同样的生命，都要吃喝拉撒睡，应该彼此尊重，不能搞歧视。所以《弟子规》说："凡是人，皆须爱。天同覆，地同载。"这就是所谓的人格平等。作为社会意义上的人，人的地位各有不同，但"王子犯法，与庶民同罪"，不论地位高低，在法律面前应该受到同等的保护，违法犯罪受到同等的制裁，这就是所谓法律上的平等。除此之外，人的体貌，有高低胖瘦、黑白美丑；附着在人身上的地位、职位、财富、待遇；等等，恐怕也很难做到人人平等。如果人人都一样，也就不成其为社会了。

我们以号称在民主平等上做得最好的美国为例，绝对的平等也是不存在的。美国军队中规定，军人不得留长发。但是，时任北约部队总司令黑格将军却留着长长的头发。有一名士兵对此不满，从报纸上找来黑格将军的相片，贴在了中尉办公室的门上，还画了一个箭头，指向总司令的长发，并写道："请看他的头发。"中尉看到这别出心裁的"抗议书"，没有去追查这是谁的杰作，而是将那箭头延长，指向总司令的领章，也写了一行字："请看他的官阶。"

仁爱理念不追求绝对平等，而追求彼此对等。如果用仁爱思想来帮助我们理解平等，或许我们能发现平等的真谛。那就是平等不是绝对的，而是相对的，或许就是彼此对等吧！就像新约《圣经》所说："你们愿意人怎样待你们，你们也要怎样待人。"（《路加福音》6：31）不同的人之间，职位高的要关心职位低的，职位低的要爱戴职位高的；能力强的要支持能力弱的，能力弱的要尊重能力强的。以此类推，人与人之间彼此讲对等、彼此将心比心，社会自然更加和谐。

2. 遏制不良的社会风气

现实的社会风气，确实有很多不如人意的地方。商场里假冒伪劣商品，社会上坑蒙拐骗，人心不古啊！我曾经去坐出租车，正值交接班，两个司机坐在前排交流如何宰客。甲说："我拉到客人，明明只有十公里的路程，给他绕上三十公里，钱就来了噻！"乙说："你那套路太老了。我上次在火车站接一个客人，他说要到哪里哪里。我就说，到那里有两条路。走近路 50 元钱，但堵车；走远路 100 元，但顺畅。你看走哪条路？客人一看我挺礼貌的，就说走远路。"甲说："那你也没宰到他呀！"乙说："你懂个啥！其实到客人说的目的地，就只有那条路。"

当然，出租车司机工作十分辛苦，而且大多数是很好的。只是从这二人交流的态度，可以看出一种社会风气：有些人不把整人害人当作坏事，反而当作乐事，认为自己聪明能干，不以为耻、反以为荣。那么如何才能遏制这样的社会风气呢？

恐怕大多数人都会说用法治的手段来解决。这固然不错。社会没有法律是万万不能的，但法律绝不是万能的。针对这样的社会风气，法律会显得有点鞭长莫及。老百姓通常所说的整人害人的行为，在法律上称作社会危害性。光有社会危害性，但没有违反法律的规定，法律是难以介入的。即便违反了刑事、民事或行政法律的规定，没有达到犯罪的程度，也只能按违法行为处理，不能作为犯罪来处理。由此可见，法律对整人害人行为，只能在其到达某种程度后，才能发挥事后惩戒的作用，对事前已经形成的社会风气，只好无可奈何花落去。

所以我认为只有加强道德教化，才能弥补法律的不足。要遏制这种不良风气，加强仁爱文化教育，正是最为对症的良方。

现在一些人，为了自己的利益不惜整人害人，甚至以此为乐，这是为什么呢？是因为他们心里没有敬畏。以前的人还敬畏鬼神，害怕报应。现在的人都是无神论者，便百无禁忌了。但是我觉得，世界上虽然没有鬼神，但人世间总有报应。这种报应不来自于神，而来自于人。战国时期，邹国和鲁国打仗，邹国大败。邹穆公问孟子说："战斗中我手下的官吏被杀死 33 个，下面的士兵眼睁睁看着，却没有一个去救他们。这是为什么呢？"

孟子引用曾子的话回答："戒之戒之！出乎尔者，反乎尔者也。"原意是警惕呀警惕，你怎样对待别人，反过来别人就会怎样对你。这就是"出尔反尔"这句成语的出处，意思变成了说话不算话的意思。"记得一年闹灾荒，老弱病残饿死在荒郊野岭，壮年人四处逃荒，官府粮仓满满，却没有官吏向大王您汇报灾情，他们根本不在乎老百姓的死活。而今老百姓好不容易逮着一个报复当官的机会，他们怎能放过呢？自然会用同样的手段去对待长官。"①

伊斯兰先知穆罕默德说："不要伤害人，让你免受伤害。"仁的思想就是：你如何对别人，别人就会如何对待你。善有善报、恶有恶报。你给别人销售有害的食品，别人就会给你销售有毒的药品；你给别人假冒的产品，别人就会给你伪造的钞票。

任何人都不要抱怨这个社会、抱怨别人骗了自己，因为抱怨解决不

---

① 《孟子·梁惠王下》。

了问题。只有树立一种敬畏之心，弘扬传统法文化中的"仁爱"理念，不要去做伤天害理的事。从我做起，从今天做起，才可能逐渐消除这种不良风气。

诚　信

　　说到中华法文化中的诚信理念，不由得想起这么一个故事。有一个老赖，对外欠债太多，来向他要债的人坐了一屋子，发誓说不给钱不走，把他搞得焦头烂额。于是他分别对每个债主说了句悄悄话，这些人就陆续走了。他说了什么话呢？这么灵验。这些债主们出来后，相互之间打听才知道，他给每个人说的都是："明天早点来哈。"听话的人都以为他会单独对自己格外开恩，第二天会还钱，所以就自觉离开了。这样的现象，正是缺乏诚信的表现。

　　中华民族有着数千年的文明史，从来不缺乏诚信的基因。那么，诚信作为中华优秀法律文化中的一种元素，它的内在含义是什么呢？

　　许慎在《说文》中解释说："诚，信也。从言成声。"又说："信，诚也，从人言。"可见，诚就是信，信就是诚。仔细分析，又会发现这两者之间，既有联系，也有区别。

　　"诚"是一个"言"字，一个"成"字。"成"意为黄金白银的成色，以纯为标准。一个人说的话是"成"的，意思是指他说的话是纯的，是"不打折扣的言语"。明清之际思想家王夫之指出"诚，以言其实有尔。"①说的都是实际上有的，有什么说什么。就是我们通常讲的实话实说。

"信"是一个"人"字，一个"言"字，指一个人说出的言语。远古时没有纸，经验技能均靠言传身教。那时的人纯真朴素，没有那么多花花肠子，说出来的话必然是可靠的。清代文字学家段玉裁解释是："人言则无不信者。"②人说出来的话没有人不相信的。就是我们通常说的说话算话。

可见"诚"更侧重个人内在的心态，"信"更侧重他人外在的看法。但两者又相辅相成，《礼记·大学》中说："此谓诚于中，形于外。"内心有诚意，表现在外在行为上才会守信用；外在守信用的人，其内心必定是诚实的，所以有"诚者必信"的说法。举个例子来说：

清朝苏州吴县有个叫蔡璘的人，曾有朋友在他家寄放了千两黄金，没有立字据。不久这个朋友去世了，蔡璘向朋友的儿子归还黄金。朋友的儿子大吃一惊说："我父亲没说在你那存放了黄金啊，何况存放这么多黄金哪有不立字据的呢？我也没见过字据呀！"蔡璘说："字据存放在心中，而不在纸上。你父亲了解我，所以从未向你讲。"说完将金子送还给了他。

好一句"字据存放在心中"，这就是一个人内心的诚。寄存财物没有立下字据，寄存人又已经去世，死无对证，像这样的财物，如果当事人没有一颗诚实之心，恐怕很少会有人主动去归还，也就不会有外在的守信的行为了。因此，"诚信"的概念构成是：诚为里、信为表，诚在内、信在外。

---

① 王夫之：《张子正蒙注》卷二。
② 《说文·言部》段玉裁注："信，诚也。……人言则无不信者，故从人言。"

一、诚信的表现

那么，诚信理念在传统法文化中有哪些表现呢？

有一首流行歌曲是这样唱的："爱像空气不要怀疑，爱像空气我要呼吸。"当然现在的 GG 和 MM 似乎只知道歌颂爱情，很难去歌颂爱情之外的什么东西。如果用这首歌来歌颂过去的诚信文化，正恰如其分："诚信像空气不要怀疑，诚信像空气我要呼吸。"在传统社会，诚信就像空气弥漫在社会生活的每一个角落，每个人都能感受得到，一年又一年，一代又一代，不断地被教化、传承，就形成了一种文化传统。

（一）做人要讲诚信

儒家有一个理论叫"修齐治平"："修身齐家治国平天下"。修身其实就是一个人该如何做人的问题。

孔子说："内不欺己，外不欺人。"这里的内不欺己，就是指一个人做人要诚实。有的事，虽然瞒得住别人，却瞒不住自己的良心。自己的良知是怎么想的，言语上就应当如实地表达，行动中就要照实去执行。

南朝刘宋时期，有个人叫王华。他六岁时和一群小孩在水边玩，看见一个外乡人喝得醉醺醺的来水边洗脚，走的时候，把随手携带的口袋落下了，其他小孩都没注意。王华等小伙伴都散去之后，打开口袋一看，哎呀妈呀，里面居然装着几十两黄金。他估摸着外乡人酒醒后一定会回来寻找，又担心别人看见口袋会见财起意，就把口袋沉在水里，自己坐在水边等着。不一会儿，那人一边大呼"惨了惨了！"一边回来寻找。王华就把金子还给了他。外乡人被他的诚实感动得稀里哗啦的，从口袋里拿出一两金子来感谢他，王华坚持不接受。后来王华做了朝廷高官。①

在历史上，像王华这样拾金不昧的例子很多，不可胜数。面对这种飞来的财富，你要是王华，会怎么想呢？我要是王华，或许会想，失主不知道，其他人也没看见，干脆把它贪掉得了。发财致富，在此一举，谁不拿谁傻呀。

那么王华小小年纪，为什么能作出如此高尚的举动呢？我推测他应该是这样想的：这笔飞来之财，失主也不知道，小伙伴们也没看见，我要将其据为己有，虽然瞒得住别人，却瞒不住自己的良心呀。因为失主丢失大量的财富，一定会心痛如焚，万一想不通去跳楼呢，或者对外欠了高利贷，还不起还要卖儿卖女呀，人都有恻隐之心！而且，捡到钱财不还是羞耻之事，一旦被人发现，丢人就丢大发了，人都有羞耻之心呀！这种恻隐之心和羞耻之心，正是一个人与生俱来的良知。别人不知道，不等于自己没有良知。所以做人的第一条在于，说话做事要对得起自己的良心，这就叫内不欺己。不欺骗自个儿的良心。

有些人做事，明知道是伤天害理的事，自以为别人不知道，就偏要去干。俗话说："若想人不知，除非己莫为。"其实群众的眼睛是雪亮的，地球人都知道，只有他自己不知道别人知道，这就叫缺乏自知之明。话说有个人，听说有一种隐身草，有了它你干啥别人都看不见你。于是在山上采了一大堆草拿回家，拿一根草遮着自己的脸，问老婆："你看得见我吗？"老婆说："看得见呀！"又换另一根遮脸问他老婆，老婆都说看得见。翻来覆去，最后他又换了一根草遮着问，老婆被问烦了，说："看不见看不见。"于是他认为这根就是传说中的隐身草，拿着它就去干坏事。走到路上，看见一个人，就开始搞恶作剧，公然对着别人大肆撒

---

① 《玉堂丛语·夙惠》。

尿。那人将他一顿胖揍，他却说："任你打，任你打，总是看不见。"

这个故事，就是用来讽刺那些自以为瞒得过别人、不顾自己良心的人，不过是自欺欺人罢了，最终会走上一叶障目、掩耳盗铃的境地。

（二）处世要讲诚信

人们通常讲"为人处世"。为人指的是个人如何提高修养，就是上面讲的那个层面；处世是指的与人如何打交道。人与人交往时，要诚实无欺、恪守信用。这就是孔子说的"外不欺人"。

东汉时，山阳人范式和汝南人张劭都在洛阳的太学读书。山阳在今天山东省巨野县一带，汝南在今天河南的驻马店市。两人虽不是老乡，却成了知心朋友。后来二人都请假离开太学返乡，范式对张劭说："两年后回到太学读书，我将到你家拜见你的父母。"当约好的日期快到的时候，张劭把这件事告诉他母亲，请她准备酒菜。母亲问："两年前说的话，又相隔千里之遥，他会当真吗？"张劭回答："范式是一个讲信用的人，他一定不会违约的。"于是他母亲酿酒烧菜做准备。到了约好的那天，范式果然如约而至。大家登上大厅一起饮酒，非常开心。这个故事通过元杂剧《死生交范张鸡黍》的演绎，就成了一个成语流传至今，叫作"范张鸡黍"，反映了朋友之间诚实守信的高尚品格。

人生在世，除了与熟悉的亲朋好友往来，还要与陌生人打交道。如果说熟人之间的交往主要是礼尚往来，满足的是情感需求，那么陌生人之间交往主要是互通有无，满足的是生活需求。比如油盐酱醋你要购买，住房装修要去找专业人员，行路开车你要去加油，大家天天都得过日子，少不了和陌生人打交道。如果大家不守诚信，你买的食品就可能有毒有害，加的油就有可能堵塞油路，车子就开不动了，生活就会陷入一片糟糕。所以陌生人之间的诚信更为重要。

　　本人经常去菜市场买菜，发现一个特殊的现象，叫作徒有其"表"。有些商贩的电子秤上仪表盘不是斜放着，就是用菜故意遮挡着，根本无法看清你买的菜是几斤几两。秤盘仪表无法看清重量是多少，要它还有什么用？所以我把它戏称为徒有其"表"。在这些肉眼都能看明白的价格、数量问题上，人们都可以公然搞鬼，更别说在肉眼看不明白的质量问题上了。所以才会有三聚氰胺、苏丹红、瘦肉精等有毒有害的东西泛滥。我经常说，科学技术需要思想文化的指导，如果没有思想文化的指导，科技就会变成不良商家赚昧心钱的帮手，就会变成整人害人的工具。

　　然而在这方面，我们祖先是做得很好的。

　　东汉末年有个韩伯休，出身名门，但不愿做官，便以上山采药卖为生。他卖药从来都是明码实价、童叟无欺，说多少是多少。不像我们现在，很多商品的市场价格全在你会不会砍，尤其是装修材料，一个水龙头标价三千，会砍价的也许三百元就能买到，不会讲价的可能得原价买回。由于远近的人都知道韩伯休卖药言不二价，大人不方便，可以放心地让小孩来他摊前买药，绝不会受骗。一天，来了位美女，看他的药材质量好就要买，问多少钱。韩说："二两银子。"美女讲价说："便宜点，一两半吧。"韩还是伸出两根指头："二两。"美女又到别的药摊去转了一阵，回来说他的药质量好，再加价到一两八成交。韩说还是二两。美女气道："你这老头，怎么言不二价呢？你以为你是韩伯休不成？真是的。"原来这位美女是个外地人，不知道眼前这位真是韩伯休，由此可见韩伯休已经因诚信而声名远扬了。

　　《礼记·儒行》篇说："儒有不宝金玉，而忠信以为宝。"学习儒学的人不把金钱美玉当作宝贝，而把忠实诚信当作宝贝。历史上，在儒家思想的影响下，这样的观念深入人心，具体到经济领域，人们奉行的观念是：做生意不要把赚钱看得太重，当然首先得赚钱，不赚钱谁去干呀？但更重要的是要诚实守信，不能制假贩假，不能以次充好。有了信誉才能赚更多的钱，没了信誉，就会自绝财路，所以诚信是宝。

南宋施德操的《北窗炙輠》中记载，有个叫陶四翁的人，开了个染布店，他为人忠厚，讲求信誉，在镇上有口皆碑。一天，有人来推销染布用的原料紫草，陶四翁用四百万钱买下了那人的紫草。不久一个买布的商人来店里进货，看了这些紫草，便告诉他说是假的，并教了他一些检验紫草的方法。陶四翁照商人说的一试，果然都是假紫草。这时商人说没关系，这事包在我身上，假紫草仍然可以用来染布，价钱便宜点拿到市场上去卖掉就行了。

第二天，商人再来进货，陶四翁却没有一匹染布，他还当着商人的面把那些假紫草全都烧掉。其实，当时陶四翁并不富有，却宁可受损失也不去坑害别人。他用高尚的品质熏陶了他的后代，他的子孙们也像他一样诚信不欺，最后都成了大富翁。

当人们认识到诚信能给自己带来更大的利益时，才会自觉去遵守，从而形成一种社会风气，这就是文化。

（三）施政执法要诚信

诚信不但是个人修身处世的根本，更是国家施政执法必须遵守的一个基本原则。所以古人说："信，国之宝也。"[①] 诚信是一个国家的法宝。孔子说："民无信不立。"[②] 如果政府不讲诚信，老百姓就不会相信你这个政府，而且民众相互之间也难以形成诚信的风气。这样的国家是立不起来的，早晚都得垮台。

---

① 《国语·文公伐原》。
② 《论语·颜渊》。

　　大家熟悉的西楚霸王项羽，在和刘邦争霸的楚汉战争中，他是最有条件成功的。他力拔山兮气盖世，优点是会打仗，缺点是只会打仗，自以为武力强大就行了，从不把看不见摸不着的诚信品德当回事。就像现在有些人，自以为有钱就行了，从不把道德当回事一样。比如他事前宣布，要给有功之臣赏赐爵位，事后往往抠门，"印刓敝，忍不能予"。① 封爵位用的印章都刻制好了，就是舍不得发下去。似乎给手下的人搞点福利，就像割了他身上的肉一样，总是一拖再拖，直到这些玩意儿都变破旧了，还没发给有功劳的将领，搞得很多人才都跑了。跑哪儿去呢？跑到刘邦那儿去。刘邦这个人虽然一身毛病，但特别大方，给部下封赏从不拖欠。正因如此，韩信就说项羽只是"匹夫之勇"，不能发挥集体的力量，最后兵败垓下，自杀身亡。由此可见，一个国家不讲诚信，是难以获得最后成功的。

　　诚信不但在政治军事领域有着重要作用，在司法领域更是有着举足轻重的作用。

　　《吕氏春秋·贵信》篇说："赏罚不信，则民易犯法。"在古代，法律最主要的功能就是进行赏罚，以达到惩恶扬善的目的。赏罚不信，就是说法律不能让人相信，那么老百姓就会轻易地去违法犯罪。所以历代法制建设，尤其注重一个信字。到了唐朝，出现一个奇观。

　　贞观六年（632年），唐太宗李世民在提审全国的死刑案件时，发现全国这一年只有390个死刑犯，便作出来一个重大决定，下令放这帮人回家过年，明年秋天再来京师执行死刑。到第二年秋天约定的日子，被放还回家的390名死刑犯，"无人督帅"，在没有任何人监督的情况下，全部按时回来报到，没有一个逃跑的。唐太宗一看，更是激动不已，最

_____

① 《史记淮阴侯列传》。

后下令赦免了这帮死刑犯。①

从诚信文化的角度来看这件事，可以看出两点重要意义：

一是司法诚信已经树立。现在常说司法公信力不足，当事人就会胡搅蛮缠，有理的要上访，无理的也要缠诉。唐太宗居然敢把死刑犯放回家，而且不派人监管，说明他对当时的司法公信力是有信心的。只有司法审判是公正的，罪犯才会对判决心服口服，才有可能遵守承诺，按时回来报到。如果司法不公，当事人有冤屈，他不逃跑就怪了。不找法官报仇，不向社会报复就算客气的啦！

二是社会诚信已经形成。只有全社会已经形成了诚信的风气，作为社会中的特殊群体——死刑犯人，才可能遵守承诺。如果全社会都缺乏诚信意识，那么，死刑犯可能是其中最不讲诚信的，一旦脱离监管，肯定就变成波斯猫了。"波斯猫眯着它的双眼，一转眼你就看不见。"

上面，我们从为人、处世、施政、执法等方面，看到了诚信理念在个人、社会、国家这三个层次的充分展现。

古人云："索物于暗室者，莫良于火；索道于当世者，莫良于诚。"②在黑暗的屋子里寻找东西，最好的帮助莫过于火光；在天地间寻求正道，最好的帮手是诚信。诚信是中华民族的优良传统，是民族文化的优秀成分，也是祖先留给我们以及子孙后代不朽的瑰宝！

那么，为什么中国会形成诚信的法文化传统呢？其中的奥妙对今天又有哪些启发呢？

---

① 《资治通鉴》卷一百九十四。

② （汉）王符：《潜夫论》。

二、诚信文化的历史渊源

前面我们讲到诚信理念在历史上的种种表现，那么形成这种法文化传统的奥秘是什么呢？我认为，潜在的原因肯定是方方面面的，但最重要的有如下几点。

（一）社会结构

传统社会是农业社会，这种社会结构有两大特点，是形成诚信文化的客观基础。

首先，农业社会是熟人社会。一个人居住在家乡，往往是生于斯、长于斯、老于斯，很少向外迁徙，绝大多数情况下，都是在与亲友乡邻打交道，彼此抬头不见低头见，人际关系笼罩着各种各样的感情：亲情、乡情、友情……一家有事，大家都来帮忙；一家有喜，大家都来庆贺。婚丧嫁娶、生儿育女、修房造屋、节日生日，无不是你来我往，好一派温馨的气氛。记得我在上世纪 80 年代初上大学，那时农村孩子是很难考上大学的，四方亲邻都来送行，有的放鞭炮营造喜悦气氛，有的送一元钱、五毛钱赞助路费，至今想起来还是一股股暖流在心中流淌。

其次，农业社会节奏缓慢。"春种，夏耕，秋收，冬藏"，这就是一年的节奏。春天播种，夏天耕耘，秋天收获，冬天休息一阵，明年又重来，周而复始，循环往复。一家的衣食吃住，靠自己的劳动就能基本满足，过着自给自足的生活，内心是很放松的。

在这样的环境中，人与人之间不是亲友，就是乡邻。谁愿意去算计"憨笑中带着乡音"的父老乡亲呢？同时，自给自足的生活方式使得人们对外也没有太多的需求，自然也没有太多竞争，也就没有必要去欺骗他人。

当然，我并不是说在传统社会就没有人不讲诚信，也有。只是不讲诚信的人，在这样的环境中会付出更多的代价。话说一个人，待人不真诚，又总想表现出自己是真诚的，他给自己的亲戚朋友写了一首顺口溜：

> 我被盖你被，你毡铺我毡。
> 你有钱时共相使，我无钱时使你钱。
> 上山时你扶我的腰，下山时我扶你的肩。
> 多应我死在你后，必定你死在我前。

乍听起来，好像很不错，大家有难同当，有福同享，过的是共产主义的生活嘛！仔细一琢磨，才发现：我的铺盖盖在你铺盖上面，肯定是你的铺盖先脏，我的铺盖还干净着哩；你的毡子铺在我的毡子上面，也肯定是你的先旧，我的还新新的哩。后面的内容都一样，处处都在占人家的便宜，这就是得了便宜又卖乖。农村把这种人叫作"大话客"：不但要说大话提高自己的身价，还要处处占便宜，所以一般不愿与这种人打交道。

说大话炫耀自己，显得不真诚；说假话欺骗他人，更是为人所不齿。明朝冯梦龙编著的《笑广府》中讲了个故事：太上老君在道教经典中说："诵经千遍，身腾紫云。"念经念一千遍，就会有紫云飞来，让你腾云升天。有个道士迷信这一说法，念经念到九百九十九遍时，便沐浴更衣，告别亲友，登上神坛。再念一次凑足一千遍后，就等着腾云升天，可惜一直等到夜幕降临，也没看到一片云。气得跳将起来，指着太上老君的塑像骂道："谁知你这么大的年纪，也会说谎。"

这故事，就是用来讽刺那些说假话骗人的人的。所以，在熟人社会，不讲诚信的人，或许能得到暂时的好处；但从长远来，损失会更大，因为人人都熟知他的习性，不是敬而远之，就是讽刺谩骂，他们永远不会有真心的朋友。那真是"点头三千，握手八百，知心的朋友一个都没得"。遇到困难，不会有乡亲来帮忙；就算遇到好事，也不会有人来分享你的快乐！

（二）文化教育

传统法文化中之所以能积淀成诚信的精神理念，第二个要素就是注重文化教育。古人对诚信教育的重视，简直就像我们今天常说的那样："要从娃娃抓起"。尤其重视小孩的诚信教育。

大家知道一句名言："吾日三省吾身，为人谋而不忠乎？与朋友交而不信乎？传不习乎？"①我每天要多次检查自己的所作所为：为别人谋划是否忠心，与朋友交往是否诚信，老师教的知识是否温习？这是孔子弟子曾参说的。曾参是个特别守诚信的人，所以他对子女的诚信教育也抓得很紧。

一天，他老婆要去赶集，儿子曾申（儿子的名字居然和老子听起来差不多，只是字不同）缠着要一块去，又哭又闹，老婆怎么劝也劝不住，最后对儿子说："你要是不跟妈妈去，妈妈回来就杀猪炖肉给你吃。"小孩一听有肉吃，马上就不哭了。不像现在的小孩，你跟他说吃肉，根本引不起他的兴趣，只有跟他说可以看电视、上网打电子游戏才行。曾申一高兴，又跳又唱："今天杀猪啰！"曾子正在做学问，要"做一个安静的美男子"哩。一听家里要杀猪，不过年不过节的，而且猪还没长大

---

① 《论语·学而》。

哩，杀什么猪呢？就去问为啥，知道原因后就立马去磨刀捆猪。他老婆回来一看曾子真要杀猪，就阻止说："我说杀猪，不过是逗他玩儿哩！要不他老缠着我。"这事要在今天，管他对不对，肯定就得听老婆的了。有《夫妻公约》说：第一条，老婆的话永远是对的；第二条，如果老婆的话错了，请参照第一条执行。但在那时不行，那是个夫权社会，老公才是家里的老大。不过曾子这个丈夫，不是要权威，而是讲道理。

他说："说了的话就得兑现。如果今天不把猪杀了，就等于跟孩子说了假话。今天你用假话来哄孩子，明天他就有可能用假话来骗你。猪杀了还可以再养，孩子从小学会了说谎，就难以培养起诚实守信的品格，那可就害了他一辈子。"老婆明白了这个道理，高高兴兴地同意把猪给杀了。这就是著名的"杀猪教子"的典故。

现在一些家长，为了鼓励孩子，许诺说："考到前五名，暑假带你去旅游。"说的时候不留心，事后往往因工作忙不能兑现。这事看起来没什么大不了的，但是，孩子对父母的承诺是当真的，说不定内心正数着指头在盼望那一天哩！结果又是竹篮打水一场空，那幼小的心肯定也是拔凉拔凉的呀！这对诚信品格的培养是非常不利的。

那么，传统社会重视诚信教育，是通过什么途径来进行的呢？我认为主要有两个途径，值得今天借鉴。

一是重视言传。

儒家经典《论语·学而》篇说："弟子入则孝，出则悌，谨而信。"弟子指年纪较小为人弟和为人子的人，以及在校的学生，在家要孝顺父母，出门要尊重师长，言行要谨慎，要诚实可信。这条经义，成为古代童蒙教材的基本内容，后来的《弟子规》讲为人之道："首孝悌，次谨信。"基本照抄了《论语》的原话，依然强调诚信是做人的根本。所以历代的官学也好，私塾也罢，都必须以诚信作为不可缺少的教学内容。这样的教育，对全社会诚信品格的养成是有极大帮助的。

二是重视身教。

如果自己在生活中总是"当面喊哥哥，背后摸家伙"，对后人就会产生不良影响。当着别人面就说奉承话，别人一转身，马上就说他的坏话，甚至摸家伙。摸家伙什么意思哩，就是要下毒手、谋害别人噻！典型的言行不一、口是心非。哪怕你跟后人讲一万遍"要诚信要诚信"，估计他也听不进去。

俗话说："一代做给一代看，一代跟着一代学。"有一个惯偷，儿子总想跟他学，但他总是不教，因为他也明白，这不是一个好职业。一天，儿子夜出不归，一大早回来就问他爹："老爸，您老不教我，俺昨晚去学做小偷。由于手艺不精，惊动了主人家。主人家起来到处巡视。我心里一着急，就学起了狗叫。主人家一听是狗在叫，就回房睡觉了。后来我偷了东西就跑，跑呀跑呀，跑到城门，大门关着出不了城，心里又着急，就学开了鸡叫。真的鸡一听，纷纷打起鸣来。守城的军士听到鸡都打鸣了，就打开了城门，我就这样回家了。您看我这个徒弟合不合格，还有什么值得改进的呢？"老爹听了，叹了口气，说"真是有遗传啊！不需要学习了。"以前总是用鸡鸣狗盗之徒来形容小偷，在这对父子之间，我们可以看到典型的身教：你不用教他，只要你是怎么做的，他就会无师自通。所以在诚信教育上，身教比言传更为重要。

北宋有位大臣，名叫陈省华（939—1006年），进士出身，四川阆中人，特别喜欢马。一天在市场上看到一匹马，非常健壮，就想买。卖马人说："大人要买这匹马，有个问题先要给你说明，不能隐瞒。这是一匹烈马，十几个人都拽不住他，已经伤了不少人，没人敢骑。"陈省华驯马无数，自信能把这匹马驯服，坚持买下。回到家中，经过长期训练，也无法驯服，还把他的小儿子陈尧咨给摔伤了。一次，陈省华外出去牵马，发现那匹烈马不见了。问清情况才知道，是小儿子嫌这匹马没用，就牵到市场上去卖了。

陈省华听了，大发雷霆："我都驯服不了的烈马，怎么能卖出去祸害别人呢？"命令陈尧咨赶紧把马从买主那里重新赎回来，宁愿自己白白养着。陈省华就是用实际行动教育子女讲诚信，所以他的三个儿子都特别有出息。大儿子陈尧叟是端拱二年（989 年）状元、次子陈尧佐进士出身、三子陈尧咨是咸平三年（1000 年）状元，父子四人皆进士，故称"一门四进士"。

（三）法律保障

历史上，形成诚信文化传统的第三个原因，就是法律的保障。那时的社会是礼法社会，礼就是我们今天说的道德，礼法就是指道德与法律相结合：凡是礼所赞扬的，法律就要保护；凡是礼所反对的，法律就要打击，古人称之为"礼法合一"。诚信是传统道德的基本范畴，所以得到了法律有力的维护。

比如债务纠纷，大多是因当事人不守诚信引起的。对此，传统法律的制裁措施十分强硬。西周法律对债务纠纷中欠债不还的债务人，既要判令债务人偿还债务，还要处以墨刑。墨刑就是在脸上刺字，再在上面撒些植物颜料，以后再也不会褪色，就算用增白霜也洗不掉。一个脸上刺了字的人，走到哪儿别人都知道，这是一个不守诚信的人。

朋友们应该熟悉"不齿"这个词汇，意思是某人道德品质败坏，大家都懒得提起他，然而在古代它却是一种附加刑制度。对那些不守诚信的犯罪行为人，在处以墨刑这种主刑之外，还得附加处以"不齿"刑。学术界认为，不齿就是"不得列于平民"，户口和正常人不编在一起，是一种资格刑，来源于"序年齿"的礼仪。人与人之间见面，先问"what's your name"，接着就要问年龄。问年龄就是"序年齿"。不像我们今天，人与人见面是不问年龄的，尤其是见了美女更不能问年龄。谁问谁找抽！为什么那时要问年龄呢？问清年龄，然后才知道谁大谁小，然后才知道用什么样的礼数来跟人打交道。"倍则叔伯事之"，如果对方比自己大一倍，就要以叔伯之礼去对待对方；"长则兄事之"，如果对方只比自己大几岁，就要以兄长之礼去对待对方。

一个被并处不齿刑罚的人，大家就不跟他"序年齿"了，见了面就不问年龄，等于不跟他打交道。我们今天正走向市民社会，也是一个陌生人的社会，尤其是城市的人，家住对门几十年都不认识，因而很难理解被人不齿的滋味。我小时候家乡有一个四类分子，姓吴，头上有癞子。当时有五类分子："地富反坏右"。这个吴癞子还少了一坏："右派"。因为右派一般都是些大知识分子。农村哪有大知识分子，所以他只是个四类分子。公社给他做了一个大牌子，上面写着"四类分子吴癞子"，要求他出门、到街上赶集必须挂在胸前。我们当时小，看了觉得稀奇，每次见他都跟着追，一边追一边喊："四类分子吴癞子！"有一次把他惹毛了，他就回击说："有癞子是天生的，无（吴）癞子是混蛋！"一个不讲诚信而为人不齿的人，他的日子估计跟吴癞子差不多，只能在痛苦中享受孤独，在孤独中品味痛苦。谁愿意过这种日子呢？

唐宋以后，对欠债不还的债务人要"各令备偿"，如数偿还债务；还要处以刑罚，欠得越多，拖得越久，处罚就越重，最轻的要用笞杖打20下屁股，最重的可以处杖一百，或徒一年的刑罚，即剥夺自由强制劳动一年。[①] 明清时期都沿袭这一立法精神，没有质的变化，只是具体的处刑数量略有变化。

传统法律不但用刑罚来调整债权债务关系，对其他民事行为也采用这种手段。诸如谈婚论嫁中的欺诈行为，捡得遗失物拒不归还的行为，将别人寄存物据为己有的行为，如此等等都要处以刑罚。

---

①　《唐律疏议·杂律》。

话说一个媒婆给男方家说："我给你们介绍这个女的呀，那真是沉鱼落雁、闭月羞花，只是目前没有什么。"男方家一听，是个美女呀，就同意了。等到娶进门，一揭盖头，才发现女方没鼻子，就去找媒婆理论。媒婆说："我可是事先说清楚了的。我说她沉鱼落雁、闭月羞花，只是目前没有什么。目前就是眼睛前，眼睛前能看到什么，鼻子嘛。勿谓言之不预也。"当然这只是媒婆的狡辩，一旦闹到官府，媒婆肯定得被打屁股。

人性都是趋利避害的，如果一个人不守诚信的行为不会受到严厉的惩罚，他就敢不讲诚信，这就是法律术语常说的付出的违法成本小，而获得的经济利益大，就会有更多的人去这样做，最后导致诚信精神流失。由于传统法律用刑罚手段和经济制裁这两种措施来调整民事行为，不讲诚信会给你带来牢狱之灾，至少也要打屁股，这就使得人在民事行为中不得不守诚信，诚信的精神得到了良好的维护。

通过上面讲的，我们可以看到，社会结构、文化宣传、法律保障是形成诚信文化传统的主要原因，那么，我们现实生活中出现的诚信危机，是不是也能从这几方面找到原因呢？找到原因之后，我们又该怎样来应对呢？

三、诚信缺失的危机

先给大家讲个故事：某甲向某乙借钱。某乙不太愿意，某甲向他万般求情，又是下跪，又是叫爷爷的，搞得某乙没办法，只好把钱借给他。回来的路上，随行的人说："你咋这么下贱哩！为了借钱，连尊严都不要了。"某甲得意地说："哼！等到还钱时，有他向我下跪、当孙子的时候。"这是什么镜头？这就是诚信缺失活生生的写照。

（一）诚信危机的种种表现

那么，现实社会的诚信危机，还有哪些表现呢？

有的商人为了利润最大化，用变质的原料做成食品，用硫磺熏制生姜，用增白粉掺进白面，将三聚氰胺融进牛奶，用黑心棉做成被套，在水果上抛光打蜡，所以我们现在买的水果，几个星期不吃也不会坏，那真是"永垂不朽"啊！某人喜欢古董，自以为很懂行。淘到一个青铜器，卖主说是西周的。他如获至宝，高价买回，高兴了好几天。后找专家鉴定，专家说："你这不是西周的，是上周的"。不过是一周以前才造出来的假货。

大街上的乞丐，或者唱着悲惨的歌曲，或者在地上用粉笔写出悲惨的身世，本来应该会催人泪下，但过往行人却听而不闻、视而不见。因为人们早已从各种报道中得知，有专门行骗的乞丐团伙，叫人真假难辨。连乞丐都有假的，还有什么是真的呢？

生活中不诚信的行为可以说是花样百出，不胜枚举。网上流行一个段子，或许能集中表现这种社会现象。一小伙去买烟，买了包20块钱的烟，给了老板50，找了他40。他装兜里就走了，没走多远老板喊他："你的烟没拿！"他感动了，拿出10块钱给回老板："你多找了我10块钱。"老板也感动了，说："小伙子，把烟拿来，我给你换一包真的。"你骗我，我也在骗你，这就是诚信缺失给我们最大的惩罚。

（二）诚信缺失的原因

中华民族有着悠久诚信的文化传统，为什么今天会变成这样呢？

前面我们讲到了传统社会诚信精神形成的主要原因在于：社会结构、文化教育和法律调整这三大方面。那么现实社会的诚信缺失，我们能不能从这几方面找到原因呢？

1. 从社会结构来看

我们现在已由农耕文明转化为工业文明，社会结构也由熟人社会向市民社会转换。所谓市民社会就是陌生人的社会，大家同住一个小区彼此都不认识，你溜你的狗，我散我的步，他跳他的坝坝舞，那真是"鸡犬之声相闻，老死不相往来"。彼此之间不需要认识，也不求相互帮助，当然也绝不会相互戳是非。这是市民文化的基本特征。

在这样的环境里，人们大多数情况下是在与陌生人打交道，不诚信的行为似乎不会有什么代价。话说一个人去市上赶集，买了一块肉回家。走在路上，突然内急，心想带着肉进去 WC 不方便，又不干净，至少心里有阴影。我想朋友们遇到这种情况，心里肯定也是这样想的。这个人就把肉挂在厕所外面的墙上，就进去了。恰巧这时来了个陌生人，一看，噫，这儿还有块肉呢，不拿白不拿。刚把肉取下来，里面的人就出来了，一看自己挂在墙上的肉不见了，怪道："噫，我的肉呢？明明挂在墙上的，咋一转眼就不见了呢？"陌生人一看，立马把肉叼在嘴里，跟那人说："你怎么能挂在墙上呢？要是像我这样把肉叼在嘴上去上厕所，怎么也不会丢呀！"然后大摇大摆进厕所去了。

所以城市化的发展，在给人带来越来越多的繁荣时，也给人带来越来越多的冷漠，当面骗人都不会脸红，因为骗的都是自己不认识的人。

同时，伴随工业文明而生的，是商品经济的快速发展。在这种经济形态下，"时间就是金钱，效率就是生命"，求学、求职、求利、求官，各行各业竞争激烈。人们内心焦虑，难以宁静。遇到机会，难免剑走偏锋，为了自己的利益，不免将诚信的原则抛在脑后，用行骗说谎的方法，来获取更好的生存空间或更大的发展空间。

可见，社会结构变化正是引发诚信流失的重要原因。

2. 从文化教育来看

我们现在很重视教育。大家看看，小学六年，中学六年，书包越背越重，内容越学越多，大多数孩子都学成了"眼镜"，然后再进大学，能说现在不重视吗？但这种重视，又总让人觉得，似乎劲儿使错了地方。

自近代以来，我们在向西方学习的同时，逐渐抛弃了自身的文化传统，包括诚信的文化传统。1912 年，国家颁布《普通教育暂行课程标准》，初等小学校、高等小学校、中学校一概废止了"读经"，传统的经典不再是教学的课本，传统的仁义礼智信的道德内容也不再是教学内容。新文化运动时，甚至有人批判说，中国历史的每一页上都写着"仁义道德"几个字，字缝中却躲着两个字："吃人！"

这样的传统有什么值得继承的呢？大家唯恐弃之而不及。所以到了现在，我们虽然特别重视教育，但却割断民族自身的传统，在诚信教育上更是出现了偏差。

传统道德教育的核心是"为己之学"，先管好自个儿，再去帮别人；现在道德教育的核心则是"为人之学"，要先人后己，要以集体为重，以个人利益为轻，大谈集体主义。在这样的前提下来讲诚信，愿望是美好的，结果恐怕只能是"玻璃缸里的金鱼——前途光明，但无出路"。

就像上个世纪那个特殊年代，我正上小学，在台上经常喊的口号："我们要毫不利己，专门利人；勒紧裤腰带，也要帮助他人；捡到一分钱，交给警察叔叔。"那时我们连饭都吃不饱，下来谁也不这样做，私下常说的是："捡到一分钱，交给警察叔叔，捡到一百块钱，交给我爸爸。"可见，在教育问题上，如果我们只是大力地开设一些不切实际的课程，讲一些不顾个人利益的假话大话和空话，诚信的品格就很难形成，甚至反而会起副作用。

3. 从法律制度来看

中国历史上，维护诚信主要靠的是刑事法律。比如商业失信、债务纠纷，统统用刑罚来进行制裁。清末法制改革以来，我国的法律制度基本上是照搬西方而来。"民事行为不再科刑"的原则被视为先进的法治文明，诚信作为民法的基本原则之一，不再用刑罚来维护，只能用民事责任方式来调整。现行的民法典规定的民事责任方式，总共有十种，其中常用的如返还财产，赔偿损失，支付违约金，赔礼道歉等。

中国人长期积累形成了这样的法律观念：违反国家法律就是"犯法"，犯法就要砍头坐牢，至少也要被打板子，对国法有一种敬畏之心。清末法制改革以来，人们发现，法律中还有民事、刑事之分，还有违法、犯罪之别。违反民事法律不算犯罪，只是违法，只能用民事责任方式来制裁。比如欠债不还，你只能用返还财产、支付违约金这些方式来制裁我，而返还财产本来就是应该的，支付违约金不过是给对方当事人一点利息罢了，这种制裁简直就是点到为止、隔靴搔痒；这样的法律简直就是"温柔又可爱，美丽又大方"，根本不具有惩罚性质。所以才有了这样的民谣："贷款三千万，从未打算还。公安不敢抓，法院不敢判。"公安不敢把他当罪犯来抓，法院不敢把他当刑事案件来判。于是在民事领域不守诚信的行为，虽然违法，但违法付出的成本太低，得到的收益太高，所以就敢放手去干，那真是"妹妹你大胆地往前走，莫回呀头"！不守诚信的行为自然会接踵而至。

总结上面的分析可知，熟人社会向市民社会的结构变迁、文化教育对诚信传统的忽视、法律制度对诚实信用保障的力度降低，正是当代社会出现诚信危机最主要的原因。

（三）应对诚信危机的对策

那么面对这种局面，我们该怎么办呢？

社会结构由农业文明过渡到工业文明，从熟人社会走向市民社会，这是进步的象征，我们每个人都应该支持和拥护。所以要传承和弘扬传统的诚信文化，关键要从文化教育和法律制度这两方面着手，用文化教育引导人们讲诚信，用法律制度打击不守诚信的行为。两手抓，两手都要硬，长期坚持，方能见效。但在这两方面究竟该怎样做，需要全社会群策群力。我作为个人，只能提出自己的一些想法，那就是：无论是文化教育还是法制建设，都应该坚持两个方向。

1. 把诚实信用作为一种高尚品格来塑造

著名思想家荀子说："夫诚者，君子之所守也。"[①] 诚实信用是君子恪守的人生信条，更是一种高尚的道德品格。言而无信、夸夸其谈，专说假话、大话的人，就会被社会所鄙视，永远也不可能成为君子。

某官员喜欢夸大政绩，对人说："俺辖区的牛养得可真大呀！牛腿站在江北，牛头可以伸到江南去吃草。"

人说："看来你真会吹牛皮。要不哪来那么大的牛皮，来包住这么大的牛呢？"

官员继续说："俺辖区鱼米之乡。俺前几天去钓鱼，居然钓了只鳖蛋起来。"

人说："王八鳖的蛋，光滑无着力处，如何能钓？"

官员说："那蛋裹在草里，鱼钩挂在草上，便把蛋扯起来了。"

人说："看来你不但会吹牛，还会扯淡！"

---

① 《荀子·不苟》。

可见，为人不诚、夸大其词是一种卑鄙的小人品格，在社会上得不到别人的尊重，不但别人当面就敢骂你、嘲笑你，背后更少不了戳你脊梁骨。反之，一个诚实信用的人，就能得到世人的尊重。

鲁哀公有一次问孔子："听说卫国有个人叫哀骀它，奇丑无比。但是男人和他在一起就很开心，舍不得离开；女人甚至想嫁给他当小老婆。这是咋回事哩？"

孔子回答："哀骀它虽然外表很丑，但心灵美呀！尤其是为人忠诚而讲信用，甚至达到了'未言而信'的程度，哪怕他不说话，人们也会相信他。这就是男人、女人都喜欢他的原因啊！"[①]

我们现在常说某某明星男女老少通杀，拥有众多的追星族，那是因为他（她）有高超的演技；两千多年前的哀骀它也是男女老少通吃，拥有无数粉丝，那是因为他有诚信的品格。诚信作为一种高尚的品格，能给你带来无穷魅力。

当一个人能做到诚实为人、内不欺己的时候，他一定是自豪的。历史上，层出不穷的拾金不昧者，就是具有这种品格的君子。据新闻报道，现实生活中这样的人也不在少数，有的哥、的姐，有机场值机员、保洁员，有公交司机、乘务员，有大楼保安，当失主真诚地感谢他们时，他们会自豪地说："这是我应该做的。"

当一个人能做到信守承诺、外不欺人的时候，他一定是高大的。山东省青州市一名普通农民郭庆刚，与人合伙做收购大姜的生意，2008 年生意陷入困境，合伙人卷走 120 万元货款。面对本来应该共同付给姜农的一笔笔货款，他没有推脱逃避，而是说出一句铮铮誓言："砸锅卖铁也要还钱！"此时此刻，他的形象是高大的。他一个人用 5 年时间，一一还清了货款，为此他获得第四届全国诚实守信道德模范的荣誉称号。

---

① 《庄子·德充符》。

2. 把诚实信用作为一种人生智慧来对待

讲到这儿，或许有人会反问："品格能当饭吃吗?""良心值几毛钱一斤?"有的人"不在乎天长地久，只在乎曾经拥有"。只追求眼前的利益，不在乎品格的好坏。所以我们还得退而求其次，告诉大家要把诚信作为一种人生智慧来对待：不守诚信会给你带来害处，而遵守诚信却会给你带来更大的利益。这样才会有更多的人愿意这么去做。

老子《道德经》中说："福兮，祸之所倚。祸兮，福之所伏。"不守诚信的行为，表面看来是"福"，能够在短时期给人带来好处；实际上却潜藏着"祸"，因为从长远来看，他所获取的利益，很可能是短暂的，最后说不定会给自己带来灾难。春秋时期，齐襄公派连称和管至父这两位将军带兵去驻守葵丘，两人就问守多长时间换防。这时齐襄公正在吃甜瓜，回答说："明年瓜熟时。"等到第二年瓜熟季节，换防的部队却不见踪影，两位将军就派人去向齐襄公请示，没想到齐襄公出尔反尔，不承认一年之约，还表态要再等到明年瓜熟时再说。消息传回军营，已经收拾好行李等待返程的士兵们无不义愤填膺，痛骂国王不守信用。后来齐襄公到贝丘的离宫游玩，士兵们发动叛乱，包围离宫，杀死了齐襄公。史称这一事件为"瓜期不代"，齐襄公为自己的失信付出了生命的代价。①

反之，一个诚实的人，却会得到意想不到的好处。

古时有个姓邢的人，身材矮小，别人都叫他邢矮子。一天遭强盗抢劫，正要杀他灭口。邢矮子叹道："想我邢矮子，一辈子都被别人嘲笑我长得矮。这一下把头给砍了，岂不是更矮了吗?"强盗一听，哈哈大笑，心想这家伙还挺幽默，就把他给放走了。邢矮子实话实说，居然捡了条命，这就是诚实给他带来的好处。当然这个例子很极端，不足以说

---

① 《左传·庄公八年》。

明问题。但大家都知道"善有善报"的说法吧，诚信能给你带来更大的回报，表面上看起来像是封建迷信，其实是有它内在必然性的。

第一，具有诚实品格的人，对自己要求严格，不会自己欺骗自己。自己有什么目标，会奔着目标不停努力，不达目的誓不罢休，最终会练出坚强的意志和超强的能力。一旦有机会，就能抓住机会，走向成功，"给点阳光他就会灿烂"。这就是人们常说的那句励志名言："成功的机会总是给有准备的人的。"

第二，具有诚信品格的人，能赢得别人的敬重与信任，才会给你更多的机会。据报道，安徽省全椒县白酒村的农民刘恩连，丈夫去世时对外欠下20多万元的债务。债主一看她孤儿寡母，上有70多岁的婆婆，生活很艰难，也就不打算要了。但刘恩连教育她两个女儿说："别人不要，我们也要还钱。一年还不完两年还。"她坚持白天晚上都去打两份工，用5年时间还清了所有债务。她的行为感动了全社会，后来在中央文明办主办的"中国好人"评选活动中，她顺利入选；在县妇联的帮助下，她还在县开发区找到了一份满意的工作。这正是诚信给人带来的回报。

"智者之虑，必杂于利害。"① 一个聪明的人，既要考虑有利的一面，又要考虑有害的一面。从长远来看，不守诚信，会给你带来灾难；诚实守信，却会给你带来更大的回报。我们即便不愿把诚信作为一种品格来追求，成为一个道德高尚的人；我们为什么不愿把诚信当作一种智慧来对待，做一个聪明的人呢？

---

① 《孙子兵法·九变篇》。

孝　道

有一首歌是这样唱的，"有钱没钱，回家过年"。每到新春佳节，各种交通运输都会变得异常拥挤。每年"春运"是中国一道独特而绚丽的风景线。那"春运"运的到底是什么，我理解"春运"在很大程度上运的就是孝道。

一、孝道是中华民族几千年绵延不绝的文化奇观

我和大家一起来探讨它有哪些内涵呢？如何做才算得上是一个孝子？

传统社会有《二十四孝》，是元代郭居敬编录而成，讲述了历代二十四个孝子从不同角度、不同环境、不同遭遇行孝报恩的感人故事。近年来，国家有关部门又公布了《新二十四孝》，比如亲自给父母做饭，带父母外出旅游，教父母上网，鼓励单身父母再婚等等。这些新的精神，正是为了与时俱进，与时代接轨。但由于内容太多，大家也就不容

易记住。今天，我将传统社会和现实社会对孝道的理解加以总结，用四个字来说明什么是孝道。做到这四个字，可以说就算是一个孝子了。

（一）利亲

先来讲两个字："利亲。"

什么是"利亲"呢？《墨子·经上》说："孝，利亲也。"这是孝道在物质层面的要求。具体而言就是在衣食住行各方面尽量满足父母的需求。又叫"孝养"。用今天的法律术语来表达，则是子女有赡养父母的义务。再说通俗点，就是要让父母吃得饱、穿得暖。

我们来看看古人是怎样孝养父母的。

"孝有三：大孝不匮，中孝用劳，小孝用力。"①

大孝就是啥都不缺，古人解释为"博施备物"，今天叫作物质财富极大地丰富。按照《礼记·王制》的说法，应该做到：

"五十异粮，六十宿肉，七十贰膳，八十常珍。九十饮食不离寝，膳饮从于游可也。"

父母身强力壮时，饮食上没有什么特殊要求，反倒是他们照顾子女的居多。当他们衰老时，就特别强调子女的供养，在饮食上应当特殊对待。人到五十岁，身体开始衰弱，子孙们就应该为老人单独准备有营养的食物，不吃粗粮专吃细粮；六十岁以上的人每隔一天要保证有肉吃；七十岁以上的人应少吃多餐，所以随时备有零食；八十岁以上的人，可以经常吃到精美的食物；九十岁以上的，应随时随地给老人提供食物和饮品，无论到哪里，都有充足的食品可以取用。

中孝就是能为国家做贡献，叫作"用劳"；小孝则是靠自己的劳动

---

① 《大戴礼记·曾子大孝》。

力来供养父母长辈，叫作"用力"。

当然，只要有一颗孝顺父母的心，小孝也可以向中孝、大孝转化。

传统《二十四孝》中有一个"行佣供母"的故事，就是这方面的典型。江革，东汉时齐国临淄人，少年丧父，侍奉母亲极为孝顺。战乱中，江革背着母亲逃难，几次遇到匪盗，贼人欲杀死他，江革哭告：老母年迈，无人奉养，贼人见他孝顺，不忍杀他。后来，他迁居江苏下邳，做雇工供养母亲，自己贫穷赤脚，而母亲所需甚丰。明帝时被推举为孝廉，章帝时被推举为贤良方正，任五官中郎将。

让父母吃饱穿暖，这应当是孝最原始的含义。"孝"字源于甲骨文，距今已有 4000 多年的历史。金文"孝"字的构成是，上面一个"老"字，下面一个"子"字。意思是说老人护佑子女，子女支撑老人。二者合而为一，才称得上孝。

但是，一些人有了子女，对老人的关心免不了有所减少，不供养父母的现象就出现了。有这么一个故事：几个长工给地主干了一辈子，还没把债还完。

地主说：你们现在老啦，干不动活了。欠我的债准备咋还呀？

张三说：东家，我这辈子干不了，下辈子变成母鸡，下蛋卖钱，给你还债。

李四说：东家，我这辈子还不完，下辈子变牛变马，拉车挣钱，给你还债。

王五想了一想，笑着说：东家，我下辈子变成你爹，给你还债……

地主一听，大发雷霆：混账……

王五说：你听我说完嘛。这年头，哪有儿对爹好的？只有爹对儿好的，儿想干啥就顺着他，想要啥就给他买。我下辈子托生成你爹，你托生成我儿，我给你买地盖房，置一份大家业，好好还你的债。

地主一听，笑了：好，就这么办！

这个故事，用黑色幽默的方式反映了父子关系的错位，人伦道德的沦丧。

现实生活中，也有类似情形。那些老无所养的老人在亲情麻木的折磨下，说出了耐人寻味的哲理：这年头，有了儿子，咱就成了儿子了；有了孙子，咱就变成孙子了。

于是有人自讽自嘲地指出：什么是孝道？用对待儿女的态度去对待父母，就是孝道。

我们现在生活越来越好，让父母吃好穿好已经不是什么难事。那么，是不是只要做到了"利亲"，只要父母不缺吃不缺穿，就算尽到了孝道呢？坦率地说，我自己曾经就是这样想的。我估计很多朋友也会是这样想的。调查资料反映："农村老人的儿女们普遍认为，没让父母冻着、饿着，就是自己尽孝了。"然而传统孝道远远不止这一要求。利亲只是最基本的层次，是物质层面的要求，孝道还有更高级别的要求。

（二）善事

"善事"就是孝道要求的另外两个字。

《说文》："孝，善事父母者也。"《唐律疏议》："善事父母曰孝。"这是精神层面的要求。如果说"利亲"的关键在四个字：照顾父母的"衣食住行"，那么"善事"的关键也在四个字：关心父母的"喜怒哀乐"。如何来关心父母的喜怒哀乐，做到善事呢？我认为可以从如下两个方面入手：

首先就是行为上要顺从。

孔子的弟子孟懿子有一次问孔子，什么是孝，孔子只回答了两个字："无违。"所谓"无违"就是不要违背父母的意志，要听从他们的教育和号令，无违就是顺从的意思。用周杰伦的歌词来形容，就是要"听妈妈的话"。因此中国的"孝"后面总跟一个"顺"字，这就是我们通常所讲的"孝顺"。因此，我们除了要让父母吃饱穿暖之外，在精神善事层面的第一个要求就是在行为上要做到顺从，不要顶撞父母。

在传统社会，父母对子女有"教令权"。依照我的理解，这种教令权，既是父母的权利，又是父母的义务。

《三字经》就说了："养不教，父之过。"小孩在外面调皮闯祸，别人会怎么骂呢？会骂："没家教。"骂的不是小孩自己，骂的是父母。父母责任重大呀。同时家长也有发号施令的权力。《说文》对"父"字的解释为："家长率教者，从又举杖。""率教"是实施教育发号施令的意思。父这个字，就像一个人抓着一根拐杖的样子，用来责打不听话的子女。看来，举杖是父亲的招牌动作，严厉则是父亲的形象特征，所以古人把父亲称作"父严"。由于权利义务对等，责任大权力也大，这就是使得过去父母的管教能够得到落实。

那么，作为子女，该如何对待父母的教令呢？

先来看看现在的情况。中学课本里曾经有一篇文章——《一碗馄饨》，我觉得写得很好，也反映了一些现实问题。

一个中学生，和妈妈吵架了，便离家出走。时间一长，饥寒交迫，举目无靠，一位卖馄饨的老婆婆送了一碗馄饨给她吃。刚吃几口，眼泪就掉下来，纷纷落在碗里。她说："我们不认识，而你却对我这么好，愿意煮馄饨给我吃。可是我妈妈，我跟她吵架了，她竟然把我赶出来，还叫我不要回去！"

老婆婆听了，平静地说道："孩子，你怎么会这样想呢？你想想，我只不过煮了一碗馄饨给你吃，你就这样感激我，那你妈妈煮了十多年的饭给你吃，你怎么会不感激她呢？你怎么还要跟她吵架呢？"

现在很多小孩把父母之爱视为理所当然，从无感激之心。女孩子愣住了，匆匆吃了馄饨就往家走。当她走到家附近的时候，一下看到身心交瘁的母亲正在路口张望……这时，女孩的眼泪又开始掉下来。

离家出走似乎是现代孩子叛逆最常用的招数，甚至还有与父母对骂，动拳头动刀子的，还有动不动就跑到窗户上声称要做自由落体运动的，吓得父母哪敢再管？

现在这样的情况，放在过去，会怎样呢？对不听话的孩子，父母往往严加批评，甚至会进行体罚，子女是不敢反抗的。

《礼记》里面是这样说的："父母怒、不说，而挞之流血，不敢疾怨，起敬起孝。"① 什么意思呢？子女把父母惹毛了，就要动手。打得头破血流，儿女也不能怨恨，还不能逃跑，致使老人没有对象可打，同时态度上还得恭恭敬敬，表现出一副我有罪的样子。对于父母的责打，子女应当"小杖受，大杖走"。正因如此，过去的孩子就容易形成"孝顺"的品格。

朋友们，不知大家小时候挨过打没有？反正我是挨过。现在想起来，那正是父母恨铁不成钢的拳拳爱心，它伴随了我的成长，它在我的记忆里已不再是疼痛，而是温暖。虽然我们不提倡棍棒教育，但古话说"棍棒之下出孝子"，我个人觉得还是有一定道理的；现代教育学中也有一句名言："没有惩戒的教育，不是教育。"

中国几千年历史中，不顺从父母被视为忤逆不孝，没有人说小孩叛逆是正常的。有个不孝子，总是不听父亲的话，叫他向东，他偏向西；叫他向西，他偏向东。父亲临死前心想："这个不孝子，做事从来都跟我反着干，我要是叫他把我埋了，他肯定会把我扔进水里不管；我要叫他把我丢进河里，说不定他倒会把我埋了。"就留下遗嘱说把自己扔进河里。儿子心想，我这一辈子都没听过父亲的话，现在他死了，我还是听一回吧，就把他父亲扔河里了。这样做，就大大的违背孝道啦！

现在，有人动不动就说小孩叛逆是正常的，孩子教育难的问题已成

---

① 《礼记·内则》。

了较为普遍的社会问题。为什么前后反差会如此巨大呢？

对这样的现象，我个人认为可以从文化变迁的角度来理解：传统法文化中的"孝道"理念，既赋予父母教育子女的责任，又赋予父母号令子女的权利，对子女人性中叛逆的因素既可以文而化之，还可以强制压服，所以孝顺者多而叛逆者少。近代以来，传统的"教令权"制度被废除，思想观念发生了巨大的变化。人们认为：小孩一旦出生，他在法律上就有了自己独立的人格权，与父母是平等的。于是把孝顺理解为是一种奴性，把责骂小孩视为侵犯人权；于是父母只有教育小孩的义务，没有号令孩子的权利，对他们的恶习、陋习不但不敢压服，甚至连句重话都不敢说，叛逆的元素自然膨胀，这是值得我们深思的。

其次就是态度要恭敬。

善事父母除了行为要顺从之外，第二个要求就是态度要恭敬。

孔子的弟子问孔子，尽孝什么最难。子曰："色难。"那这色难又是什么意思呢？就是对待父母最难做到长期保持好脸色。"有事弟子服其劳，有酒食，先生馔。曾是以为孝乎？"① 父母有事，帮他们干；有好吃好喝的，让他们先享用。你以为这样就能做到孝了吗？这还差得远啦，关键是态度要好。俗话说："久病床前无孝子。"假如做儿女的下班回家，累得要命，父母卧病在床，说："我要喝开水。"做儿女的把水端来，但沉着脸，把茶杯在老人面前重重地一搁，声色俱厉地说："喝吧！"这还能叫尽孝吗？恐怕只能叫尽义务。所以尽孝最难的是"色难"，就是态度问题。态度上必须要恭敬，脸色要好看。这就是我们通常讲的"孝敬"。

有人说孝道就是"笑道"。只有子女脸上经常保持体贴关爱的微笑，父母脸上才会有幸福的微笑。

---

① 《论语·为政第二》。

　　我们来看传统二十四孝里的另一个故事："彩衣娱亲。"

　　老莱子，是周朝春秋时的楚国人，他自幼便十分孝顺。到他七十岁时，父母双亲还健在。但两老看见儿子也日渐老去，便产生了自己来日无多的哀叹。老莱子见状，便想了一个办法，他把自己打扮成孩童模样，蹦蹦跳跳地到了父母面前，一边嘻嘻哈哈大笑，一边作出孩童嬉戏的动作。两老看到儿子滑稽的动作，乐得呵呵大笑，把烦恼忧闷都忘了！从此，老莱子在父母前绝不提老字，而且还常常扮成孩童模样，让二老安享快乐的晚年。

　　这一个故事，新文化运动期间，曾有文人学士给予了无情的批判。认为这是"虚伪"，用现在流行的话来说，相当于骂老莱子"装嫩"，有的人甚至说看到这一类的孝子就想呕吐。我觉得这种批判就有些过火了。想想我们自己，在父母面前，父母担心你冷着，非要脱掉自己的衣服给你穿，你会不会装出自己很暖和的样子呀？父母担心你没吃饱，你会不会装出已经吃撑了的样子呀？这是在装，但这种装不是虚伪，而是一种真情，是善意的谎言。我们在各种服务行业，对陌生的顾客都要强调微笑服务，为什么对自己的生身父母就不能做到这一点呢？

　　刚才我说到对父母既要孝顺又要孝敬，但这也并不意味着毫无原则。孔子说："故当不义，则子不可不争于父。"① 父母做了坏事、蠢事、傻事，当子女的应该据理力争，但可以注意一下方式方法。

　　比如看到父亲一边抽烟，一边咳嗽，你一把抓过来就扔："抽烟伤肺。抽抽抽，咳死你！"看到父亲喝酒，快要醉了，你又一把抢过来就倒："喝酒伤肝。喝喝喝，醉死你！"这样做，父亲虽然不伤肺伤肝，恐怕要伤心啦！这样做，虽然主观出发点是好的，恐怕态度就欠妥啰！

　　所以对待父母的过错，要劝说，也要注意态度，这就是《弟子规》

———————
　　① 《孝经·谏诤》。

中所说的："亲有过，谏使更。怡吾色，柔吾声。"这样做，肯定效果会更好。

总的来说，孝道就是"利亲"、"善事"这四个字。善事是高层次的孝，是精神层面的孝；利亲是低层次的孝，是物质层面的孝。孔子说："今之孝者，皆谓能养。至于犬马，皆能有养。不敬，何以别乎！"[①] 对父母不恭敬与养阿猫阿狗无异。

做到了利亲、善事，家庭就能和谐。家庭和谐，国家才能稳固。所以历代统治者也十分重视孝道，无不宣称自己要以孝治天下。孝道不仅是关乎家庭伦理的家事，更是关系到国家社稷的国事，是家国社会长治久安的根本。

各位读者朋友，"孝道"这一文化理念，说起来很简单，就四个字：利亲、善事，但做起来却很难。希望大家用这四个字来衡量自己，从我做起，从今天做起。我们每个人都可以成为一个孝子！

二、古代法律如何惩治不孝

前面讲了什么是孝道，接下来我们来讲古代法律如何惩治不孝。

说到不孝，大家一定最熟悉一句古话："不孝有三，无后为大。"不生儿子为不孝，这是过去的说法，现在已经过时了。除了这个不孝外，还有两样是什么呢？一是"阿意曲从，陷亲不义"，违背了"善事"的要求；二是"家贫亲老，不为禄仕"，违背了"利亲"的要求。[②]

---

① 《论语·为政》。
② 出自《孟子·离娄上》《十三经注疏》注文。

不孝的人现在有，过去也有，但在历史上，人要是不孝，他所要付出的代价却要比现在悲惨得多。因为在过去，所有的不孝行为都涉及犯罪。

早在夏朝，就有不孝罪。到了汉朝，不孝罪是要判死刑的。但汉代不孝罪的规定很笼统，只要是不孝，就要判死刑，没有具体的情节区分。后来，立法越来越完善。违背孝道的行为，根据情节轻重的不同，定的罪名不同，量刑也不同。为了便于理解，可以分为以下两大类。

（一）生前不孝的行为

在我们日常生活中，不时会看到或听说一些不孝子女辱骂父母的情形，现代社会将这样的行为视为违反道德的行为，法律是难以调整的。这种情况在古代则要判死刑。《唐律·名例》将告发、诅咒、骂詈父母的行为，统统定"不孝"罪，处绞刑。以后宋元明清各朝代，基本沿袭这一法律制度，直到清末法制改革才废除。

在古代，既然骂父母是死刑，那殴打父母，或者说是身体上伤害父母，肯定量刑会更重。

说到这儿我想起了前些年某地发生的机场刺母案。某旅日留学生，一年花费约30万，其母每月给他寄钱，一次因钱寄晚了，儿子回国，在机场连捅母亲9刀。按照现在的法律，杀伤父母和杀伤其他人在定性上是一样的，都定"伤害罪"，所以该留学生被法院以伤害罪的名义处3年6个月的刑罚。放在以前，杀伤父母和杀伤其他人在定性上是不一样的，杀伤父母，罪名叫"恶逆"，量刑从重，要处斩刑。遇到大赦，一般的杀伤罪犯可以赦免，恶逆罪的罪犯是不能赦免的。

或许有人会问：我既不打父母，也不骂父母，只是在生活上不管他们，不尽赡养义务，又会怎么样呢？唐朝以前，不赡养父母的，可以处死刑。到了唐朝，不赡养父母的行为，叫"供养有阙"，统统处两年徒刑。

比如，北宋神宗年间（1068—1085年），有个妻管严叫王震，事母不孝，隐瞒俸禄，"凡俸禄之入尽归其妻室，母不得而有之。饮食衣服，皆限量以给其母，母常有不足之恨"。① 就像今天，有些人的工资，在口袋里都过不了夜，悉数交公，至于给不给父母，给多少给父母，坚决服从老婆大人的安排。但在那个年代，王震就被人上书弹劾，罪名为"不孝"，情节就是"供养有阙"，应该受到刑罚的制裁。

按现在的法律，不养父母的行为不再构成犯罪，只是承担民事责任，父母只能通过民事诉讼的途径向子女追索赡养费。据统计，各地法院受理的老年人向子女追索赡养费的案件逐渐增多。有的法院统计，这类案件已占整个民事案件的10%。甚至有些当事人，法院判了也拒不给老人支付赡养费，反正又不能让他去坐牢。这一方面说明，孝道思想已经越来越淡漠；另一方面也说明，我们现行法律在调整父母与子女关系这一环节，没有继续传统孝道文化的优良因素，显得很疲软，起不到应有的作用。

当代社会，很多年轻人都不愿意和父母一起住，早早地就分开单过，这被视为是独立的表现。但这在过去，却是法律不允许的。

祖父母、父母在世，子孙要分家单过的，就涉及犯罪，叫"别籍异财"。"别籍"指另立户籍，"异财"指分割财产。唐朝法律统一规定："诸祖父母、父母在，而子孙别籍、异财者，徒三年。"直到近代，才不把别籍异财视为犯罪。

或许有人会说了，现代社会，交通方便，流动频繁，地球都成为村了，同财共居的传统孝道已不能照搬了。那么这些传统文化还有什么现实意义呢？

---

① 李焘：《续资治通鉴长编》卷三六二，中华书局2004年版，第8669—8670页。

禁止别籍异财的立法用意，在于防止"老无所依"、"老无所靠"，这样的精神不管在任何时候，都是值得提倡的。2013 年国家出台的"常回家看看"的相关立法，正是这种精神的体现，可以缓解"老无所盼"的孤独与无助。现在很多人常年在外地求学、求职，和父母不住在一起，但应该常回家看看，常给家里打打电话、发发微信，或者视频聊天。应该说亲情是不应该受时间和空间限制的。

上面讲到，传统法律严厉禁止打骂父母、不供养父母、与父母分家的行为。此外还规定，不听长辈教育命令的行为，也是一种犯罪行为。

今天看来，儿女不听从父母的教育训斥，和父母犯犟，哪怕把父母气得咬牙、打嗝、捶胸口，也不过是家庭琐事，没有必要闹到法院去；即便闹到法院去，法院也无法立案。但在古代，这样的行为叫作"子孙违反教令"。唐朝以前，这种行为可以判死刑。《唐律》统一规定："诸子孙违反教令，徒二年。"[1] 此后历代沿袭，到清末才被废除。

近代以来，人们认为"子孙违反教令"纯属道德问题，不再作为犯罪对待，不再由法律来调整，而应由教育来解决。于是，子女听从父母教育，不再是法律义务，而只是一种美德；子女顶撞父母，不再是违法犯罪，而只是一种自我意识和独立精神的体现。现在很多父母感叹，子女不好教育，其深层原因恐怕就在这里，那就是传统与现代的断裂。

（二）死后不孝的行为

父母长辈去世后，子孙的某些违反礼法的行为，将构成不孝犯罪。死后不孝的行为主要有四种，匿不举哀、冒哀求仕、居丧嫁娶（生子）、居丧作乐（饮酒、食肉），都构成犯罪，量刑从流二千里到杖一百不等。

---

[1] 《唐律·斗讼》。

1."匿不举哀"

听到父母死讯而不哭、不发丧的行为，构成此罪。法律规定处流二千里的刑罚。《唐律疏议》："父母之丧，创巨尤切，闻即崩殒，擗踊号天。"听说父母的死讯，整个人都垮了，要捶胸顿足地哭，呼天抢地地哭，这是法律的要求，必须的。

《水浒传》第三十五回说到：宋江接到他父亲去世的家书，叫声苦，不知高低，自把胸脯捶将起来，一边骂自个儿，一边把头去壁上磕撞，大哭起来。燕顺、石勇拘住。宋江哭得昏迷，半晌方才苏醒。醒过来后，就说要写封"备细书札"，推荐大家先上梁山，自己要回去奔丧。书中说："宋江问酒保借笔砚，讨了一幅纸，一头哭着，一面写书。"

《水浒传》（容与堂刻本）中评价说："若夫宋江者，逢人便拜，见人就哭。"[①]虽然宋江爱哭，搞得别人像"狼来啦狼来啦"的一样，不知真假。但他这一哭，应该是真的，而且是依法哭的鼻子；不哭将构成匿不举哀罪，当处流放二千里的刑罚。

2.冒哀求仕

为父母守丧三年，实际是 27 个月。期间不能做官，否则构成此罪，叫作冒哀求仕。北魏时，冒哀求仕处五年刑；唐以后，冒哀求仕的行为，处一到三年不等的刑罚，体现了"先白帽再官帽"，求忠臣于孝子之门的治国理念。现在虽然不再有守丧三年的习俗，但必要的治丧活动还是要搞的，国家法律法规也为近亲属治丧规定了相应的放假期限。然而，有些为官、名人政要，因工作繁忙，竟不回家为父母治丧，舆论还大肆宣扬其如何如何勤奋，如何如何励志，是学习的榜样，这种宣传恐怕要慎重哟！当然，假如遇到战争、自然灾害，为了救民于水火，牺牲小孝而服务大忠，这样的人是值得赞扬的。

---

① 《水浒传》（容与堂刻本），北京大学出版社 1981 年版，第 26 页。

3.居丧嫁娶（生子）

守丧期间嫁娶，唐律处三年徒刑。娶小老婆处一年半徒刑。生小孩的处一年徒刑。这样的孝道，在今天已彻底过时，不再介绍。

4.居丧作乐（饮酒、食肉）

为父母守丧期间，要杜绝一切喜庆活动，违反者构成犯罪。最重的是请人来唱戏，处徒三年刑罚；其次是"杂戏"，即棋牌类游戏，相当于现在打麻将、斗地主、玩游戏等，处二年徒刑；最轻杖一百，比如去听唱戏，参加别人的喜宴，就得打一百下屁股。

现在不兴守丧，但治丧活动是必须的。我曾经看到农村一些人办丧事，家里来的亲朋好友都围着桌子打麻将，重庆称作"打死人子麻将"；还要放烟花礼炮，放放鞭炮是风俗，放礼炮这玩意儿就不太合适，莫非你还很高兴呀！还请来乐队唱歌，唱些感恩感伤的歌曲是可以的，居然有唱的是"今天是个好日子，心想的事儿都能成！""妹妹你大胆地往前走，莫回头！"每每听到这些，我就恨不得上去给他们讲讲过去的礼数，又害怕挨打，只好罢了。

治丧应该庄重肃穆。子曰："丧，与其易也，宁戚。"①"易"是轻松、不当回事的意思。在丧礼上，不可表现得轻松愉快，应该保持内心的哀伤悲痛。

三、传统孝道文化的反思

上面给大家介绍了过去违反孝道的各种罪行，有生前不孝，有死后不孝。不孝的行为现在也有，我们通过古今对比可以发现，当代法律和

---

① 《论语·八佾》。

古代法律对待孝道是不同的。在这些问题上，古代法律比我们今天管得宽、管得严，所以孝道能在几千年历史中得到很好的维护。

或许会有朋友们反问：在物质层面满足父母的需求，做到"利亲"，我们可以理解，但"善事"是精神方面的要求，属于道德范畴，为什么法律还要强制去管呢？生前为父母尽孝的种种规定，我们还可以理解，为什么父母死后，还有那么多繁文缛节，还有这么多苛刻的法律规定呢？

（一）人性追问

人首先具有动物性，动物的情感是下倾的。大家看那些老牛，对小牛好吧，叫作"舐犊情深"；老狗对小狗好吧，叫作"护犊子"。然而小牛、小狗长大了，还会管老牛老狗吗？不会。人首先是动物，所以人类的感情也是下倾的，始终是父母为子女付出的多。十月怀胎，苦啊！呱呱坠地，母亲"一脚棺材里，一脚棺材外"，险啊！供你上学，难啊！等你工作后，又会担心你有无票子、房子、车子，没有这几子，就讨不到妻子，讨了老婆，又担心啥时生孙子，直到"五子登科"。可以这样来形容：父母对子女的爱是无期徒刑，直到他们闭上双眼，才会放弃自己的责任。

但子女对父母，恐怕很难做到如此这般了。年幼无知时，不懂得尽孝；外出求学时，没能力尽孝，能多给父母打打电话、发发微信就算不错了；成家立业后，迫于工作的压力、社会的压力，甚至感情婚姻的压力，没有精力尽孝。等到一切问题解决后，再来尽孝，或许我们的父母已经满头白发；或许他们腰身已不再挺拔，两眼已失去光华；或许他们已离我们而去，任你千呼万唤也不能回答。子欲孝而亲不待呀！

（二）文而化之

正因为这种人性，所以要用"孝道"的理念去教化天下，让人们懂得报恩，懂得尽孝。

孝道作为一种文化，是受儒家思想影响而形成的，核心在于一个"仁"字。按照东汉许慎《说文》的说法："仁，亲也，从人二。"① 简单地说，就是要将心比心，别人用什么心对待自己，自己就应用什么心对待别人。

父母对子女，不但要关心你的物质生活，还会关心你的精神世界、喜怒哀乐：你笑了，父母开心；你哭了，父母伤心；你病了，父母揪心；你退缩了，父母痛心；你在外，父母担心；你回家，父母才放心。《战国策》说：子女下午不回家，父母就会"倚门而望"；子女傍晚不回家，父母就会"倚闾而望"。② 您是否又到村口把我张望，您是否又把别人错看成我的模样。古往今来，都是儿行千里母担忧。既然父母是这样对待子女的，所以子女不但要关心父母的物质生活，更要关心他们的精神生活，这就是"仁"。

孔子又说："子生三年，然后免于父母之怀。夫三年之丧，天下之通丧也。"③ 孩子出生三年后，才能离开父母的怀抱，父母在这三年中尽心竭力无微不至的照顾，含在嘴里怕化了，捧在手上怕丢了。既然父母是这样照顾子女的，所以父母去世后，子女也应当为父母守丧三年，寄托自己的哀思，这就是"仁"。

---

① 《说文解字·人部》。
② 《战国策·齐策六》。
③ 《论语·阳货》。

（三）法律强制

　　由于父母对子女是无私奉献，所以我们要用"仁"这样的"文"去教化天下，让天下的人懂得自觉地报恩。当然，也有少数人你"化"他不动，他冥顽不化。就像狗一样，几千年前的狗不懂得主动尽孝，几千年以后还是不懂得尽孝，因为它们没有文化。对这样的人，就必须用法律手段去强制他们对父母尽孝。

　　不管是因为"文而化之"而主动报恩，还是出于法律强制而被动尽孝，都应该像孔子说的那样："生事尽力，死事尽思。"① 生前尽最大的努力好好照顾他们，死后还应该寄托对他们的哀思。人们常说"永垂不朽"，谁能不朽？只有人类情感是不朽的，前人死了，有后人哀悼思念；后人死了，还有后人哀悼思念，所以不朽。

　　　　当我们年轻的时候，父母总是为我们把风雨遮挡；
　　　　当我们成长的时候，父母总是为我们挂肚牵肠。
　　　　当他们年老的时候，我们是否经常守在他们身旁；
　　　　当他们撒手人寰后，我们又是否时常想起他们的模样。
　　　　用他们对待我们的心去对待他们吧！
　　　　这就是报恩，这就是人类情感传承永恒的主题，
　　　　直到地老天荒！

────────────

　　① 《孔子家语·致思》。

清　官

说到历史上的清官，大家马上会想到包公、海瑞、于成龙……这一个个熟悉的名字。

历史上的清官很多，他们都活在了人们的心中。那么在他们身上都有哪些共有的文化品格？或者说，要具备什么样的文化品格才算是清官呢？

一、古代清官的文化品格

"粉身碎骨浑不怕，要留清白在人间。"中国古代官场再怎么黑暗，也始终有人坚持出淤泥而不染。

宋朝的包拯，一生都克己奉公、刚正廉洁。他担心自己死后，会有子孙后代凭借着自己的威望，去贪赃枉法，所以特意立下遗嘱，告诫后人说：我的后世子孙，如果有人在当官之后，贪赃枉法，就要将其从族谱上除名，死后也不准安葬在祖坟里面，而且还要把他的丑恶"事迹"

刻成碑文，立在堂屋的东墙边来警示后人。

明朝大清官海瑞在当县令时，就要靠挖野菜才能吃饱。母亲过生日，他买两斤肉去贺寿，结果这事都被当成"稀罕事"传到总督那里。

清朝天下第一廉吏于成龙在赴任途中，居然要以萝卜充饥，穷得仅有一袭官衣蔽体。

上述这些人，都算得上是古代清官的榜样，在他们身上都有着一个共同的文化品格"清廉"。

（一）清廉

这是清官的第一层品格。那就是对待财富荣誉不能有贪心，要做到廉洁为官。

这样的文化品格，刚好和贪官相对应。一个人要做到清廉，说起来简单，但做起来却并非易事，为什么这么说呢？

首先是人性问题。

人性是"趋利避害"的。人非草木，孰能无欲？非要说没有欲望，那只能是一种人：死人。在利益面前，人人都会有欲望，这是人的本性。

话说一个小和尚，从未见过世面，老和尚就带他去赶集。来到集市上，一个美丽少女在卖菜。小和尚从来没见过女人，一看到就目不转睛地盯着她看，老和尚催他走。小和尚问："这是什么东西？"老和尚没好气地说："老虎。"回山路上，又碰到一只小老虎，小和尚也没见过，问："这是什么东西？"答："女人。"回到山上，老和尚想考一下小和尚的佛性定力，问他："今天去花花世界转了一圈，你是喜欢老虎呢，还是喜欢女人。"小和尚说："我喜欢老虎。"

可见有欲望是人的本性。只是小和尚虽有欲望，却没人来诱惑他，这种欲望就不一定会泛滥。一旦地位发生变化，有了权力，诱惑就多了。不加控制，就可能演变为贪欲。

一官新上任，发誓说："这辈子要做清官，我左手接别人的礼左手烂，右手拿别人的钱右手残。"起初坚持得很好，无奈引诱太多，后来实在忍不住，叫声："丫鬟，拿盘来。"送礼的人说："小意思小意思，不成敬意。"该官说："不好意思不好意思，请放在盘子里。"让送礼的人将礼物礼金放在盘里，然后自我庆幸地说："幸好没沾手。"①

由这个例子可以看出，一个人在没有做官之前，就没有公共资源，别人也就不会来诱惑你，以为要做到清廉很容易。一旦做了官，有了公共资源，别人就会来诱惑你。在接二连三的诱惑面前，就看你扛不扛得住啰！不信你来试试？我经常开玩笑说：人的眼睛是黑的，金子是黄的，两个碰在一起，是要产生化学反应的。所以刚才说的这位官员，就被"化学反应"了。

然后是惯性问题。

人的贪欲就像洪水，能加以克制，还不至于变成灾害；一旦放开，就会像洪水打开闸门——喷薄而出，一发不可收拾，变得贪得无厌，形成不可回头的惯性。

有这么一个故事，一个县太爷，见某甲来送礼，问他："你有啥事？"某甲将礼品袋放下说："我没啥事，就是我家阿兄找您有点事。"说完就走了。县太爷打开礼品袋一看，里面装着一个黄金打造的人，暗道：哦，这就是他家阿兄呀！大喜。多年以后，某甲犯罪，向县太爷求情："请看在我家阿兄的份上，饶了我吧！"太爷怒道："哼，你家阿兄，好不懂事，自从第一次来看过我，以后再没来过。给我依法严办。"②这

---

① （清）石成金编：《笑得好》。
② （宋）陈元靓撰：《事林广记》。

说明一个人一旦贪了第一回，就会贪第二回，直到贪得无厌；送礼的人也得长送不懈，才能有效。

所以，人的欲望一旦放开，就容易形成惯性。我们重庆人有句土话，说："常在河边走，哪能不打湿脚呢？既然打湿了脚，不如下河洗个澡。"意思是常在官场上行走，难免失足；既然已经失足，干脆就奋不顾身，跳进名利河中，多捞些得了。话说一位小学老师讲到"待人接物"一词，问同学谁知道。一位同学回答："我爸爸是干部，经常在家等着人来给他送礼，这就是待人接物。"虽是笑话，但也说明，放纵贪欲，就容易形成惯性。

正因为贪欲是人的本性，而且容易形成惯性，所以需要用清廉的文化品格来"化"为官的，让他们把住贪欲的闸门。

讲到这儿，读者朋友可能会问：有的人虽然不贪污，不受贿，不腐化，不浪费，可他也不干事，就像网上说的"三拍干部"："决策前拍脑袋，决策时拍胸口，出了事拍屁股。"这也算清官吗？当然不能算。

西安碑林博物馆藏有一块古代的《官箴》碑，其中有一句话很重要："公生明，廉生威。"

（二）清明

"廉生威"正是我讲的清官文化理念的第一层品格：清廉。"公生明"则是清官文化理念第二层品格：清明。

如果说清廉是看一个人对待财富的态度，那清明则是对待工作事务的态度了。对待工作事务要认真负责、积极主动，如果遇到困难，要迎难而上，发挥聪明才智解决问题，明察秋毫、明辨是非，还老百姓以清明世界，树为官以清明形象。清明型清官则可和"昏官"相对。

清明是对官员更高层面的要求，为什么这么说呢？

就官方的角度而言，历代政权对为官清明都十分看重。从古代衙门的布置来看，公堂上都挂有"明镜高悬"的匾额。传说刘邦攻入秦都咸阳，发现秦始皇用的宝镜，宽四尺，长五尺九寸，可以照透人的五脏六腑，称作秦镜。后来，许多当官的人为了标榜自己的清明，都在公堂上挂起"秦镜高悬"的匾额。由于人们对"秦镜"的典故不太熟悉，所以就将"秦镜"改为"明镜"，"秦镜高悬"便演变为"明镜高悬"了。①这种设置，说明官方对官吏清明的能力是有很高期望值的。唐朝考核官吏，就有一条法律规定："清慎明著"。即为官清明的升官；不清明的降级。

正是有了这些要求，所以历史上涌现出众多为官清明的典型。

从民众的角度来看，老百姓也不希望官员是昏官。凡清明为官，老百姓就赞扬；为官不明的，老百姓就会痛恨。虽然小老百姓不能拿当官的怎么样，他们可以用文学的形式来抨击和讽刺为官不明的行为。

1.因能力低下而为官不明的，老百姓会骂你糊涂。清小石道人辑《嘻谈续录》中记载了这样一个故事："一官断事不明，百姓怨恨，名之为糊涂虫。"到处涂写打油诗，说本县有三个糊涂虫，望官府限期捉拿。该县大爷令衙役三日内拿回堂上交差。衙役出得城来，见一人头顶大包裹，坐在马上。奇而问之："咋不把包裹拴在马上？"答："害怕马的负担太重，所以顶在头上，可以让马少费点力。"今天看来恐怕是个动物保护主义者，古人看来，整个儿一缺心眼，算个糊涂虫，带走。来到城门，见一个人拿着竹竿，竖着拿，嫌城门太矮；横着拿，嫌城门太窄，"徘徊良久，竟不能进"。衙役说：这也算糊涂虫，带走。回到堂上，县太爷听明情况后，对拿竹竿的说："你拿竹进城，直进称矮，横进竹长，为啥不借一把锯来锯为两段，岂不早进城里去了。"衙役忙跪报告说：

---

① 《西京杂记》卷三。

"第三个糊涂虫已有了。"问是谁，答道："等下任太爷来了，小的便会拿他。"这个例子，说明老百姓对为官清明的热切期盼。

2.因态度问题而为官不明的，老百姓会骂你缺德。我们在现实生活中，也可能会碰到一些办事不明的工作人员乃至高官。比如你去有关机关办事，有关人员微笑服务式对你说："请把户口本拿来再办。"等你带着户口本去办事，又微笑说："请你把结婚证带来再办。"等你把结婚证拿去时，又微笑服务说："请把计划生育证拿来再办。"如此反复，等事情办妥啦，腿也快跑断了！所以人们往往把办什么什么事叫"跑什么什么事"。有关机关为啥不能一开始就把有关要求交代清楚呢？这种为官不明，或者是故意为难，没有一颗为民之心；或者是能力有限，自个稀里糊涂，但由于他们都采用微笑服务，你不能说他们不合法；但又让你办事跑断腿，似乎有些缺德。为此我专门写了篇文章，把这种行为斥责为"依法缺德主义"。

由上可见，为官清明既是国家的要求，又是民众的期盼。因此，要成为一个清官，第二个要求就是要为官"清明"。老百姓常说的一句话"当官不为民做主，不如回家卖红薯。"我想这应该是对"清明"品质最好的诠释。

（三）清正

清官的第三个品格：清正。即对待人为压力，要有正直、正气、刚正的品格，要讲原则，才能顶住压力，做到公正办案，还老百姓以公平。清正型清官正好和"庸官"相对。

所谓庸官，就是遇到压力就软的官。清朝文人沈起凤的《谐铎》中记载了一个故事，某主考大人前往西安监考，临行前去拜访他的恩师——当朝尚书，看他有没有什么关系需要照顾。结果尚书大人正襟危坐，没做任何指示。主考大人正纳闷，尚书突然在板凳上侧了侧身。主考大人以为尚书要他附耳过去说悄悄话，连忙凑过去问："您老说的是谁呀？"尚书大人不好不回答，只好指着屁股说："此乃下气通也。"结果，主考大人在考卷里果然发现一个考生叫"夏器通"，就把他评了个第一名，这就是历史上有名的屁状元。可见有些官员，确实是庸官：遇到压力就软，有的甚至没有压力都会软。

然而在古代官场，清正型的官员不在少数，尤以"南瑞北拯"的说法最具典型性。包拯的故事大家都很熟悉，下面我来讲一段海瑞的事迹。海瑞调任户部主事后，对朝廷的政治生态深感忧虑，当时的嘉靖皇帝不理政务，整日沉迷于长生方术；严嵩父子把持朝政，祸国殃民；官场昏暗不堪，民不聊生。看到这些令人痛心疾首的状况，海瑞决定冒死上书。他准备好棺材，与家人一一告别，一副大义凛然的姿态，向朝廷上交了《治安疏》，又称"天下第一疏"。① 嘉靖皇帝看后大怒，下令将其下狱，直到穆宗继位的时候，海瑞才得以释放并重新为官。其间，何以尚上书为海瑞求情，因此被打了一百板子，并关进监狱。两人可以说是"一起同过窗，一起扛过枪"的铁杆儿。后来海瑞任南京右都御史，何以尚去拜访他，结果海瑞接见他时，把他的座位安排在一个最不起眼的角落里，以示自己公正无私。这就像我们今天被通知去开会，结果您到会场一看，没有自己的座位牌，会是什么心情？简直是太伤自尊了。何以尚一看这哥们儿太不近情理了，气得当场离去，并发誓说："不及黄泉，无相见也。"老朋友都容不得你，况其他人乎！

现在我来把清官文化理念的三个层次——"三清"来做一个比较。

刚才我们说到的清廉是最低层次的文化要求，在于官员个人的一念之间，只要自己能克制贪欲，就能做到，相对来说还是比较容易做到的；

---

① 《明史·海瑞传》。

清明指碰到了工作困难，靠自己一念之间的想法是解决不了问题的，必须得开动脑筋，多想办法，有条件要上，没有条件创造条件也得上，才能做到明察秋毫、明辨是非，相对于清廉而言，难度更大，是中间层次的文化要求；

清正是指遇到压力要刚正不阿，坚持原则。然而人是社会意义上的人，不是孤家寡人，有着纷繁复杂的社会关系，要想做到清正，确实是困难重重。

我们设身处地地想一想，要做到清正，真不是件容易的事。假如遇到问题，你想公正办理，别人可以找你同学来给你说情，你说同学我不认；别人还会找你亲友来给你说情，你说我这人六亲不认，还是要坚持原则；别人会找你老婆来说情，现在的人谁不怕老婆？结果你说老子是男子汉大丈夫，不怕。一个人真要是这样，估计在这个社会上也很难混了。有道是"树欲静而风不止"，"牵一发而动全身"，要做到清正，难啊。

所以"清正"是一种最高层次的文化要求，尤其难能可贵。我们用它去化天下，虽然不可能将每一个官员都教化成刚正不阿的人，但至少能引导他们向这个目标渐行渐近。正如《诗经》所说："高山仰止，景行行止。虽不能至，心向往之。"

在此，我给大家讲了清廉、清明和清正这三个层次。无论古今，官员具备了这三种为官品格，那他一定就是个清官。读者朋友们以为如何呢？

二、成为清官

一位官员如何才能做到清廉、清明、清正，从而成为一个清官呢？我们先来看《道德经》上的一句话：

　　金玉满堂，莫之能守。富贵而骄，自遗其咎。功成身退，
天之道。

　　这句话出自《道德经》第九章。意思是说财富荣誉太多，你守得住
吗？大富大贵、有权有势后，你还要骄傲，那是自讨苦吃。有了财富地
位一定要低调，要踏实谨慎，才符合天道，才能长久。

（一）如何做到清廉

　　要做到清廉，关键要解决一个人对待财富荣誉的观念问题。对财富
荣誉看得重，就难以做到清廉；对财富荣誉看得轻，淡泊名利，就能很
好地克制贪欲，做到清廉。

　　汉朝初年，刘邦打败项羽，总结时说，自己之所以能成功，是因为
手下有三个能人：萧何、韩信、张良。这三人被称作"汉初三杰"。同
样是汉朝初年杰出人才，但是这三人后来的命运却截然不同，就是因为
他们对财富、权势的看法不同。

　　我们先来看萧何。

　　刘邦与项羽争霸，萧何帮他搞后方建设。刘邦每次被打得落花流水
后，萧何会给他提供源源不断的兵源和粮草。因此在论功行赏时，他
排名第一，封酂侯，赏赐大量金银财宝，还给他特殊荣誉："入朝不趋，
带剑履上殿。"后来，刘邦带兵出去平定诸侯王叛乱，萧何留守关中。
刘邦不放心萧何，经常派使者回来慰问萧何。有一次，干脆给他配备了
一支五百人的卫队。萧何的谋士对他说："君灭族不久矣！您来关中十
余年，威信太高，功高震主，皇上不放心您呀！"于是萧何将自己以前
得的赏赐全部捐作军费，并主动降低自己的威信，从而保得平安。这就
印证了"金玉满堂，莫之能守"的那句话。

再来说韩信。

韩信"连百万之军,攻必克,战必胜"。是个常胜将军,因此他也很高傲。他帮刘邦打下齐国,就自恃功高,自封为"假齐王",再派人去向刘邦汇报。刘邦忍不住破口大骂:"封什么假齐王嘛!"正在这时谋臣陈平暗中踢了他一脚。刘邦马上意识到,现在韩信手握重兵,把他逼急了,万一反水去投项羽,岂不前功尽弃,于是马上补了一句:"要封就封真齐王嘛!"把话就说回来了,还派张良专门去赐封韩信为齐王。

刘邦打败项羽之后,封韩信为楚王,这是个很大的诸侯王。韩信来到楚国,行事十分高调。每每到县乡去视察工作,都要排兵布阵前往,把场面搞得很大。有人告他谋反,刘邦趁机就把他抓了起来,降级为淮阴侯。有了这次挫折,韩信本应该改一改他那高调、骄傲的毛病,结果怎么样呢?有一次刘邦和他谈论汉军将领的特点,问他:"樊哙能带多少兵?"韩信说:"一万。"又问:"夏侯婴能带多少兵?"答:"五万。"再问:"我刘邦能带多少兵?"答:"陛下带兵,最多十万。"最后问:"那你能带多少兵?"答:"韩信用兵,多多益善。"如此高调之人,注定没有好果子吃。后来韩信被诛灭三族,享年36岁。这就印证了"富贵而骄,自遗其咎"那句话。

最后我们看张良。

他淡泊名利。刘邦封汉王时,给他赏赐两斗金银珠宝,他一分钱没要。打败项羽后,封他为齐侯,他也不要,只要了个小小的留侯,在今天微山湖一带。后来他干脆不做官了,57岁退隐山林,一辈子平平安安、善始善终。在历代开国功臣中,能得善终的不多,张良是其中的典型。这就印证了"功成身退,天之道"那句话。

通过比较可以看出,对财富荣誉看得重,虽然能富贵一时,往往后果不好;看得淡泊一些,虽然平平淡淡,反而一生平安。所以清官文化理念中"清廉"的品格,要求为官的克制贪欲,这既是一种道德操守,更是一种人生智慧。如果我们这样做了，不仅提高了自身的德行，也会给自己带来长久的平安，何乐而不为也？

（二）如何做到清明

要做一个清官，除了清廉，第二个要求就是要做到清明，如何做到清明呢？我觉得就是要像独角兽那样能识善恶忠奸，能辨是非曲直，做到清平公正，这中间关键要解决的是态度问题。

《荀子·不苟》篇里有句话叫"公生明"。这句话告诉了我们做到清明的方法。按照我的理解，就是一个人为官首先要有一颗公心，才能产生明察。古人所谓"以天下为己任"、"天下为公"；范仲淹"先天下之忧而忧，后天下之乐而乐"；毛泽东同志倡导的"为人民服务"；党的十八大报告要求"清廉、为民、务实"，都是要求为官要有一颗公心，一颗为民之心。只有这样，遇到问题难题，才能开动脑筋、克服困难，明辨是非。

举一个例子来说明"公"这种态度的重要。

三国时期，吴国人张举在任句章县县令的时候，治下有民房起火，丈夫被烧死。亲属怀疑是死者妻子害死丈夫，然后纵火毁灭证据，便告到县衙，死者之妻拒不承认。张举立即到现场进行勘察，发现房屋已是一地灰烬，死者尸体也被烧焦，无从查验，本可以意外火灾致人死亡结案。但是张举并没有打消自己内心的疑虑，而是检验了死者的口腔，然后问死者的妻子："你说你的丈夫是失火被烧死的?""是的，大人。"这个妇女连忙点头。张举突然脸一沉，说："胡说！你丈夫根本不是失火烧死的！"女子竭力辩解，"我丈夫确实是被火烧死的呀！请大人明鉴。"

张举严肃地说："凡是被火烧死的人，因为死前被烟熏被火烤，呛得喘不过气来，迫于呼吸，口中势必吸进灰尘，而你丈夫口中一点灰尘也没有，怎么会是失火烧死的呢？肯定是被人杀死后放火烧焦的！"说完，就叫人取来两头活猪，杀死其中的一头，然后堆起木柴，将活猪和死猪同时放到柴火里烧。最后取出两头烧焦的猪来对比，发现活猪口中有很多灰尘，而死猪口中却没有。张举指了指口中没有灰的猪，厉声逼问死者妻子道："你看看这个证据，还不如实招来？"妻子见状，只好招供自己先谋杀亲夫、再纵火烧房的真相。①

这样的案件，如果遇到一个没有公心的官员，很可能就草率结案。因为没有证据，被害人家属也拿他没有办法，打不出喷嚏。只有在公心的支撑下，官员的清明品格才会被激发出来，"有条件要上，没有条件创造条件也要上"。真正做到明察秋毫，匡扶正义。

（三）如何做到清正

前面我们讲了如何做到清廉、清明。那如何才能做到清正呢？

古人说："舍得一身剐，敢把皇帝拉下马。"海瑞为什么敢冒死上书？那是把求生之欲看淡了，才有这份勇气；历史上很多清官宁愿不要乌纱帽，也要顶住压力、坚持原则，那是把权势之欲看淡了，才有这份担当。所以，要做到清正，关键在人格。

"海纳百川有容乃大；壁立千仞无欲则刚。"这是林则徐任两广总督，查禁鸦片时期，曾在自己的府衙写的一副对联。

私欲太多，就做不到清正。人要生活下去，就会有各种各样的"欲"。但是，凡事总要有个尺度。欲望多了，往往被物欲、色欲、权势欲、名利欲等迷住心窍，难以做到刚正。有这么一个故事，在一桩案件中，原告为了打赢官司，给县官大老爷送了五两银子；被告为了打赢官

---

① （五代）和凝：《疑狱集》，"张举烧猪"。

司，给县官大老爷送了十两银子。开庭审理时，原告一说话，县太爷就说："你不老实，给我大刑伺候。"原告心想，我给他送了礼，怎么还要打我呢？于是举手叉开五指说："老爷，我可是有理（礼）的呀！"一语双关，意思是我可是给你送了五两银子的礼的，怎么还打我呀！没想到县太爷也伸开五指，先用手心指着原告，再翻一下掌，用手背指着被告，说："你有理（礼），他比你更有理（礼）。给我打！"暗含的意思就是你才送五两为礼，人家可比你翻了一倍。这个县官为物欲所奴役，自然也做不到公正了。一个为官之人被这样的欲或那样的欲所控制，就难以做到清正。

一个人只有能克制自己的私欲，才能像孟子说的那样："富贵不能淫，贫贱不能移，威武不能屈，此之谓大丈夫。"[①]有了这样的大丈夫人格，才能真正做到为官清正。

传统法文化中的清官理念，是受什么样的思想影响形成的呢？

话说有一个白字先生，教书时老读错别字。死后来阎王殿报道。阎王说："你这人呐，生前老念错别字，误人子弟，下辈子罚你做狗。"该先生听了，高兴地说："好哇好哇！做狗好哇！只求大王罚我做一条母狗。"阎王纳闷了，问他："为啥要当母狗呢？"该先生说："儒家圣贤教导说：'临财母狗得，临难母狗免'呀！意思是遇到财富荣誉，母狗就能得到；遇到困难灾难，母狗就能幸免，只享受权利，不承担义务，岂不妙哉！"原来，儒家经典《礼记·曲礼》中有"临财毋苟得，临难毋苟免"的经义，这白字先生死了还要读错别字。

儒家的这条经义，后来直接演化为"为吏之道"，也就是当官的标准，叫作："临财见利，勿取苟富；临难见死，勿取苟免。"意思是遇到财富荣誉，不要苟且得到；遇到困难，也不能苟且逃避。"毋苟得"是一种名利

观，指的就是"清廉"的文化品格；"毋苟免"是一种困难观，指的就是"清明"、"清正"的文化品格。由此可见，清官的文化理念主要是受了儒家思想的影响而形成的，对今天的廉政建设也很有借鉴意义。

首先是反对苟得。什么是"苟得"呢？贪污受贿，捞取物质利益是苟得，这个好理解。有的官员借助权利去捞取一些精神利益，其实也是一种苟得。不好好干自己的本行，还要去捞各种各样的名头，如博士学位呀，博士后头衔呀，教授、博导呀，院士呀，如此等等。什么都想得，结果什么都没干好。说个过去的例子，民国有个军阀叫张宗昌，1925年担任山东省省长。好好当你的官就对了，结果他偏要去写诗，还请了清末一位状元王寿彭来做他的老师，还出版了一本诗集，叫《效坤诗钞》。里面都是些什么诗呢？比如写泰山：

远看泰山黑乎乎，
上头细来下头粗。
有朝一日翻过来，
下头细来上头粗。

看到下雪，又写一首，说：

什么东西天上飞，
东一堆来西一堆。
想是玉帝盖金殿，
筛石灰啊筛石灰。

有了权力，还想去戴顶诗人的桂冠。这与其说是在写诗，不如说是遗臭万年。这就是"苟得"的结果。

其次是反对苟免。遇到困难就推，碰到灾难就躲。比方说我是一个警察，看到有人打架斗殴，就把警服一脱，绕道走了，就叫"苟免"。

其实考察一个官员很简单，不要用那些假大空的指标来考察，更不能用填表格的形式来考察，估计用处不会太大。关键就看他对财富荣誉和困难灾难，是什么态度。有这么一个故事，说某甲喜欢贪小便宜，凡是有人从他家门过路，他都要想法揩点油。你要是买葱从他家路过，他就死皮赖脸拿几根葱；你要买水果从他家门过路，他就要拿几个水果，那真是雁过拔毛呀。一天，几个哥们儿想戏耍他，拿了一件东西又从他家路过。某甲本想上去揩油，一看人家抱着一块石头，没法占便宜。正在郁闷之时，他突然灵机一动、福至心灵，"咚咚咚"跑进厨房，拿了一把菜刀出来，在别人石头上"哗哗哗"磨了几下，心里终于舒坦了。像这种人，属于典型的苟得之人。

这个故事告诉我们，对苟得、苟免之人，一定要慎用，甚至不用。这样来选拔干部，对保障干部队伍的廉洁性必将有极大的帮助。

综合而言，传统法文化中的清官理念，主要有三重品格：对待财富荣誉要"清廉"，对待工作中的困难要"清明"，对待人为压力要"清正"。这些文化元素，对提高新时代干部队伍的道德修养和法治意识，推进廉政建设，仍然是极具借鉴意义的。

礼　让

　　当您在乘坐电梯时，一定会碰到过你还没出电梯，就有一大堆人往里挤的镜头；当您在红绿灯前时，肯定会看到一些硬闯红灯的行人；当您在斑马线上，也会看到一些不避让行人的车辆。现在人们的生活节奏是越来越快，来去匆匆，个个都在争先恐后，争分夺秒，怎一个"争"字了得！今天，我来讲传统法文化中的"礼让"理念。

　　"礼"是中华文化的主要特征之一，传统社会就是礼法社会。在日常生活中，"礼"可以说是无时无处不在。比如约定俗成的规矩叫"礼节"，结婚的仪式叫"婚礼"，燃放的焰火叫"礼花"，相互赠送的东西叫"礼物"。谁敢用咸猪手随便去摸女孩的手，叫"非礼"，如此等等。

　　儒家认为"礼之用，和为贵"①。礼的用处，就是要建立"和"的社会秩序。人与人之间，互不相让，能和谐吗？人在利益面前，你争我抢，能和谐吗？等车候船，大家都不排队，能和谐吗？答案当然是：不能。所以只有懂得谦让，才能达到"和"的境界。因此谦让是礼的核心，依礼而进行谦让就叫"礼让"。几千年传承不息，形成特殊的礼让文化。

----

　　① 《论语·学而》。

说过去有一对夫妇，特别讲礼，与别人打交道，总是拱手为礼，让别人先走；两口子出门，也拱手为礼，让对方先走，颇有西方人"女士优先"的绅士风度。后来，老婆怀上了小孩，可总也生不下来。一怀就是几十年，终于临盆，生下一对双胞胎。哥儿俩须发皆白，垂垂老矣，各自向对方抱拳施礼，口中念念不绝："您先请，您先请！"原来这哥儿俩都很谦让，要让对方先出生。结果推来推去，在娘胎里就已经长老了。

这个故事说明，在传统社会礼让已浸透在生活的方方面面，以致成了繁文缛节。

一、礼让是传统社会一种文化

由于人人在言谈举止中都要讲礼让，传统社会中礼让成为一种文化。

（一）对"人"的礼让

生活细节中对人的礼让，在古代法律也做了硬性规定。唐朝有个《仪制令》规定：

> 行路，贱避贵，来避去，少避老，轻避重，违者笞五十。

走在路上，卑贱的人要给高贵的人让路，来的人要给去的人让路，年轻的要给年长的让路，负担轻的要给负担重的让路，违背者打五十下屁股。

由于礼让是法律的硬性规定，大家不得不执行。久而久之，便蔚然成风。过去民间有一种礼，叫作"乡饮酒"，充分体现了礼让精神。谁家办喜事，要派一个知客司去门外的岔路口接待来的客人。现在也有迎宾小姐，时代不同，这样的重任就落到了女子那柔弱的肩上了。知客司先拱手作揖为礼，同时说几句吉利话：客人是骑马来的，就夸他"威风"；客人是坐轿来的，就赞他"舒坦"；客人是走路来的，就说他"逍遥"。结果有人为了抬杠，说"我是爬来的"，看你说什么奉承话。没想到知客司说："稳重啊稳重！"然后回转身来，陪着客人往里走。客在前，自己在后。遇到门槛、阶梯什么的，知客司要赶紧跑在前面，对着客人作揖打躬，之后转身再走。所以又叫"揖让周旋之礼"，体现的就是主人对客人的礼让。著名文化大师林语堂曾调侃地说：中国文化比西方文化强的，就在这拱手为礼上。西方人握手为礼，容易传染疾病；中国人拱手为礼，"乃卫生之道也"。

那么，传统社会的礼让文化，是不是仅仅在这些生活细节上才提倡谦让呢？不是，它还有更重要的内涵。

（二）对名利的礼让

俗话说，人生在世，无外乎名利二字。《史记》中有这样的说法："天下熙熙，皆为利来；天下攘攘，皆为利往。"[①] 对物质利益的追求，是人的本性。然而在传统礼让文化的熏陶下，有些人在金钱财富面前也能保持谦让不争的态度，实在令人佩服。

大家最熟悉的就是"孔融让梨"。这应该得益于《三字经》的宣传：

---

① 《史记·货殖列传》。

"融四岁，能让梨。"我讲一个大家可能不熟悉的例子。

　　春秋时期，齐国有一对好朋友，一个叫管仲，另外一个叫鲍叔牙，两人合伙做生意。管仲家里很穷，又要奉养母亲，出力。鲍叔牙家境好，出钱。二人共同经营，赚了钱以后，管仲却拿的比鲍叔牙还多。鲍叔牙的仆人看了就说："这个管仲真奇怪，只出力不出钱，我们主人既出力又出钱，结果分钱的时候他还拿得多！"鲍叔牙却对仆人说："不可以这么说！管仲家里穷又要奉养母亲，多拿一点没有关系的。"在鲍叔牙的理解、帮助之下，最后管仲做了齐国的国相，成为历史上著名的改革家。后来人们常常用"管鲍之交"，来形容朋友之间亲密无间的关系。

管鲍分金亭

　　名主要指的是非物质财富，如名誉、权势、功劳等。我们知道官场上有个潜规则，那就是能上不能下，很少有人能在权势名誉面前做到谦让。但在礼让文化的熏陶下，也有让名、让贤、让权的。西汉陈平、周勃就是典型。

　　吕后去世后，丞相陈平、太尉周勃等老臣发动政变，平定诸吕叛乱，迎立汉文帝继位。

一天，汉文帝上殿，发现陈平没上朝。他问道："陈平为何不来？"

周勃为他请假说道："他生病了。"

退朝后，汉文帝去探望陈平。结果陈平在家躺着正在看书，见汉文帝来慌忙起身行礼，自称死罪。原来陈平并没有病，是装病。他为什么要装病呢？他不想当丞相，要把相位让给周勃。他说："高祖在时，周勃的功劳不如我。诛灭诸吕时，我的功劳不如太尉。所以我愿意把相位让给他，请皇上恩准。"

文帝见陈平说得诚恳，便同意他的请求，任命周勃为右丞相，位居第一；任陈平为左丞相，位居第二。

一天上朝时，文帝问右丞相周勃："现在一天的时间里，全国被判刑的有多少人？"周勃说不知道。文帝又问："全国一年的钱粮收入支出有多少？"周勃还是回答不上来，急得满头大汗。

文帝看周勃答不出来，就问陈平："陈丞相，那你说呢？"陈平不慌不忙地回答说："这些事应该去问主管官吏。"

文帝问："那么谁负责管理这些事呢？"

陈平回答："陛下要问被判刑的人数，应该去找廷尉；要问钱粮的出入，应该找治粟内史。"

文帝有些不高兴，脸色沉下来说道："既然什么事都各有主管，那么丞相应该管什么呢？"

陈平毫不犹豫地回答："每个人的能力是有限的，不能事无巨细，事必躬亲。丞相的职责是上能辅佐皇帝，下能调理万事；对外能镇抚四夷、诸侯，对内能安定百姓。丞相还要管理大臣，使每个大臣能尽到自己的责任。"陈平回答得有条不紊，文帝听了觉得有道理，连连点头，露出满意的笑容。

站在一边的周勃如释重负，十分佩服陈平能言善辩，辅政有方，深感自己是个武夫，才干在陈平之下。还是应该让陈平做丞相。于是周勃也假称有病，向文帝提出辞呈。

汉文帝非常理解周勃的心情，批准了周勃的辞呈，任命陈平为丞相（不再设左右丞相）。陈平辅佐文帝，励精图治，促成了汉朝中兴。

由于礼让的行为举止遍及于传统社会的方方面面，中华民族逐渐形成谦让不争的民族性格。全国有很多地方，甚至以礼让作为地名，如"礼让乡"、"礼让镇"。民间关于礼让的谚语、格言更是不可胜数："忍一时风平浪静，退一步海阔天空。""让人不是痴汉，痴汉不会让人。"

二、礼让的文化价值与现实意义

朋友们或许会担心：现在是个竞争的时代。"时间就是金钱，效率就是生命。"你讲礼让，上班、下班坐得上地铁吗？你讲礼让，能评得上职称、升得了级吗？礼让文化是不是过时了呢？

礼让作为中国传统优秀文化之一，对今天是很有借鉴价值的。

（一）美化社会风俗

现实生活中，一些公共场所的社会秩序，确实令人担忧。

仅以坐公交车为例来分析，常常看到的是，车里的人还没下来，车外的人就拼命往里挤，以致拥挤不堪。重庆有句谚语，叫作"坐公交须过三国：越栏，估扒，挤累压"。

挤上车后，遇到老年人、孕妇、抱小孩的，是不是该让让座呀？这道理，你去问一百个人，估计一百个人嘴上都会赞同。但在实际生活中，有些人却不会这样去做。他们会想，俺上了一天班，累得跟狗似的，凭啥让？有的想，本美女穿的高跟鞋，站着太累，怎么让？我曾看到报上新闻，一位时尚女性抱了一条哈巴狗坐车，一人一狗占了两个位置。售票员叫她把狗占的位置让给一位老人。没想到该人冒出一句："我的幺儿是买了票的。"

传统礼让文化中的四避"贱避贵，来避去，少避老，轻避重"原则，对改善这种种混乱状况，应该有所帮助。按照"来避去"的原则，下车、出电梯的人就是"去"，来坐车、坐电梯的人叫"来"，来的应该为去的让路。按照"少避老，轻避重"的原则，在公共汽车或其他公共场所，就应该给老年人、孕妇等弱者进行礼让。大力提倡这样的文化，久而久之，能够起到移风易俗的作用。

（二）提升人格品德

礼让是一种君子人格。一个讲礼让的人，别人就会说你品德好，能得到社会的尊重。

孔子就说："文质彬彬，然后君子。"① 在生活细节上，懂得以谦让之礼待人的，叫彬彬有礼，能成为谦谦君子。歌德是德国 18 世纪到 19 世纪的伟大诗人。一天，他在韦玛公园里散步，在一条只能通过一个人的小道上，迎面遇见对他的作品进行过尖锐批评的批评家。这位批评家高声喊道："我从来不给傻子让路！"歌德一边满面笑容地让在一旁，一边说："我恰恰相反！"在这一争一让之间，品德的高下立马显露出来。

有个人性情很犟，从不让人。一天家里来了客人，他叫儿子去买酒买肉来招待，自己陪着客人聊天。左等右等儿子都不回来，这人就去寻

① 《论语·雍也》。

161

找，发现儿子拿着酒肉，在城门口与一个扛竹竿的人对站，互不相让，看来是有遗传。老子对儿子说："你赶快把酒肉拿回家待客，让我在这儿与他对站。"这样的人，恐怕很难成为谦谦君子啰！

在功劳荣誉面前也能做到谦让的，不去自夸邀功，别人更会佩服你。东汉初年有位将军叫冯异，是光武帝刘秀的得力干将。他既有文才，也长于武略，战功卓著，在云台二十八将中排名第七。每当征战间隙，将官们常常聚在一起聊天，话题无非是自述战功，胡吹乱侃。每当众将争功论能之时，冯异总是一个人默默地躲到大树下面。于是，士兵们便给他起了个"大树将军"的雅号。后来人们常常用"大树将军"来指代那些不居功自傲的将领。

（三）激发人生智慧

礼让是一种不争善胜的智慧。一个讲礼让的人，短时期可能会有所失；长时期来看，反而能得到更多的实惠。

传说老子的老师叫商容，临终时，老子前去探望。

老子握住商大师的手说："老师，你还有什么要嘱咐弟子的吗？"

商容淡淡一笑，回答道："你来看，我口中的牙和舌头还好吗？"

老子将身子探上前去，眼光聚集于常大师的口中。边观察边叹道："舌头还好，牙齿掉光了！"

商大师道："你知道其中的原因吗？"

老子随口说道："坚硬的东西往往易遭摧折，而柔软的东西反而获得长生。"

商大师露出满意而天真的笑："是啊，这天下的理就全包含在这里了。"说完，大师含笑离去。

所以道家始祖老子特别强调阴柔一面的用处。在争与让之间，道家认为让是一种"不争善胜"的智慧；过分地争，反而会带来灾难。据《襄阳晚报》报道，某地电梯限乘 13 人，却挤了 18 个人，工作人员喊了半天，大家都争先恐后、互不相让，没人肯下来。结果，电梯直接从 1 楼下坠到负一楼，18 人全部被困。都是不讲礼让惹的祸。

反之，礼让不争却会得到好处。《道德经》第七章中说："后其身而身先，外其身而身存。非以其无私耶？故能成其私。"有好处大家都去追，某人却远远掉在后面不去追；有利益大家都扎堆去争，某人却置身事外不关心，你以为他这样做是没有私心吗？非也。恰恰是这种做法，能成就他的私心。话说一县官怕老婆，召集全县怕老婆的人举行比赛，宣布凡怕老婆的都往左边站。大家轰然向左拥挤，唯独一人站在原地不动。县官问他为啥？答："早上出门老婆有交代，不要往人多的地方去。"于是怕老婆奖就发给他了。这个不争的人，反而得到了好处。

善于退让，表面看起来会失去某些应有的利益，反而会得到更多的利益，这叫"吃小亏占大便宜"。为什么呢？第一是不树敌，能获得更加良好的人际关系，干起事来，能减少别人的人为阻碍；第二是能够得到更多的支持，得道多助。比如一个官位，两派去争，上面一看，给了这一派，那一派会不服；给了那一派，这一派会跳高，干脆都不给，而给派性之外的没有参加争斗的人。所以谦让不争并不是真的不争，而是一种更大的争。

现在是个竞争的时代，讲竞争是对的，但竞争和礼让是相互补充的。"竞"在古汉语中写作"競"，意为两个级别相同的对象进行争斗，才是竞争，也就是有了公平才有竞争。大人和小孩争，官与民争，男与女争，就不能叫竞争，只能叫争夺，所以有"大人不计小人过"、"好男不与女斗"等说法。

什么是礼让？就是依礼而让，不是无条件的退让。所谓"人不犯我，我不犯人；人若犯我，礼让三分；人再犯我，我还一针；人还犯我，斩草除根"。

因而只知道竞争，等于一条腿走路。在竞争的同时也懂得礼让，才是两条腿走，能帮助你走得更远、走得更高。读者朋友们，以为如何呢？

三、礼让和纷争——传统无讼文化

当你碰到生活中的纠纷时，该怎么办？恐怕有大部分人首先想到的是，拿起法律的武器，到法院打官司，这是法律意识提高的表现。

我曾经看过一个法治节目，说某地发生一桩案件。张三家的小牛丢了，后来在李四家发现了，李四不承认。张三就说用经验来解决，把自家的母牛牵来，看小牛跟不跟母牛走。结果小牛跟着母牛走了，牛就是张三家的，但李四不同意，最后官司打到法院。小牛跟不跟母牛走只是民间经验，不能作为证据使用，需要到某医疗机构做 DNA 亲子鉴定，光鉴定费就在 6000 元以上，远远超过了牛本身的价值。

生活中像这种小事情很多，人与人之间难免会有误会、矛盾和磕磕绊绊。对待这样的问题，除了诉诸法律，是不是还有另外的解决方法呢？

大家熟悉一个古人，叫好好先生。历史上真有其人，就是《三国演义》中的司马徽，人称水镜先生，是东汉末年一位善于识拔人才的著名学者。有一次，邻居走失了一头猪，看见司马家的猪和他走失的猪很相似，就误认为是他家的。司马徽并不争辩，说："是你的你就拿去。"邻居便毫不客气地把猪赶回家。过了几天，邻人从别处找到了自己的猪，很抱愧地把误认的猪送还给司马徽。司马徽不但没责备他，反而说邻里间发生这类误会并不奇怪，还赞扬他懂道理、知错能改。邻居听了十分感动。①

同样的事情放在不同的人身上，处理方法完全不同。处理方法不同，产生的效果肯定也不同。张三跟李四经过这场官司，虽然事情弄清楚了，可是他们以后也很难和睦相处了。司马徽和邻居经过这件事之后，反而更加和睦。

司马徽对纷争也能保持谦让的态度，这是礼让的又一种形态。前面我们讲到礼让，是对人、对名利的谦让，其实传统文化的礼让，还包括对纷争的礼让。对纷争的礼让，用学术界表达，叫作"无讼"，又叫"息诉"；用老百姓的话来说，就是不喜欢打官司。

古代的诉讼大致可分为两种："狱"、"讼"。"罪名相告谓之狱"，相当于今天的刑事诉讼；"财货相争谓之讼"，相当于今天的民事诉讼。如田宅、户婚、债务、地租、邻里相争等一切小事，叫作"民间细故"。对于狱，被害人或被害人家属必须强制告发，绝不言退。对于讼，则不

---

① 《艺文类聚》卷九十四，引《董正别传》。

愿诉诸官府解决，不愿斤斤计较。可见古代的法律观念是有所争有所不争，有所告有所不告，是相互配套的。不能简单地批评古人法律意识低下。"无讼"指的是不喜欢打民事官司，而不是所有的诉讼。我们今天所说的民事诉讼，在过去，基本上都会用无讼的态度来对待。

这种事在古代很多，我们来讲一个相邻权纠纷。

明代官员杨翥，官至礼部尚书。他的邻居遇下雨天，便将自家院中积水排放进杨翥家中，使杨家受脏水潮湿之苦，家人告知杨翥，他却劝解家人："总是晴天干燥的时日多，落雨的日子少。"

杨翥后来居住在京城，喜欢骑驴代步。他对驴子特别偏爱，每天上朝回家，总是亲自给驴子喂饲料，为驴子擦洗梳理，跟宝贝似的。可邻居是一位老头，快六十岁的时候生了个儿子，老来得子自然倍加疼爱。但这个孩子一听到杨翥的驴子叫就哭个不停，饮食也明显减少，搞得全家人都不得安宁。可杨翥是地位显贵的大官，这家人也不敢向杨翥说这个事。眼看那孩子一天天的消瘦下去，父母伤透了脑筋，最后还是把这件事和杨翥说了。杨翥听后二话没说，忍痛把自己心爱的驴子卖了，外出或上朝都靠步行。

由于杨翥处处与人为善，久而久之，邻居们被他感动。有一年，一伙贼人密谋抢杨家财宝，邻人们得知后，主动组织起来，帮杨家守夜防贼，使得杨家免去一场灾祸。①

从这些小故事中，我们可以看到古人对待纠纷的一种态度。人们对于民事纠纷，通常都不愿意去打官司，当然一方面是不愿意去，另一方面也有可能是不敢去。为什么这么说呢？

因为如果对纠纷不依不饶，直接到官府去打官司的，不但打不了官司，反而官司要打你，打你的屁股，打六十下。

———————————
① （明）王锜：《寓圃杂记》。

明朝皇帝朱元璋在《教民榜文》中规定，民事纠纷不经调解而直接到官府告状的叫"越诉"，当事人要打六十下屁股，"不问虚实，先将告人杖断六十，仍发里甲老人量断。"先回去叫里甲有威信的老人进行调解。也就是说遇到纠纷先不调解，直接就去打官司的，不问对错，先打六十大板。所以遇到纠纷要先调解，在明朝还在民间设置了专门的调解机构设施——申明亭。

申明亭里的民间调解，之所以能够化解纠纷，是有制度上的保障的。

首先，民间调解可以采用强制手段。遇到拒绝不来的，要派人强行押来，相当于现在法院的拘传；调解时，遇到蛮不讲理的当事人，可用竹篦责打，增强调处的威慑力，提高调解的成功率。所谓不见棺材不掉泪，不来点狠的，斯斯文文，郁郁乎文哉，恐怕很难搞成事儿。今天的民间调解双方自愿、强调说服教育，其成功率较低，估计原因就在这儿。

其次，民间调解的结论有约束力。通过调解，当事人同意的，记入"和簿"。"和簿"相当于现在的调解协议书，但又有不同。今天的调解协议，如果一方当事人反悔，可以向人民法院起诉。"和簿"就不同了，一旦形成，当事人不得反悔，这恐怕是以前很多民事纠纷能在基层得以化解的重要原因。

民间纠纷在基层就能得以化解，使得大量的纠纷不至于流入官府，这就为无讼文化的形成提供了制度保障。

民间调解虽然能消化众多民事纠纷，但总有消化不了的。当在申明亭里调解失败，这个时候又该怎么办呢？

因为已经经过调解了，现在去官府打官司，就不会被打屁股了。但要在农闲时去（农历十月初一以后，到次年二月初一以前），农忙时不能去，这叫"务限法"。

对诉来官府的案件，办案官吏多用调解之法解决，与当今法院的诉讼调解相似，做到案结事了，追求法律效果与社会效果的统一。具体做法多种多样，有的执法官，为化解纠纷，不时采用一些出人意表的妙法。

清代知县陆陇其遇一兄弟争讼案，审理之前，"但令兄弟互呼"，不到五十遍，两人便主动请求撤诉。但陆还是写了判词决案，曰："夫同气同声，莫如兄弟，而乃竟以身外之财产，伤骨肉之至情，其愚真不可及也。"判令财产由兄长掌管，弟弟予以协助。① 官府常用调解的办法来解决民事纠纷，这就为无讼文化的形成提供了司法支持。

依照我们现代人的思维，按照"依法办事"的原则，到官府打官司没什么不对啊，甚至为一元钱也要把对方告上法庭。那么，为什么古今人们对诉讼的看法会大不相同呢？其中有什么思想奥秘呢？

之所以在传统社会中能形成牢固的无讼观念，我觉得主要是受了儒家思想的影响。

儒家经典《周易》"讼卦第六"："讼，有孚窒惕，中吉，终凶。"意思是人在遇到利益纠纷时，最好能忍气吞声、小心谨慎。如果非要打官司不可，尽量保持平和的心态，做到"中"，不偏不倚，方呈吉祥；如果追求过度，则成"凶"兆。

《易经》中将打官司视为不吉利之事，这样的观念，在孔子那里得到了进一步的发扬。"子曰：'听讼，吾犹人也，必也使无讼乎。'"② "听"为审理之义。孔子的意思是，审理民事财产案件，我和别人差不多。但我的追求是让人们不要为财产争议来打官司。

孔子这样的思想在后来得到了一以贯之的流传，在这样的思想教育

---

① 《陆稼书判牍·兄弟争产之妙判》。
② 《论语·颜渊》。

环境中，古人把无讼当作是一种人生态度和生活智慧。往往认为，喜欢打官司会得不偿失。在相对封闭的农业社会，老百姓被固定在某一片土地上，一辈子生于斯、长于斯、老于斯，很少外迁，人与人之间真正是抬头不见低头见。动不动就打官司，别人就会把你当作"健讼之徒"、"讼棍"，喜欢挑弄是非的人；就算官司打赢了，但和谐的人际关系也会打破，遇到事情很难得到别人的帮助，是不划算的亏本买卖。《易经·象传》中说"以讼受服，亦不足敬也"。就算通过争讼而得到了利益，也并不让人佩服。

有这么一个故事：新年将至，父谓诸子，各作一句吉利话写成春联。大儿曰："新年好。"二儿曰："烦恼少。"三儿曰："不得打官司。"竖写成联贴于门墙。邻人读之："新年好烦恼，少不得打官司。"[①] 莫不大笑，认为这家人真是脑子进水了，居然喜欢打官司。由此可见，无讼的观念在民众心目中是非常牢固的。

前面我们讲了无讼文化的内涵和形成的原因，或许朋友们会问：这都是以前的老皇历了，跟我们今天有什么关系呢？应该说这种文化基因已经深深流淌在我们中华民族的血液中。

（一）发扬社会美德

无讼作为一种传统文化，在今天一些人身上还有所体现，对弘扬社会道德将起到不可低估的示范作用。

据报道，2011年8月，安徽合肥市磨店社区沿河村74岁老太李家珍带着孙女赶集回来，搭乘同村刘士圣女士的电动三轮车。路上因避让摩托车，三轮车翻车。刘女士赶紧将伤势最重的李家珍送到肥东县医院

---

① 冯梦龙：《笑府》。

抢救。随后，刘士圣丈夫李道元赶到医院，从兜儿里掏出"厚厚的一叠钱"，但李家珍的儿媳李孝香死活不收。李家珍老太于第二天去世。其间，刘士圣家里先后4次送来赔偿金，都被一一挡回。

李孝香说："收了人家的钱，我心里有负担，人家是好心（指刘士圣开车载其婆婆和女儿），第一时间打了120，又把婆婆送到了医院，已经很不错了。"在她看来，如果收下了钱，就意味着"刘士圣负有责任"。李孝香丈夫刘国桥在外地打工，知道消息后当时就问妻子："你没收人家钱吧？"回家处理母亲后事的他表示，"如果拿了人家的钱，外界如何评价，还有人敢做好事吗？"

这两户人家演绎的故事，惊动了当地政府，得到了政府的支持和奖励。经过微博传播之后，也令众多网友感动不已。

李、刘两家的举动，其实展示了无讼文化中的优良品质，为发扬社会美德树立了榜样。我们大胆设想一下，遇到这样的事情，假如一方要维护自己的权益，依法向对方索要人身损害赔偿，这样做也能得到法律的支持；另一方则以做好事为由，是道德义举，拒不支付赔偿，但在法律上很可能得不到支持。一旦双方对簿公堂，法律与道德的冲突就会出现，人间温情将荡然无存。

（二）缓解司法压力

今天，我们把传统的"无讼"观念视为法律意识低下的表现，把通过法律途径解决纠纷（说白了就是打官司）视为法律意识提高的表现，自然有他合理的一面，但过分地夸大，就会走上"健讼"的道路。从目前的司法状况来看，诉讼已成爆炸之势，有的人甚至为一元钱也要到法院去打官司，法院已经不堪重负，正危及当今和谐社会的构建。

我个人认为，为了缓解司法压力，可以借鉴与无讼文化配套的申明亭制度，来完善现有的调解制度。现在的人民调解制度，与过去的申明亭调解既有继承，也有不同。过去调解，一旦达成协议，双方不能反悔，矛盾到此了结。现在的调解，达成协议后，如果当事人对"调解协议的履行或者调解协议的内容发生争议"，还可以向人民法院起诉。旧的矛盾没解决，新的官司又开始了。现有调解制度如果能借鉴传统调解中的合理因素，提高调解协议的法律效力，必将为化解社会矛盾、促进社会和谐作出更大的贡献。

同时当我们面对纠纷，想一想古人的"无讼"，或许就不会过分地纠结，要像"对眼治病——尽量看开些"。当我们把无讼当作一种生活态度和人生智慧，我们就不会为鸡毛蒜皮的事，动不动就拿起法律的武器，告到法院去；这样做，我们就能少一些烦恼而得到心灵的解放，获取更多走向成功的机会。

唐朝有位著名的僧人布袋和尚，我们常说的弥勒佛，就是他的化身。他的一首诗很值得回味。我想用这首诗来结束今天的讲述：

手把青秧插满田，低头便见谁中天。
心地清净方为道，退步原来是向前。

廉　耻

先给大家讲一个故事。有个人被官府押着游街示众。邻居看见了，问他："为啥要押你游街呢?"那人说："不就是在大路上捡了根绳子嘛!"邻居说："捡根绳子就要游街示众，怎么可能呢?"那人说："没想到绳子那头，还拴着一头牛。"

一个盗贼，在真相面前还要百般狡辩，完全是没脸没皮，这叫什么? 这就叫没有廉耻。这个时代，不顾廉耻的人越来越多。我们来讲传统法文化中的廉耻理念。

古人说："礼义廉耻，国之四维。"① 礼义廉耻，是维系国家统治的四大支柱。廉和耻本来各有各的特定含义，廉指人对物质财富能保持不贪婪的态度;耻指人对错误言行而感到羞愧的心态。但是后来，人们习惯把廉和耻合起来叫，说一个人没有廉耻等于说一个人不知耻。所以讲廉耻，实际讲的一个字:耻。

《说文》中说："耻，辱也。从心，耳声。"意思是，耻就是辱。左边一个"耳"字旁，指一个人耳朵里听到别人对自己有不好的评价，而

① 《五代史·冯道传·论曰》。

觉到无地自容；右边是个"心"字，指一个人有了不当的言行，会从自己内心感到羞辱。朱熹对此解说道："知耻是由内心以生，闻过是得之于外。"①

廉耻是做人的根本，是最低的道德底线。一个有廉耻之心的人，干了坏事、丑事，就会感到羞愧、恐慌，要么想办法掩盖，要么想办法改正。如果没有廉耻之心，干了坏事、丑事，就不会脸红、恐慌，也用不着去掩盖，一切都无所谓了。正像流行歌曲唱的那样："我无所谓，管它错与对；我无所谓，管它是与非。"当然更谈不上想办法去改正了。孟子说："无羞恶之心，非人也。"一个人如果不为自己干的丑恶行径而感到羞愧和厌恶，那他就不算是个人，基本上与动物差不多了。比如大家都见过狗，它们就是见一个就爱一个，今天和这条狗好，明天又和另一条狗好，从不遮遮掩掩，也不会脸红。当然狗脸不脸红，我们也看不见，反正有毛挡着。几千年前是这样，几千年后还是这样，所以它们永远都只能是狗。为什么呢？因为它们不懂得廉耻。因此，廉耻是人区别于禽兽最基本的界线。

传统社会重视礼义廉耻教育，从而形成了独特的廉耻文化，国外学者称它为"耻感文化"，所以廉耻的观念深入人心。不但一般的人特别在意有无廉耻，就连土匪强盗这帮恶人，哪怕他们无视礼义国法，但对有没有廉耻，也特别在乎。

明朝著名思想家王阳明，他主张人人都有知耻的良知。有一天，他和一帮行人被盗匪绑架了。当盗匪知道他是阳明先生后，就说："您不是说人人都有良知吗？那我们这群盗贼有良知吗？"王先生回答说："有。"盗匪说："如果您真能证明我们也有良知，就把你们全放了。"王先生说："那你们就得先按我说的做。"盗匪答应后，王先生就叫他们

---

① 《朱子语类》卷九十四。

脱掉外衣，盗匪们二话不说就把外衣脱了。王先生说："请把内衣也脱了。"盗匪们也毫不犹豫地脱掉内衣，剩下最后一条裤子。王先生："请把裤子也脱了。"盗匪们说："不能再脱了。再脱就光了。"王先生说："你们也知道羞耻，就是你们的良知啊！"于是盗匪果然将他们放走了。

一、守住廉耻之心

孟子说："耻之于人大矣。"廉耻对人类社会的重要性太大了。人要有廉耻之心，追求金钱、美色、权势、荣誉，就会有个度，不至于泛滥成灾。如果没有廉耻之心，求利、求色、求官、求名就会没有度，就会不择手段。正如思想家顾炎武所说："不耻则无所不为。"[①] 人要是不知廉耻，什么坏事都干得出来。老百姓说的则是"人不要脸，百事可为"、"人不要脸，鬼都害怕"。各种社会丑态就会纷纷出笼。

（一）在财富面前

首先，给大家讲一个为了钱财不顾廉耻的真实例子。

我所供职的学校曾组织员工到国内一著名景区旅游，下山时，一帮抬滑竿的人在招揽生意："100元下山。"一些走累了的女职工嫌贵，没坐。过一会儿，又喊："50元下山。"女职工们就坐滑竿下山了。

我和保卫科长徒步下山，走到一转弯处，有人摆摊卖饮食，下梯坎处塑了一个老虎模型，看起来像下石梯台阶时的扶手。保卫科长扶了一

---

① 顾炎武：《日知录》卷十三。

下老虎，再下石梯台阶。没想到里面卖东西的人大吼，交钱。"交什么钱？""你摸了我的老虎，当然得交钱。""你没标明要收钱呀？"那人说："你转到老虎背后看看。"结果那老虎背后上刻着几个字："摸老虎一下，交钱一元。"保卫科长无奈，只好拿出一元钱交给他。我开玩笑地说："看来还真是老虎屁股摸不得哟！"

最后下到山底，看见几个女职工正在和抬滑竿的人争吵。原来女职工们下山后，给抬滑竿的 50 元钱时，抬滑竿的就说："不行，要 100 元。""你不是说好的 50 元抬下山吗？""那是说的一人 50，滑竿不得两个人抬吗？所以加起来就是 100 元。"

挣钱挣到这个份儿上，真是不顾廉耻，让别人都为他脸红。

（二）在美色面前

孔子曰过："食色，性也。"对美色的追求是人的本能，但都得有个度。所以古代有婚礼来加以约束，现在有婚姻法进行调整。但如果一个人失去了廉耻之心，婚礼、婚姻法都拿他没办法，就能做出禽兽一般的举动。

春秋时期，齐庄公去大臣崔杼家里做客，看到了崔杼老婆东郭姜，长得很漂亮，就把持不住了。于是假借关心下属之名，经常去与东郭姜沟通交流。有一次，他和东郭姜幽会之后，看到衣架上挂着崔杼的帽子，就把帽子取下来赏给随行的跟班。有个跟班对庄公说："这恐怕不妥哟！不等于把问题公开化了吗？"庄公当时就发飙了：老子是国王，怕谁呀，生气地说："没有崔杼的帽子，难道俺就没有别的帽子赏赐人了吗？"①

---

① 《春秋左传·襄公二十五年》。

所以说这位庄公，做得也太过分了，他和自己下属老婆有一腿，大家都是上下级关系，本来应该感到不好意思，至少也应该做到"悄悄地干活，打枪的不要"，他倒好，还要把崔杼帽子发给跑腿的，那意思是让天下人都知道崔杼老婆和俺庄公是情人关系。庄公做事，连表面上那层薄薄的窗户纸都不要了，这就是一点没有廉耻之心。一个国家的国君都是这个德性，下面的情况就可想而知了。

近年来有些社会现象让人匪夷所思，有的人对色的追求已经突破廉耻的底线，公开傍大款、找小三，甚至相互攀比，谁找得多、找得年轻，谁就更牛、更有面儿。有些作家搞起了"身体写作"，淋漓尽致地袒露私密空间，在网上引起巨大反响，拥有众多粉丝。如此种种，对廉耻的道德观念是巨大的冲击。

（三）在权势面前

没有廉耻，不但对金钱、美色的追求能达到疯狂的程度，对权势的追求也会走到令人厌恶的地步。

五代时有个冯道。他先在后唐当宰相，后唐被后晋灭了，又在后晋做宰相。契丹灭后晋，冯道又来投靠契丹朝的耶律德光。德光责备他几易其主、品行有问题，冯道不能对答。德光又问："为啥来向我投降？"冯道说："无城无兵，怎敢不来？"德光说："你是个什么样的老东西呀？"冯道说："我就是个无才无德，不要脸的老东西。"这种自取其辱的态度，让耶律德光的虚荣心得到了极大的满足，任命他做了太傅。契丹北撤后，他又投靠了后汉。后汉灭亡后，又投靠后周。历任五朝都不倒，当的都是高官，人称官场"不倒翁"。北宋欧阳修在《新五代史》中骂他是"无廉耻者"。

像冯道这样的政治奇葩，现在的官场虽然找不到了，但他那种所作所为、言谈举止，却是经常能看到。这个领导来巴结这个，忘记上一个；下一个领导来了，又巴结下一个，忘记这一个。在领导面前，俯首垂耳、点头哈腰、溜须拍马、阿谀奉承，无所不用其极，甚至会习惯性地说出："领导，您也亲自来上厕所啊！"这一类的话。没有人格，没有尊严。

二、知耻近乎勇

廉耻文化缺失引发的社会怪相可谓花样百出，但"办法总比困难多"。面对这样的问题，人们肯定能提出 N 种对策。但我认为，最重要的对策肯定是教育。康有为说："耻者，治教之大端。"[①]廉耻是国家教育最重要的环节。

那么加强廉耻教育有哪些重要意义呢？

（一）有助于改良社会风气

孔子说："道之以政，齐之以刑，民免而无耻；道之以德，齐之以礼，有耻且格。"[②]光用政令刑法来治理天下，老百姓就会只在乎能不能免受刑罚的制裁，却没有廉耻之心；用道德礼义去引导、教化天下，老百姓不仅会有羞耻之心，而且会自觉遵守国家法律。所以，加强廉耻教育，会激发人的良知和潜能，或改变现状，或改过自新，使自己作出更大的作为，为社会作出更多的贡献。

---

① 康有为：《孟子微》卷六。
② 《论语·为政》。

对于那些误入歧途的人，只要他们还有一颗知耻知错的良知，是可以通过廉耻教育来进行感化的，以引导他们洗心革面，改邪归正，做一个对社会有意义的人。所以朱熹就说："人须知耻，方能过而改。"① 人要是知道羞耻，有了过错才可能改正。不但如此，廉耻教育对普通公民来说，更有着净化人心、改良社会风气的作用。所谓"风俗之美，在养民知耻"。② 意思就是要美化风俗习惯，关键在于培养民众的廉耻观念。

（二）有助于传承优秀文化

孔子说："知耻近乎勇。"③ 这句话有两个关键：一是知道羞耻；二是知道什么是真正的羞耻。

有些人虽然知道羞耻，但不知道什么是真正的羞耻。往往以富贵为荣，以贫穷为耻；以地位高为荣，以地位低为耻；以名气大为荣，以名气小为耻；如此等等。一个人家里比较穷，有亲戚来了，做了几个菜，都是豆腐没有肉。吃饭时又不愿丢脸面，对亲戚说："豆腐好啊，有营养，豆腐是我的命啊！来来快请！"等他到富亲戚家做客，吃饭时专拣肉吃，亲戚说："你不说豆腐是你的命吗？今儿咋不吃了呢？"那人答道："今天见了肉，就不要命了。"这就是以贫贱为耻。其实不是真正的知耻。

南宋著名思想家陆九渊说："人惟知所贵，然后知所耻。"④ 人只有知道什么东西是真正可贵的，然后才会知道什么东西是真正可耻的。如果在可贵和可耻之间没有正确的认识，就会导致价值观的混乱。古人说耻，着眼于品格，即以品格败坏为耻，以品格高尚为荣。现在的人说

---

① 《朱子语类》卷九十四。
② 康有为：《孟子微》卷六。
③ 《礼记·中庸》。
④ 《陆九渊集》卷三二，《人不可以无耻》。

耻，注重于结果。你成功了、富贵了，你就光荣，不管你用什么手段；你失败了、贫贱了，你就可耻，不论你是出于什么情况。这一转变，就使得"廉耻文化"变成了"成败文化"，往往以成败来论荣耻，反而忽视了人的品格。

所以，可不可耻的关键在人格。物质贫穷并不可耻，用坑蒙拐骗、卖淫嫖娼去攫取财富，有了钱不孝敬父母，才是真正的可耻；地位低下并不是可耻，用趋炎附势、出卖人格的办法去获取权势，才是真正的可耻；默默无闻并不可耻，用剽窃抄袭、用下半身写作去捞取名声，才是真正的可耻；实力不强、被人轻视并不可耻，受了别人无理的侮辱还要自甘堕落，才是真正的可耻；国家积贫积弱并不可耻，受了列强的欺凌还要帮敌人摇旗呐喊，才是真正的可耻，那叫汉奸，叫不顾国耻。

俱往矣，中华民族已经崛起，我们已经一雪国耻。然而现在的社会，现在的人，因为分不清什么是真正的可耻，对廉耻这一词汇越来越淡忘了。

看到各地官员不堪入目的不雅视频，人们已经不会说"无耻"了，而会淡淡说一句："好雷"；看到"艳照门"视频，也不会说"下流"，却会说一声"剽悍"；看到一个人赤身裸体在大街上奔跑时，不会说"无聊"，而会说一声"裸奔"，如果那人还能搔首弄姿地表演出各种动作，摆几个POSE，说不定有人会发出惊叹："哇！这是艺术。"什么艺术？行为艺术！

中国文化向来以含蓄、羞涩为美，然而现在我们的传统越来越稀有了。男人对女人，追求的是秒杀；女人对男人，往往以野蛮女友自居，热情奔放而毫无收敛。文化形态越来越低俗，语言词汇越来越粗俗。

廉耻感是要用语言来强化的，是要用文化来传承的。当廉耻这一类道德名称被其他词汇所取代时，廉耻的理念就会淡忘，直到烟消云散。

因而，加强廉耻教育，正是传承中华优秀传统文化的必要手段。只有这样，我们才能上无愧于祖宗，下无愧于子孙！

侠　义

当你们听到电视连续剧《水浒传》的主题歌："水里火里一起走，生死之交一碗酒。路见不平一声吼，该出手时就出手。"一定会感到血脉贲张、荡气回肠。这是一种什么气概呢？是一种侠义的气概。所以，接下来我们来讲传统法文化中的侠义理念。

最先为狭义之士树碑立传的，是著名史学家司马迁。他在《史记》中著有《游侠列传》和《刺客列传》，讲述了十几位侠客感人的事迹。后来的文学家大都为侠客人物歌功颂德。至于民间，侠义之士是老百姓心目中的英雄，是正义的化身，侠客故事更是口耳相传、妇孺皆知。于是就形成一种人人认同的侠义文化。

侠义一词，在今天看来就是不怕死、讲哥们儿义气。在过去，侠义却有着丰富的含义。

"侠"在商周的甲骨文和金文中作"夹"（夾），后来才有现在这个"侠"字。清代著名文字学家段玉裁解释说："侠之言夹也；夹者，持也。"① 可见"侠"本有"挟持"之意。按照他这个意思理解，侠字上面一个大人，

---

① 《说文解字》段《注》引如淳言。

左右各有两个小人，就是指小人敢于对抗大人，要反抗强暴。我个人认为，还可以换个角度来理解，下面两个小人，上面一个大人，就是指大人能够庇护小人，要扶弱济贫。同时这两层含义可以互补，反抗强暴为的是扶弱济贫，扶弱济贫依赖于反抗强暴。但反抗强暴不是毫无原则地一股脑儿乱反，像李逵那样拿起板斧不分好人坏人一阵风地砍将过去，恐怕也不妥哟！因此还要用个"义"字来加以规范。

　　《礼记》："义者，宜也。"北宋理学家程颐说："顺理而行，是为义也。"即一个人的行为合乎时宜、合乎情理，就是义；不合时宜、不近情理，就是不义。比如一个恶霸正在欺负一个美女，你见了会怎样反应呢？你说我去帮恶霸共同欺负美女，也好分一杯羹哩！那就不符合常理、不合时宜，是不义之举。反之，你说我想去帮美女，但"我不是黄蓉，我不会武功"，打不过人家呀！咋办？你可以悄悄打个110嘛！至少也不要去助纣为虐嘛！这时有好汉上来飞起一脚，将恶霸踢翻在地，一顿胖揍，恶霸屁滚尿流而去；然后美女真诚答谢，好汉豪爽地说一声："不用谢！"然后大踏步而去。这就是我们心目中最标准的侠义形象。

　　所以，侠和义是不可分的，侠之义者才是侠客；侠之不义者，那只能是"瞎整"。唐朝著名政治家李德裕在《豪侠论》中说："义非侠不立，侠非义不成。"人间正义没有侠士的担当，就难以得到伸张；勇侠之人没有道义的约束，也难以成为真正的侠士。"士之任气而不知义，皆可谓之盗。"[1]那些有勇气不怕死，不顾道义，只知道提起脑袋往前冲的人，只能称之为强盗。

　　因此，侠义文化的精神，关键就在这个"义"字。主要有如下几个层次。

---

[1]　（唐）李德裕：《豪侠论》。

一、信义

重视信义是侠义文化最基本的精神。诚信作为一种道德观念，本来是人人都应当具备的品格。但侠士所提倡的信义，往往超出正常人可以想象的范围。比如我们和人打交道，应该诚实守信，但遇到自然灾害，或危及个人的生命时，无法履行诺言也是可以原谅的，在法律上也是可以免除责任的，叫作"不可抗力"。但侠士们信守承诺，是不讲条件的，"其言必信，其行必果，已诺必诚"。① 哪怕付出生命的代价，也要维护自己诚信的形象。

大家知道"一诺千金"的成语，就是出自一位侠客。季布是秦朝末年楚国一带著名的侠客，非常武勇又很守信用，当时楚国流行一句谚语："得黄金百，不如得季布诺。""千金一诺"的成语就是由此而来。② 接下来讲一个为守信义而牺牲的典型。

战国时期，齐国有个侠客叫聂政，隐居闹市，杀狗为业。韩国大臣严仲子，不远千里去与他结交，目的就是想请他帮自己刺杀韩国的相国侠累。开始聂政没有答应。聂政母亲去世后，他对严仲子说："您作为韩国的卿相，瞧得起我这个杀狗的平民百姓，我很感动。以前我不答应，是因为老母健在。而今老母享尽天年，'士为知己者死'，我愿意为您完成心愿。"然后独自仗剑，闯进侠累的相府。侠累身边全是手持兵戟的卫侍。但聂政如入无人之境，径直走上台阶，一剑杀死侠累。又高声大叫，击杀几十个人。考虑自己不能全身而退，为了不被人认出，以

---

① 《史记·游侠列传》。
② 《史记·季布栾布列传》。

免连累严仲子，他又趁势毁坏自己的面容，最后剖腹。

聂政为信义付出了生命的代价。

司马迁说：那些侠士们"不既信，不倍言，义者有取焉。"① 不失信于人，不背弃诺言，这种信义是大有可取之处的，所以为这些人专门创作了《游侠列传》。

二、道义

如果说讲求信义是侠义文化的第一层含义，是最基本的精神。那么弘扬"道义"则是第二层含义，是最核心的精神。

何为道义？《道德经》第七十七章中说："天之道，其犹张弓欤！高者抑之，下者举之，有余者损之，不足者与之，天之道损有余而补不足。"自然天道就像拉弓一样，高的地方压制它一下，低的地方抬高一下；多余的地方给它铲平一点，不足的地方给它补充一点，所以天道就是要减少多余部分来补充不足的部分。自然界有高下、多少，人世间有贫富、强弱。侠义之人要"救人於厄，振人不赡"。②"厄"指困难、危险。在强弱之间，要反抗强暴，帮助弱者解除困难和危险，就叫"救人於厄"；在贫富之间，能赈济那些吃不上饭、穿不上衣的人，就叫"振人不赡"。这就是通常所讲的"扶弱济贫"。这样做就符合天道，就是道义。

这种道义，恐怕相当于今天我们所说的正义。

---

① 《史记·太史公自序》。
② 《史记·太史公自序》。

（一）扶弱

帮助弱者，往往意味着要和强暴者进行抗争，会给自己带来难以预见的灾难。但拥有侠义精神的人，往往会迎难而上，为了解救别人的困难，不惜自己的人身安全乃至身家性命。这就是我们常说的抱打不平。

武侠小说《三侠五义》中说："真是行侠仗义之人，……见了不平之事，他便放不下，仿佛与自己的事一般，因此才不愧那个'侠'字。"① 由此可见，侠义文化的核心，就是要有强烈的是非观和善恶观。路见不平，一定要拔刀相助。

宋仁宗庆历年间，王实的母亲被恶霸张本奸污，父亲也因此而死亡。市井侠士孙立便出头为王实讨公道。他一大早来到张本家门口，找他单挑，并约定不许任何人帮任何一方。两人赤手空拳斗了几个时辰，直到午时，孙立终于将张本打翻在地。张本求饶说："你不杀我，我愿给你千两黄金。你杀了我，也得吃官司。"孙立说："我还以为你是条好汉，原来这么怕死。你依仗自己有钱，奸淫良人家妇，简直就是禽兽。饶你不得。"说完，砍下他的脑袋，用来祭奠王实父墓。然后扔掉刀，去官府自首。②

在这个事件中，当人人都觉得大快人心的同时，孙立却是冒了极大的风险的，至少有两种。一是武力风险。张本也是个练家子，史称他"力若熊虎"，孙立找他单挑，鹿死谁手，不可预知。二是法律风险。自唐宋以后，国家法律禁止民间私斗。用今天的法律术语来说，剥夺他人生命权，是国家的公权力，任何个人不能行使这种权力，谁敢以私斗的

---

① 《三侠五义》第十三回。
② （宋）刘斧：《青琐高议》。

方式剥夺他人生命，必将受到法律的严惩。但是孙立不怕被张本打死，也不怕受国法惩处，为了弘扬道义，他宁愿放弃自己的自由和生命。

（二）济贫

遇到贫穷无助的人，侠义之士就会疏财仗义，帮助他渡过难关，而且不计回报。

大家都知道李白是一位大诗人，恐怕很少有人知道，他也是位大侠客。诗歌号称天下第一，剑术屈居天下第二。《新唐书》说他："击剑为任侠，轻财重施。"① 所谓"任侠"，就是以行侠仗义为己任的意思。他把钱财看得很轻，喜欢施舍穷人。他曾经东游扬州、金陵一带，遇到落魄公子，便慷慨解囊、出钱救济，不到一年时间，"散金三十馀万"②，花出去三十几万两黄金。

好在李白有写诗的本领，大江南北粉丝如云，经常有人请他吃喝。安徽泾州（今安徽省泾县）人汪伦就曾专门写信请他去吃喝了几天，留下了"李白乘舟将欲行，忽闻岸上踏歌声。桃花潭水深千尺，不及汪伦送我情"的千古名篇。

历史上，由于国家公权力的不足，很多事管不过来：冤屈得不到声张，正义得不到维护，穷困得不到救助，弱者总希望有英雄人物来帮助自己，侠客正是来帮助弱者解决这些问题的，所以历来为民众所传唱。但是侠客通过非常途径替他人报仇雪恨、伸张正义，这样的行为，无疑分割了国家公权力，损害了政府的权威，不管哪个统治者上台，都难以容忍。正如网络流行语所说："常在江湖飘，哪能不挨刀！"不在恩怨情

---

① 《新唐书·李白传》。
② 李白：《上安州裴长史书》。

仇中被人砍杀，也会被政府所诛杀。追求公道是他们的理想，走向灭亡则是他们的结局，在照亮别人的同时毁灭了自己，悲哀呀！

三、忠义

狭义文化的第三层含义，就是要心系天下，追求忠义。明人余象斗在《题〈水浒传〉序》中指出，行侠仗义的最高境界，"尽心于为国之谓忠，事宜在济民之谓义。"现在著名武侠小说家金庸在《射雕英雄传》中所说："侠之大者，为国为民。"就是要追求忠义。

自唐朝开始，狭义文化就体现了"侠之大者，为国为民"的精神旨趣。唐朝广德元年（763年），吐蕃军队攻陷京师长安，唐军四处溃退，唐代宗逃往陕州，老百姓惨遭杀戮。长安城内的民间武侠人士积极进行抗争，与潜入城内的唐将王甫取得联系，于同一天夜晚突然在城中心的朱雀街一起击鼓。鼓声大作，群侠齐呼："王师已到！"吐蕃惊骇不已，仓皇出逃，溃不成军。唐军乘势收复了京师，百姓得以重见天日。

近代以来，国家内忧外患不断，侠义之士为民族独立而抗争不息、前赴后继。著名武师霍元甲于1909年创办精武体育会，以"爱国、修身、正义、助人"作为办会的宗旨，把侠义精神与爱国精神结合起来，体现的正是为国为民的忠义精神。

传统的狭义文化有着丰富的内涵，主要体现在上面讲的三个义字：信义、道义、忠义。这样的精神，与前面我们讲的仁爱、廉耻、诚信等传统道德相比，它是最为高尚的道德品格。

廉耻、诚信是要求管好自己；侠义则是要帮助他人。仁爱提倡"仁者爱人"，是有条件地帮助他人，"穷则独善其身，达则兼济天下"，当自己没有能力时，就做好自己；当自己有能力时再去帮助他人。侠义则要求无条件地帮助他人，救济穷困，可以慷慨解囊；反抗强暴，不惜舍生取义。

据报道，一个捡破烂的老人，忙乎一天，好不容易卖了二百元钱。回家路上，好心人告诉他说钱是假的，老人一听，不由得痛哭起来，引来多人围观。这时来了一辆小轿车，一个中年人下来问明情况后，从自己兜里掏出两百元崭新的钞票，对老人说："大爷，咱俩换一换吧！"然后将真钱留给老人，将假币带上走了。这就是仁爱。

《水浒传》中的鲁智深为了解救金老儿父女，拳打镇关西，还把身上仅有的五两银子拿出来，嫌不够，又找九纹龙史进借了十两银子，统统塞给金家父女，让他们赶紧离开。这就是侠义。仁爱令人感动，侠义则令人激动；仁爱令人阵阵温暖，狭义则令人热血澎湃。所以《豪侠论》中说："夫侠者，盖非常之人也。"侠义之士，那都不是一般人儿；侠义精神更是最难得的一种品格。

侠义文化所具有的恪守诚信、扶弱济贫、为国为民的精神，不论在任何时代，都有着重要的意义，对当今的社会进步更有着不可小觑的积极作用。

著名武侠小说作者金庸先生，在谈及"当代人最需要继承和提高的是什么"这个问题的时候，他说："现在中国最缺乏的就是侠义精神。"

我个人以为，中国人不缺乏侠义，缺乏的是对侠义的赞扬、对英雄的崇拜。

历史上，行侠仗义的人物层出不穷，现实社会，见义勇为之人也时有所见。那些勇救落水儿童而牺牲自己健康甚至生命的人，那些路见不平挺身而出、勇斗歹徒的人，那些在自然灾难中慷慨捐赠或勇赴灾区抢险救灾的人，那些乐于帮助老弱妇幼不图回报的人，那些对贪污腐败现象，敢于实名检举的人。他们身上所体现的，正是侠义精神。

　　然而对他们，社会却没有足够的褒奖与赞扬，甚至还会有负面的反应。当你在大街上扶起摔倒在地的老人，或许你得不到周围群众的赞许，也得不到对方的一声谢谢，反而会被对方说是你撞倒了他。当江西两位高中生在公交车上反抗暴徒、不幸受伤，无法正常参加高考时，一些高校主动向这两位"夺刀英雄"、"少年儒侠"抛出橄榄枝，同时有了反对的声音，说这是破坏教育公平呀，这是封建社会"举孝廉"的复活呀，这是搞特权呀。人家大学如何录取这样的学生，自然有一套规则，大家没有必要在网上喳喳喳地说三道四，即使大家不愿意向英雄致敬，也没有必要向他们的伤口上撒盐。

　　现在是法治社会，一个人的行为只要合法就万事大吉了。人们只在乎法律的底线，不关心道德的高线。面对道德上丑恶行径，哪怕缺德带冒烟，人们也不会为之而愤慨，反而会以娱乐化的方式在网上疯传；面对行侠仗义的壮举，也不会有更多的人为之顶礼膜拜，而会调侃地说"我是打酱油的"。因为人人崇拜的是财富、是权势，而不是英雄。正是由于社会的冷漠，导致了侠义精神的流失。

　　侠义是最为崇高的道德品格，值得推崇发扬，我们应该为行侠仗义的行为培育良好的社会氛围。在是非善恶之间，对邪恶的行径投以鄙视的目光，对行侠仗义的勇士致以崇高的敬意。就像《水浒传》主题歌唱的那样，在走向正义的道路上，我们应该是："说走咱就走啊，你有我有全都有呀！"当全社会都形成了明确的是非观和善恶观时，侠义精神必将重放光芒！

夫妻情义

　　如今社会离婚的越来越多。有学者称这是中国第三次离婚浪潮。我们每个人都站在这潮流中，该怎样来应对呢？我个人认为，传统法文化中夫妻情义的理念，正是有效的应对良方。

　　那什么是夫妻情义呢？

　　"情"大家都容易理解。《说文解字》中说："情者，人之欲也。"人心里的欲望就是情。讲的是"想不想"、"愿不愿"这么做的问题。

　　那"义"又是什么呢？人们通常把义就当作义气，其实这只是义的一种。广义上讲："义者，宜也。"①"义"，行为之宜，就是看一个人的行为合不合适。讲的是"该不该"这么做的问题。

　　夫妻之间重情义，解决的就是夫妻之间"想怎么做"又"该怎么做"的问题。比方我想和老婆离婚，不能动不动就以"感情不好"、"性格不合"为由，想离就离，还要看该不该离。

　　人们常说："情深似水。"如果情就是水的话，那么，义就是水边的堤坝。没有堤坝，水就会四处泛滥，甚至水性杨花。有的人解释说，左

---

　　①　《礼记·中庸》。

边一个竖心，右边一个"青"字，就是情；"青"字在甲骨文里是个"草"字的变体。这样说来，情字就成了心上长草。心上长草，春心萌动，情从此开始了。如果"情"就是心上长草，那么"义"就是周围的栅栏。没有栅栏，草就会自由地疯长；假如里面还长得有树的话，就可能红杏出墙。

因此，夫妻之间既要重情又要重义。这就是《礼记·昏义》中说的"夫妇有义。"我们现在也说夫妻间要重情重义、有情有义。由于人人都认同这些说法，所以形成了情义文化理念。

一、夫妻相处之道——情义文化

现在人们处理夫妻关系，就一个字"爱"；过去人则是两个字"情义"。如何做到，不是光在嘴上高呼"I love you"，就能解决问题的。更要从方方面面付诸行动。

（一）做好自己：夫义妇德

古人说要"夫义妇德"，丈夫要讲义，妻子要守德。

《礼记·丧服》中说："夫者，妻之天也。""天"字出头就是"夫"。丈夫是妻子的天，他要撑起家庭这一片天，就叫义。他要是成天萎靡不振、不思进取，或者打牌赌博、好吃懒做，撑不起家庭这片天，就叫不义。

"妻"又是什么呢？妻要讲"妇德"，包括德、言、容、功。"德"要有贤良、温柔的美好品德。西方人说，讨个母夜叉，让你变成哲学家。因为痛苦可以使人深思。整天面对这样一个老婆，成天苦思冥想，自然就成了哲学家。谁愿意讨这种老婆？"言"就是说话要让一家人听起来入耳，不要动不动就顶人的肺；"容"就是要注意打扮，不要成天把自己搞得跟阿巴桑一样，也不要动不动就发脾气、使脸色；"功"就是会买菜、做饭、洗衣、做家务。一个妻子这样做了，就尽到了妻子应有的情义。

当然，夫义妇德并不是搞歧视，而是要夫妻之间各自尽到自己的职责，要把各自的位置摆正，男人要有个男人的样子，女人要有个女人的样子，家庭才会和睦，"家和万事兴"。如果一个女人能担起丈夫的责任，撑得起家庭这一片天，她就是女汉子。那么她老公就该去干买菜、做饭、洗尿布的家务。位置也可以调过来坐，变成"妇义夫德"。

（二）善待对方：相敬如宾

这方面做得好的，要数"举案齐眉"的故事了。东汉梁鸿，高尚品德，讨个老婆叫孟光。老婆刚嫁来时，成天涂脂抹粉。梁鸿七天没理她。孟光就问他为啥。梁鸿说："看看你这样子，这哪里是我理想中的妻子啊？"

孟光听了，对梁鸿说："我这些日子这样打扮，就是要考验你一下。原来你也喜欢过日子的女孩，不喜欢超女呀。妾早有准备哩。"说完，便将头发一卷，穿起粗布衣就动手织布，力气大得可以举起石臼。梁鸿见状，大喜说："这才是我梁鸿的妻子！"

老婆虽然力气大，梁鸿还是不让她干重体力活，而是自己出去帮人舂米过日子。每次干活回家时，孟光备好食物，低头不敢仰视，举案齐眉。两口子日子过得虽然清贫，却也其乐融融。①

---

① 《后汉书·梁鸿传》。

相敬如宾并不是一味地彬彬有礼，随时都把家庭气氛搞得跟开会一样紧张，还应该增加点情调。散散步、打打球、看看电影、旅旅游。夫妻情调建立在相互欣赏之上，爱你在心，还要口常开。有的人说俺老婆就是个一般人，没啥可夸的，那就要学学流行段子，老婆长得好，就夸她漂亮；不漂亮就夸她有气质；又不漂亮又没气质就夸她很可爱；以上三点都没有，就夸她善良，总有可夸的。这样过日子，才能过得有滋有味。

(三) 善待对方的亲友：将心比心

现在的人喜欢说：我只管爱你一个人。这固然是对的，但每个人都不是孙猴子，不是石头里蹦出来的，都是娘生爹养的，所以同时还要认真对待他身边的亲人。《礼记》记载："妇事舅姑，如事父母。"① 媳妇对待公婆，要像对待自己的老爹老妈那样。唐朝诗人朱庆余写了一首《闺意》，流传甚广：

> 洞房昨夜停红烛，待晓堂前拜舅姑。
> 妆罢低声问夫婿，画眉深浅入时无？

诗中描写了新媳妇拜见公婆前的各种准备工作和紧张心情，唯恐对公婆有所不敬。媳妇如果总是用这种心态去对待公婆，丈夫能不感动吗？丈夫总是用这种心态去对待岳父岳母，妻子能不感动吗？夫妻情义自然增进。

一个人能从这两方面去要求自己，就叫有情有义。

---

① 《礼记·内则》。

二、张扬情义文化理念

讲到这儿，朋友们或许问：你讲的这些情义文化现在还有吗？

现实生活中，我们经常能看到一些感人的婚姻故事。有遭遇自然灾害、相互救助的夫妻，如"5·12"地震中出现的"最感人的十对夫妻"；有遭遇疾病、不离不弃的夫妻，一方在另一方坚持不懈地照顾下，顽强地生存下来。这说明人间自有真情在，这也正是传统情义文化在现实的遗存。

现在流行的西式婚礼中的誓词说："不论他（她）生病或是健康、富有或贫穷，始终忠于他（她），直到离开世界。"这句话同时也反映，婚姻生活中一旦出现贫穷、疾病、灾难等变故，往往容易引起婚变，所以需要婚姻双方发誓来进行预防。中国传统情义文化，对这种因一方遭遇困难灾难而离婚情形也是严加禁止的。可见在这一问题上，中西文化是相同的。

《周礼》中规定："有所取无所归，不去。"后来历朝法典都做了相应的规定。意思是老婆嫁来时带了很多嫁妆，说明她娘家家境很好。后来，他娘家破败了，家破人亡了，这样的老婆，就不能休。古人对此的解释是："为其不义也。"因为人家现在遇到困难了，你把她休了，叫她到哪儿去呀？这样做就是不顾情义。

情义文化的精神在于，当夫妻一方遭遇灾难时，能够激发另一方人性中的善端，让他在困难面前不抛弃不放弃，作出重情重义的举动。

北宋有个刘庭式，济南人，曾找媒人向同乡的一个女孩提了亲，但尚未送聘礼正式订亲。后来，刘庭式考中了进士，而那个女子却因病而双目失明了。女方家见女儿出现病变，就不好再向刘庭式提婚约的事。

好人呐，总是为别人考虑。也有人劝刘庭式娶盲女的妹妹为妻。刘庭式听后笑着答道："已经跟人家提了亲，怎能反悔呢？我不娶她，她又能嫁给谁呢？"又是一好人呐，还是为别人的难处考虑。

刘庭式娶了盲女为妻。婚后，二人十分恩爱。盲女在密州去世，刘庭式十分悲伤，哀痛之情经年不减，一直不肯再娶。

著名文豪苏东坡与刘庭式是同事。一次问他说："悲哀来自情爱，情爱来自美色。你讨个盲人老婆，'与之偕老，义也'，和她白头到老，完全是出于义。情爱从何而来，悲痛又从何而生呢？"

刘庭式回答说："我只知道死去的是我的结发妻子，她眼睛正常是我的妻子，眼睛瞎了也是我的妻子啊！如果按你的说法：有美色才有爱情，有爱情才有悲痛。那么每个人死了老伴，都不会哭了。因为人老了，谁还会再有美色呢？"① 其实，经历过婚姻生活的人都知道，两个人在一起时间长了，也许真没有了轰轰烈烈的爱情，而是转变成相濡以沫的亲情。爱人外貌的美丑平淡已经不重要了，他（她）就是自己生活，甚至是自己身体的一部分，是你的心、是你的肝，一旦被割掉，你会心痛的。

现在时代不同了，但文化的精神却是不变的。我们虽然不能照搬古人的法律规定去强迫遇到灾难困难的当事人不准离婚，但可以运用情义文化的精神力量，去激发人性中的"善端"，使强者的人格得到升华，使弱者的身心得到关注。"一日夫妻百日恩"，夫妻一方遭遇重大变故时，另一方应该多想想对方的难处，从而作出合乎情义的举动。

所谓"夫妻本是同林鸟，大难临头各自飞"的现象，古往今来，确实存在。林子大了，什么鸟都有。不能共患难的同林鸟，虽算不上什么好鸟！但能够患难与共的，还是大有鸟在。金、元之际著名文学家元好

---

① 《东坡全集》第九十三卷。

问在前去并州赶考途中，看到有人在捕大雁，抓住一只杀了。另一只大雁脱网后，悲鸣不能去，竟自投于地而死。元先生感慨不已，写出"问世间情为何物？直教生死相许"的著名诗句。①

鸟儿尚且如此，何况人呢？因而我们在现实生活中，也能看到一些患难夫妻的感人故事，情义文化的精神是传承不息的。

三、情义文化理念对缓解当下离婚浪潮的现实意义

或许朋友们会问：你说情义文化的精神理念传承不息，为何我国的离婚率却高居不下呢？为什么一些人有钱有名后就喜欢离婚呢？

古人说"富易妻"、"阔易夫"。现在的人常说："男人有钱就变坏，女人变坏就有钱。"一个人一旦有钱、有名或有地位了，就容易出婚变，或换老婆或换老公。

离婚不再是严肃的事，反而是值得炫耀的亮点和时尚。是非颠倒，价值观倒错，好端端的社会，怎么会变成这个样子呢？我觉得这跟情义文化理念的缺失有关。上面我讲到情义文化的精神理念传承不息，但在某些领域确实有很大程度的流失。如果能在全社会大力提倡这种文化理念，对缓解当前的离婚浪潮或许有一定的帮助。

（一）抑制人性之恶

喜新厌旧、趋利避害是人的本性，是人性中的"恶"，是动物性的

---

① 《摸鱼儿·雁丘辞》。

表现。动物可以毫不掩饰地表现出这些特点来，因为它没有文化。人就不同了，要用文来化掉这些人性中的恶。

《周礼》中规定："前贫贱后富贵，不去。"① 老婆嫁给你时，你还是个穷光蛋，后来你发财了、出名了，这种时候不能休老婆。后来历代法典对此也做了相同的规定。为什么古代法律要做这样的规定呢？古人的解释是："为其不义也。"因为这样做是不讲情义的。

可见传统情义文化理念，其要旨就是要抑制"富易妻"、"阔易夫"的人性之恶，防止人在富贵之时作出无情无义之举。当一个人富贵之时，应该多想想对方的好处。

东汉初年的宋弘，才貌双全，被光武帝刘秀的姐姐——湖阳公主刘黄看上了，就叫刘秀去向宋弘提亲。宋弘听了皇帝的来意，给他来了一句："糟糠之妻不下堂。"俺怎么可能抛弃我的结发妻子呢？直接将皇帝顶回去了。

面对皇帝主动抛来的橄榄枝，莫非宋弘就一点不心动吗？我以小人之心度君子之腹认为，或许还是会心动的。但心动不等于行动，因为他懂得夫妻情义的文化理念。正是这种文化理念压制了人内心的恶，守住对结发夫妻的那份情义。这就是文化的力量。

（二）伸张社会正义

"富易妻"、"阔易夫"的现象，在使一方的贪欲、色欲得到满足的同时，也会让另一方遭受极大的伤害。流行歌曲唱："你伤害了我，我一笑而过。"那也太轻松了吧！受了伤害又岂能一笑而过呢？在情义文化理念占主流的时代，社会将为受害一方伸张正义。

---

① 《大戴礼记·本命》。

东汉黄允，是个大帅哥，而且有才。司徒袁隗想招他做侄女婿。东汉时司徒位列三公，相当于宰相。能做他的侄女婿，升官发财，指日可待。黄允回家就要休掉结发妻子夏侯氏，说不定还会像现代有些人和对象分手时那样说："既然曾经爱过，又何必真正拥有。你要是为我好，就离了吧。"夏侯氏深知黄允自私自利的为人作风，他有了这个主意不会改变，只好同意，但向婆家提出一个请求：我要走了，想同亲友会一会，以表表离别之情。相当于现在的吃个散伙饭。婆家同意了，大集宾客三百余人。在宴饮中，夏侯氏突然抓着黄允的袖子不放，数说他十五件见不得人的事，然后离开了黄家。从此黄允声名狼藉，没能成为袁家的女婿，官场上也不得意。

综合上面所讲，可以看到，情义文化理念的作用在于：当夫妻一方遭遇困难灾难时，能激发另一方的人性之善，让他作出重情重义的举动；当夫妻一方富贵逼人时，能抑制他的人性之恶，扛得住诱惑，守住双方的那份情义。如果大多数人都这样去想去做，那么，将离婚当作儿戏的人或许就会越来越少，离婚浪潮就会得到相应的缓解。

情义让人变得温柔，情义让人变得刚健；情义让人能生死相许，哪怕海枯石烂！读者朋友们，在这样的文化理念滋养下，我们的爱情会更加甜蜜、婚姻会更加牢固、家庭会更加幸福！

最后送给大家一句字谜，与大家共勉：

　　二人力大顶破天，
　　十女耕田耕半边。
　　八王在我头上坐，
　　千里连土土连天。

谜底是"夫妻义（義）重"。

附录　案例举要

一、王烈仁义治盗案

仁爱是中华法文化中重要的价值理念，如何用这样的理念去指导施政执法，历史上积淀了丰富的案例。在此，我们将通过东汉王烈办案的故事，来看一看仁爱思想是如何运用于司法审判的。

（一）案情简介

王烈是东汉献帝时人，与大家熟悉的曹操是同一时代的。曹操曾派人请他来朝廷作丞相掾这个官职。①《后汉书》记载：王烈在担任地方官时，喜欢用教化的方法来化解纠纷，预防犯罪。凡遇到来打官司的人，总是先进行教育劝说，以理服人；实在是屡教不改的，才绳之以法。当地百姓为其感化，往往不到官府来诉讼。"诸有争讼曲直，将质之于（王）烈，或至涂而返，或望庐而还。"②

有一天，王烈的辖区内发生一起盗牛案。该盗牛贼，《后汉书》没

① 《三国志》魏书十一，《管宁传记》。
② 《后汉书·独行列传》。

记载他叫什么名字。为了叙述方便，我们姑且叫他王小二。王小二家道贫寒，又是个好吃懒做的主儿。可以这样来形容：

> 小呀嘛小二郎
> 不背书包也不上学堂。

整天游手好闲。后来有人对他说，你这样混下去何时是个头啊？男儿当自强，怎能稀里糊涂混一辈子喱！王小二听后，也觉得以前的活法不对，人生观是有问题的，决定发愤图强。可如何发愤呢？那时候，除了学而优则仕，就是男耕女织。两汉时政治上流行"通经致仕"，熟读儒家五经，可以选拔当官。可王小二自己斗大的字不识一箩筐，只好去从事农业生产了。可是自家连一头牛都没有，"工欲善其事，必先利其器"，如何发愤种地呢？干脆去偷一头牛得啦！

王小二一贯颓废，没干过农活，根本不懂得牛的习性。趁夜深人静，主人家已熟睡，牵牛就想跑，没想到那牛一步也不走。原来偷牛也是要讲技术的，应该先把牵牛绳解开，再用青草慢慢把牛逗着走。王小二看牛不走，就可劲儿拉，牛也犯起犟来，倒把王小二拉了几个趔趄，还"哞哞"地狂叫起来。牛叫声惊醒了主人，出来将王小二逮个正着，一通狂揍，再将其送到基层政权组织——亭。（秦、汉时在乡村每十里设一亭。亭有亭长，掌治安警卫，兼管停留旅客，治理民事。多以服兵役已满期之人充任。汉高祖刘邦曾在秦时担任亭长。）王小二对亭长说："我犯了罪，该杀该剐，听凭法律制裁。唯一有一个请求。望大人不要把这件事告诉王烈先生。"亭长一听，这人认罪态度这么好，却说了这么个不情之请，赶紧叫人通报王烈。王烈听后，立即叫人把王小二带来，先问明情况，再做了一番思想教育工作，然后予以释放，并且给他送一匹布。

汉朝盗牛应如何治罪，史无明载。根据《盐铁论》的说法："秦之法，盗马者死，盗牛者加。"盗牛是重罪。汉代去秦不远，对盗牛罪的惩罚想来也不会轻。那么，王烈的这一举动，就叫人想不通了。莫非他跟王小二是家门亲戚，要徇私枉法么？

对此，王烈做了说明。他说："这个王小二害怕我知道他偷牛的事，说明他还有羞恶之心。一个人只要还有耻辱感，就可能改恶从善，这是第一。第二，王小二偷牛，是出于无奈，只把他放走，出去没有生计，还会老毛病复发，给他送一匹布作谋生的本钱，希望他重新做人。"

王烈的这种做法，在我们今天看来，是违法的，简直是纵容犯罪。在汉代，他这种做法有没有理论依据呢？

（二）注重教化

汉朝奉儒家思想为国家法制建设的指导思想，各级官员在司法活动中都注重教化。

重视教化的做法，直接来源于儒家理论。

1. 教化的重要性

从正面来看。孔子教导说："导之以政，齐之以刑，民免而无耻。导之以德，齐之以礼，有耻且格。"[①] 孔子认为，在具体的法制实践中，只讲政治刑法，老百姓虽然能被动地遵守而免于犯罪，但内心却不会为犯罪感到耻辱，说不定还会在法律的框架里干些缺德事，我戏称这种现象为"依法缺德"；如果注重教化，就是用礼仪道德去教育感化老百姓，他们就会为犯罪而感到耻辱，从而主动地遵守国家法律。注重教化有着非常重要的实践意义。后世的各朝各代，无不用这句话来提醒各级官员

---

① 《论语·为政》。

要注重教化。

从反面来看。不搞教化，社会效果会更糟。孔子说："不教而杀谓之虐。"意思是不搞教化，一味提倡刑法镇压，是暴政的体现。荀子又说："不教而诛，则刑繁而邪不胜。"不重视教化而只重视诛杀，会使得刑法规定越来越繁琐，犯罪行为层出不穷。

2. 教化的内容

如何进行教化呢，孔子提出一整套礼义道德教化的内容。

"孝"的教育是核心。一个人通过孝道教育，在家为孝子，在国为忠臣，移孝作忠，就不会犯罪了。《论语》中说："其为人也孝悌，而好犯上者，鲜矣；不好犯上，而好作乱者，未之有也。"做到这样，父母才不会为子女担心，"父母唯其疾之忧"①。即父母除了担心他害病以外，其他什么都可以放心了。这样的一个孝子，当然不会走上违法犯罪的道路。孝的道德教化，是孔子预防和控制犯罪的理论的核心。与此相关联的"仁、义、礼、智、信、温、良、恭、俭、让"等道德准则，都是教化的内容。

除此之外，其他道德教化的内容，比较典型的有：

三戒："君子有三戒：少之时，血气未定，戒之在色；及其壮也，血气方刚，戒之在斗；及其老也，血气既衰，戒之在得。"站在法律的角度，这三戒与犯罪预防密切相关。少戒色，青少年应预防性犯罪；壮戒斗，青壮年应预防打架斗殴侵害生命健康方面的犯罪；老戒得，老年人应克制物质欲望，预防经济方面的犯罪。民间俗话说："人老有三宝，贪财怕死瞌睡少。"人到一定年龄后，地位高了，有了各种机会，有些人就会贪财。必须懂得"舍得之道"，才能克制贪欲。

三友。一个人交友不慎，容易走上犯罪道路。"益者三友，损者三

---

① 《论语·为政》。

友。友直，友谅，友多闻，益矣。友便辟，友善柔，友便佞，损矣。"[1]
孔子指出，与正直的人，诚实守信的人，见多识广的人交朋友，是有益
的；与阿谀奉承的人、当面叫哥哥背后摸家伙的人、巧言令色夸夸其谈
的人交朋友，是有害的。如今一些天真的青少年，往往以哥们义气自
夸，很容易被拖进犯罪团伙，多想想孔子说的三友，是有帮助的。

3. 教化的实践

上面讲的仅仅是儒家理论的宣传和教育，实践中是不是真的将这些
理论认真贯彻执行了呢？

可以说，从汉朝到清朝的两千多年，各级官吏在司法实践中，无不
执行教化为先的司法政策。用教化的方法达到犯罪预防的目的，形成了
一以贯之的传统。

下面举个唐代注重教化的例子。

唐临这个人，在唐高祖武德年间（618—626 年），出任万泉县丞（今
山西万荣县南）。县丞为县令之佐官，始置于战国。汉为二百石至四百
石，明清县丞为正八品官。典文书及仓狱，地位一般仅次于县令（或县
长），大概相当于今天的副县长。

万泉县监狱中关押了十几个没按期缴纳赋税的轻刑犯，正是唐临
的监管对象。时逢春雨季节，正是农业耕种的好时节。唐临对县令说：
"罪犯也有妻儿老小，不种地一家人怎么活啊。能不能把这批轻刑犯放
回家种地，完后再回监狱关押。"县令心想，你唐临是不是脑残哟，罪
犯放出去，万一不回来，咱岂不是吃不了兜着走，没答应他的请求。唐
临说："明公您要是担心他们逃跑。我可以作保，如果有人逃跑，责任
都算在我头上，一人做事一人当。"于是，县令就请假回老家省亲去了，
做好不在现场的准备。唐临把所有在押犯叫来，遣送他们回家耕作，并

---

① 《论语·季氏》。

约定说：“农事毕，皆归系所。”

到约定时间，罪犯们齐刷刷回监狱报到来啦。唐临因此声名大振，仕途上一帆风顺，那真是矮子爬楼梯——步步高升。到唐高宗执政时（650—684 年），升至大理寺卿。大理寺相当于今天的最高法院，大理寺卿是大理寺的长官，相当于最高法院院长。有一次，唐高宗亲自去提审死刑罪犯，发现以前的大理寺卿所判的死刑犯多有翻供喊冤的，唯独唐临担任大理寺卿以来所判的死刑犯，没有一个翻供称冤的。唐高宗很奇怪，问罪因为什么？囚犯回答说：“罪行确实是自己犯下的。唐大人办案，以道理服人，用证据说话，‘既非冤滥’，所以我们都心服口服，不再翻供。”唐高宗叹息良久说：“从事审判工作的，应当都像唐临这样啊！”①

翻开二十四史，像唐临这样注重教化的官吏可谓是络绎不绝，像他这样寓教化于审判之中而使罪犯心服口服的事例也是层出不穷，司法中形成了重教化的传统。违背这一传统的官吏，后世史家在著史时就会将他归入《酷吏传》；遵循这一传统的，则置于“循吏”的行列，作为褒扬。

（三）文化分析

下面我们来分析一下，王烈大人是如何运用儒家教化理论来办理王小二偷牛案的。

首先，他说王小二还有羞辱之心，是可以通过教化改好的。儒家主张人性善。认为人的本性是善良的，没有谁是天生的罪犯。在西方的犯罪学中，早期的颅相学和当代的“XYY”染色体异常说，都提倡“犯罪先天论”。中国古代的法家主张人性恶，认为有的人就是“奸民、邪

---

① 《旧唐书·唐临传》。

民、贼民"，既然人性恶，搞教化也没用，统统用刑来打击。儒家既然主张人性善，那罪犯又是从哪里钻出来的呢？《三字经》说："人之初，性本善。性相近，习相远。苟不教，性乃迁。"性指先天秉性，人与人大体相同，不存在太大差异。"习"指后天习惯，包括教育、环境、家庭、习俗、传统的影响。由于"习"的不同，有的人就走上了犯罪的道路，排除天生罪犯说，要从后天的"习"来探究犯罪的原因。正因如此，教育是可以改变人的，也是可以预防和减少犯罪的，故而要注重教化。王烈说王小二还有羞耻之心，说明此人良知未泯，可以教化。

其次，他说王小二是因穷困才去偷牛，再加上也没有偷成，用今天的话来说叫犯罪未遂，对这样的人还是应该给条出路的。孔子说："小人穷斯滥矣！"[1] 老百姓因为穷困，就会胡作非为。有的人犯罪，往往是因为生活无着，走投无路，不得不铤而走险，这就是俗话说的"饥寒起而生盗心"。老子在《道德经》中也说了："民不畏死，奈何以死惧之？"[2] 一个人穷得连死都不怕，光搞刑罚镇压是没有用的。对这样的对象，最好不要一棍子打死，再踏上一只脚，叫其永世不得翻身。而应当广施教化，让他们感到还有退路、有后路，以后才能不至于再走上犯罪道路。这和我们今天对罪犯进行劳动改造，让其有重新做人的机会，道理是一样的。

本案之中，王小二就这样被放走了。那么是不是对所有的罪犯都要这样只搞道德教化，不搞法律打击呢？当然要区别对待。对那些已经没了良知的人，光搞教化是没用的。如何判断有无良知呢？

西方学者说中国传统文化是一种耻感文化，就是以耻辱感为道德最底线——说白了就是做了缺德事脸红不红。如果一个人做了坏事儿，不

---

① 《论语·卫灵公》。
② 《道德经》第七十四章。

以为耻反以为荣，或者是总为自己做狡辩，估计就是没有良知了。比如今天，有的人明明欠朋友钱不还，打起官司来，还在法庭上振振有词地说："我是借了你一百万，但你在期满后三年内没来要过呀。已过诉讼时效，法律不予保护。请法庭依法驳回原告的诉讼请求。"双方是朋友，人家怎好意思追着屁股要钱？即便催要了，又怎好叫你每次都签个字，以证明他来要了？又比如学术界的剽窃抄袭事件，有的剽窃者竟然大言不惭地说："咱都是中国人，用的都是汉字。用的字词句难免相同，黑毛猪儿家家有，怎么能说我抄了你的文章呢？"再如有的厂家商家，为了牟利，制造贩卖有毒有害食品和假冒药品，明知伤天害理，却大规模生产销售，一旦东窗事发，还要找各种理由搪塞。

古往今来那些干了坏事仍死不认错、不知羞耻的人，就是没有良知了。俗话说："人不要脸，鬼都害怕。"汉代名著《淮南子》中说："民无廉耻，不可治也……法弗能正也。"①对于已经没了道德底线的人，只搞道德教化，恐怕用处就不会太大，还应该依刑治罪才对。

所以儒家理论到战国荀子时，就不光是反对"不教而杀"、"不教而诛"，进而提出了教化与惩罚结合使用。他说："教而不诛，则奸民不惩。"②"以善至者待之以礼；以不善者待之以刑。"③意思是对那些教而不化、没有改造希望的刁民，还是要搞刑罚制裁才能有效。这一思想到明朝朱元璋那里得到了进一步的肯定。他在为《大明律》作序时指出："明礼以导民，定律以绳顽。"对善良百姓要用礼义教化，对刁顽之徒则绝不手软。这种方法叫作"先教后刑"、"教而后诛"。清代陆陇其的做法，堪称这方面的典型。

陆陇其，字稼书，浙江平湖人，康熙九年进士，授官灵寿县（灵寿

---

① 《淮南子·泰族训》。
② 《荀子·富国》。
③ 《荀子·王制》。

今河北省灵寿县）知县，后又多次迁转各地为官。对小偷小摸，他一般会按如下三部曲来办，教化与惩罚相结合。

第一步。抓到小偷，陆陇其就对他说："人心都是肉长的，为什么会作出这样的事呢？"小偷回答："小人因贫困所致。"陆陇其知道他会这样讲，却见怪不惊，说："这却不难，最挣钱的活儿，莫过于纺纱织布了，并且这活儿人人能干。"接着令衙役买来一斤多棉花，当场教给小偷纺纱方法，对他说："你学会纺纱就放了你，不会的话，这说明你是因为懒惰去当小偷，罪行加倍，处罚加倍。"小偷都希望快点释放，没有一个不认真学习的，几天就成了熟练工。陆陇其说："这纺纱所需本钱不过百余钱，现在几天之内，循环流转，已经赚了许多，除去你吃饭之外，还余下几百钱，你回去靠此谋生。如故伎重演，决不宽恕！"小偷莫不痛哭流涕而去。

第二步。被释放的小偷小摸者，大多数都会为其感动，改过自新，但也有少数老毛病复发，重新犯罪"二进宫"。押来官府，陆大人就不再先搞思想教育了，而是一顿狂揍，这是《大清律例》"窃盗"条的规定，"凡窃盗已行而不得财，笞五十……掏摸者罪同。"之后，仍令其在堂上纺纱一个月，届满放人。

第三步。有的罪犯，一而再再而三，不知悔改，再次犯罪"三进宫"，押来官府，陆大人就会叹息说："这人是没救了，只得来点给力的了。"就派两个差役挟着小偷疾走数千步，用热醋一碗灌他，喝到一半时，突然猛拍其背，就会患上咳嗽的毛病，走到哪儿咳到哪儿，想做贼也没办法。从此不能做贼，只好纺纱度日。

陆大人的这种做法，用今天的法制眼光来看，可能是毁誉参半。先是将罪犯放走，于法无据，简直就是违法；但他在办案中注重教育，给罪犯教手艺、发工钱，给一条自新之路，又体现了在刑事诉讼中保障犯罪嫌疑人、被告人人权的精神。后来又用醋灌人，更不厚道；但对屡教不改的"累犯"，加重打击，也符合现代刑法对累犯"应当从重处罚"的精神。

（四）结局

回到王烈办案的故事中，他放掉的那个王小二是重新做人了呢，还是教而不化，又犯罪了呢？且看《后汉书·独行列传》的后续记载。

话说有一位老人家，在路上丢了一把宝剑，心里十分着急，沿路返回去寻找，眼看天就要黑了，还没找见。正在焦急之时，看到一位年轻人站在路旁，守着宝剑。那人见失主来了，将宝剑交还。老人家感谢不已，问他姓名。年轻人不愿透露，恐怕就像我们现在宣传好人好事那样，说："不用谢，这是我应该做的。"老人家为这个做好事不留姓名的事感叹不已，后来告诉了王烈。王烈既高兴又稀奇，"烈使推求，乃先盗牛者也"。意思是王烈叫人多方打听，最后把这个做好事不留名的人带到衙门。

王烈一看：老天爷，不是别人，正是以前那个偷牛的王小二。

二、巡官巧断遗嘱案

公平诚信，是古今法律中一以贯之的特律。通过案例，我们来看一看这一特律是如何运用到古代司法实践之中的。

（一）案情经过

明代作家冯梦龙编著的《智囊全集》中，记载了一个"张一飞告状"的案例。书中说道："有富民张老者。"相当于今天说，有个有钱的人叫张老板，妻子没生儿子，生了个女儿，只好招了个上门女婿某甲。张老板人老心不老，后来讨了个小老婆。这小老婆给他生了个老幺儿，起名叫张一飞。

张一飞四岁时，张老板重病不起，正是"人生如电话，长短都得挂"。于是他就对女婿某甲说："小老婆和儿子不能管家，我的财产自然该给你们夫妇。你们只要能抚养他们母子，不让他们死在荒郊野岭，就算你们积了阴德啦。"说完，他拿出了一张"券书"给某甲，便是法律术语所说的遗嘱了。

老人死后，女婿某甲占有了张家的全部产业。后来，张一飞长大成人，要求分财产，姐夫不给；张只好去官府起诉，要求分家产。某甲把张老板留下的券书呈送官府查验，官府一看上面写着：

"张一非吾子也，家财尽与吾婿，外人不得争夺。"

就把案子搁置下来，"遂置不问"。恐怕相当于今天裁定"不予受理"。

依照现在的法律知识，遗嘱上写得清清楚楚，财产全部归女婿所有，白纸黑字，应当是立遗嘱人的真实意思的表现，是合法有效的。官府对此的态度也是"遂置不问"。因此，张一飞要打赢这场官司的可能性基本为零。明知打不赢官司却非要打。这背后有着什么样的力量在支撑着他呢？

（二）父母官情结的文化含义

张一飞作为张老板的亲生儿子，虽然是庶出（就是小老婆生的），按照当时的法律规定，也是有财产继承权的。比如唐朝的《户令》规定："诸应分田宅者，及财物，诸子均分。"想起老爹在遗嘱中把所有财产都处理给姐夫，自己一根毛也没捞着，张一飞心里那是相当的郁闷，非要出口气不可。更为重要的是，在当时的文化背景下，国家口口声声要求当官的要做为民做主的"父母官"，施政执法要维护公平诚信，要为老百姓伸张正义。自己遭受如此冤屈，如果能遇到个青天大老爷，一定能讨回公道，出掉这口怨气。正是有了这样的信念，相信这世上存在这样的好官，所以张一飞才有了打官司的信心。这种信念，用正规的学术语言来说，可以叫他"父母官情结"。

从汉代开始，国家教育以儒家文化为正统，儒家"为民父母"、"民之父母"的理论深入人心。对各级官员而言，大都觉得，能成为民众心目中的父母官是件好事，甚至是件快乐的事。孔子说："辨言之乐，不若治政之乐；辨言之乐不下席；治政之乐皇于四海。夫政善则民说，民说则归之如流水，亲之如父母。"①于是，绝大多数从政为官之人，都会朝着这个方向去努力，形成父母官自恋情结；对民众来说，也期盼着这样的官员出现，形成了对父母官的依赖情结。仅仅从官方这一角度分析，这种情结，可以归纳为三个字：

1.亲。儒家经典《大学》讲的是"大成之学"，是培养统治人才的理论。这部书开篇说的就是："大学之道，在明明德，在亲民，在止于至善。"这三句被称作大学的"三纲领"。其中第二纲就是要让为官亲民爱民。具体的施行方法在《尚书》中有说法，叫作"如保赤子"②，意思是要像父母爱护自己的亲生儿一样去爱护自己的老百姓。当然要求每个官员都能做到这一点，恐怕很有困难，也不太现实。但有这个态度，也是一件好事，这是建立一个亲民政府的基础。反之，老百姓对待政府，也会像儿女对父母一样依赖他，进而拥护他。

2.顺。老百姓相对于为官地位高高在上是比较弱势的，为官的应该顺从民心，才能得到爱戴。《诗经》说："乐只君子，民之父母。"③"只"是语气助词。全句的意思是：赞美那些君子啊，不愧是民众的父母官。《大学》中对这一诗句解释说："民之所好好之，民之所恶恶之，此之谓民之父母。"老百姓拥护的就要拥护，老百姓反对的就要反对。孔子和弟子冉有去卫国，路上二人商谈治国之策。看到一路上人口很多，冉有问道："人口众多了，接下来该怎么办呢？"孔子说："富之。"冉有又问：富了以后又该怎么办呢？孔子说："教之。"就是要重视教育感化，以达到预防犯罪的目的。上升到政治法制层面，民众希望减少点税收，国家就取消农业税；老百姓希望治安良好，生命安全有保障，国家就扫黑除

① 《大戴礼记·小辨》。
② 《尚书·康诰》。
③ 《诗经·南山有台》。

恶；老百姓希望吃上放心菜、喝上放心水、用上放心药，国家就加强食品药品安全监管，采取有力措施打击这方面的犯罪。在强大的国家机器面前，民众其实和一无所有的赤子差不多，经不起折腾，当官的不理解、不支持他们，他们就会活得很艰难。

3. 明。既然老百姓是弱势的，他们遇到困难或冤屈，就得为他们做主，这需要有明辨是非的能力。孔子称"明察以断"是为政为官的"三善"之一。① 孟子说要"明其政刑"②，即该褒奖的就要褒奖，该打击就得打击，才能惩恶扬善。荀子说："公生明，偏生暗。"③ 当官必须有一颗公心，才能明察秋毫。汉武帝时，公布了一部法令——"四科之辟"，就是选官的四个标准。其中两个就是关于明察能力的要求：

其一是：明晓法令，足以决疑，能案章覆问，文中御史。

其二是：刚毅多略，遭事不惑，明足以照奸，勇足以决断。④

儒家为民父母的理论在漫长的历史长河中，逐渐转化为现实的法律制度。

综合上面三点来看，如果说"亲"、"顺"这两个字，解决的是为官愿不愿意为民父母的问题，强调的是态度。那么，"明"这个字，解决的则是如何为民父母的问题，只有具备"明"的能力，才能为民做主，强调的是能力。既有为民做主的愿望，又有为民做主的能力，才能做好老百姓的父母官；反之则不配做父母官。"当官不为民做主，不如回家卖红薯"的民谣，正是这种文化情结最真实最朴素的体现。

现在学术界有些人批评古代的"父母官"情结是一种奴才意识，为民做主是当官的做主而不是人民当家作主，因而是封建的落后的，不值

---

① 《孔子家语·辩政》。

② 《孟子·公孙丑上》。

③ 《荀子·不苟》。

④ 《艺文类聚》卷四十五·职官部一引《汉旧仪》。

得赞扬。我们对这些意见暂不做评价，但至少有一点可以肯定，有这种情结的存在，说明民众对政府还是信任的，政府在很多方面也是值得老百姓信任的。这难道不是件好事吗？正因为如此，本案主人翁张一飞才会坚持告状。因为他相信，能够为民做主的父母官肯定存在，只是自己暂时还没碰上。只要碰上了，自己的事就 OK 啦，所以他坚持申诉。这便是信念的作用。

（三）父母官为民做主的历史经验

如果说父母官情结给了张一飞打官司的信念，那么，历史上父母官为民做主的案例则给了他打官司的信心。二十四史中类似的案例层出不穷。

西汉成帝时，何武任沛郡（郡府在今天的安徽濉溪市西北）太守。有个富翁，家里的财产有两千多万钱。而他的小老婆生下儿子以后不久就去世了，这时儿子才几岁。这个富翁没有其他亲近的人，他女儿又不贤惠。富翁眼看自己患了重病，想来想去觉得儿子年幼，怕死后女儿会争夺财产，使儿子受到伤害，于是叫来了同族的人替他写了份遗嘱："悉以财属女，但余一剑，云儿年十五付之。"意思是：将全部财产交给女儿，只留一柄剑给儿子，等他长到十五岁时再交给他。

儿子长到十五岁去要剑，姐姐姐夫不给，只好告到官府。太守何武主审此案，叫来女儿女婿作了笔录，又看了遗嘱，又走访了乡亲。然后分析出三点：

第一，乡亲们都说这女儿"强梁"，女婿又"贪鄙"。老汉怎会把全部遗产给他们呢？无外乎考虑儿子太小，把财产分给他，不但儿子不能保全财产，说不定还会惨遭毒手。所以故意把全部财产给了女儿女婿，免得他们在儿子头上动歪脑筋。安全！

第二，只给儿子分一把剑。剑是干什么的？是用来决断的——"一刀两断"。遗嘱说十五岁时把剑给儿子，考虑到儿子此时已经长大成人，智力体力足以自保，应该对财产做个公平了断啦。

第三，老汉估计女儿女婿肯定连剑也舍不得给弟弟，那么弟弟必然告到官府。到了官府，只要有明察秋毫的官员，就一定能得到公平处理。

何武最后感叹说："此凡庸何思虑深远如是哉！"想不到这庸俗铜臭的老头，竟考虑得如此深远。于是将全部财产判决给了富翁的儿子。

女儿女婿正要反驳。何武说："你父亲留下二千多万，这么多遗产，你们两口子已经受益了十几年，光是利息也够吃一辈子啦！已经十分幸运了。还有什么话好说呢？"当时听说此事的人，都佩服他的判决，史称"闻者叹服"。①

历史上，像这样的案件层出不穷，民间莫不传为美谈。在张一飞听起来，和自己的案子很相似。于是，关于类似案件的种种故事和传说，就像黑夜中一盏盏高悬的明灯，正引领着他不停地向前向前，坚持申诉。申诉结果怎么样呢？我们拭目以待。

（四）结局

"皇天不负有心人"，有一天，张一飞打听到朝廷派了名使者来本县视察，姓甚名谁已不清楚，所以冯梦龙在书中只好以"某巡官"为标题。巡官来后，张一飞立即前去衙门击鼓鸣冤。巡官问了案情，又传讯女婿某甲去录了口供，看了遗嘱。然后问掾吏有啥意见："诸位同僚，以为如何啊？"恐怕相当于今天法院的合议庭合议，集体讨论案情。大家都

---

① 郑克：《折狱龟鉴》卷八，严明。

说：遗嘱写得清清楚楚，县官也先作了不予受理的裁定。多一事不如少一事，还是维持县政府的意见吧，既不费神，又不得罪人，何乐而不为也？

巡官说："这个案子哪有字面上那么简单？看看你们，只晓得跑腿不懂得读书，就是见识少。读史使人明智啊！像这样的案子，史书里面相类似的，正是多了去了。容我思考思考。"

第二天开庭，巡官宣读遗嘱说："张一非，吾子也，家财尽与。吾婿外人，不得争夺。"

那时的文言文不打标点，不像今天逗号句号到处都是，而是用"之乎者也矣焉哉"这类字来断句。不妨做个文字比较：

"张一非吾子也，家财尽与吾婿，外人不得争夺。"

遗嘱按以前县官的读法也通，按巡官的读法也通。但意思却大大的不同，简直是天壤之别。

女婿某甲不服，还想抗辩。巡官说："你老丈人明明说'吾婿外人'，你还敢占据他的财产？"

"那遗嘱中的'非'也不是张一飞的'飞'呀？"

巡官喝道："老人家之所以把张一飞的'飞'写成'非'，是大有深意的。就是担心儿子年幼，得了家财反而会被你们所害。不给他分遗产，他是最安全的。给了他遗产，等于给了他一颗定时炸弹，反而不安全了。所谓见财起意，从古到今，因遗产而引起的谋财害命案还少吗？"

听到这儿，张一飞才明白了父亲不给自己留遗产的深意，真可谓用心良苦啊！原来父爱也可以用另外一种方式表达，不由得热泪盈眶，感动啊！

最后，巡官重新作出裁判，将家财全部判给张一飞，周围的人无不为之称快，书上说是"人称快焉"。

张一飞告状终于胜诉，那真是"咱老百姓儿，今儿个真高兴"。这样的结果固然皆大欢喜，但巡官的判案方法更耐人寻味。他为什么要对遗嘱重新断句、重新解读？这样做有没有道理呢？

第一，按照情理。在老百姓看来，姐姐姐夫占据所有遗产，不给年幼的弟弟分一杯羹，不管父亲留下的遗嘱是不是真实意思的表现，都不符合"义"的道德标准。《礼记·中庸》说："义者，宜也"。"义"，行为之宜。就是看一个人的行为合不合适，说白点就是在大面儿上说不说得过去，是不是太过分。比方一小孩掉水里啦，母亲正在着急，你一个猛子扎进水里救人，这就叫见义勇为；你说我不会游泳，那你在旁边帮着想办法或者大呼救命救命，它也是"义"。结果来了一个人，上去就对那母亲说："我水性好。给我两千块钱，我去救。"母亲说："先救人再说，要多少都可以。"那人说："先说后不乱。说好了我再下水。"这就是典型的不义。姐夫不给弟弟分一杯羹的做法显然太过分，是"不义"的。以前的断句方法，等于支持了这种不义行为，是缺德的，不通情理。

第二，依照法理。法定继承人无过错，被继承人不能剥夺他应有的继承份额，即便以遗嘱形式作了这种处理，依照现行民法的精神，也是显失公平的，遗嘱应归于无效。用大白话说，就是儿女没有过错，父母不能一点儿遗产都不分给他们，即便这样分了，那也是一碗水没端平，不应得到法律保护。那个时候虽然没有现在这样先进的民法理论，但主张公平公正的法理是有的。本案中的张一飞，在父亲留遗嘱时还年幼，能有什么过错？怎么能剥夺他的继承权呢？原来的解读，不通法理。

第三，参照文理。原来的断句"张一非吾子也"，意思是"张一"不是我儿。"张一"，姓张名一，俩字儿，而他家没有叫"张一"的这个人呐！只有叫张一飞的儿子，三个字。现在解释为"张一非，吾子也"，虽有错别字，但至少保证是三个字的人名，这种解读应该最接近张老板的真实意思。原来的解读，不通文理。

情理、法理、文理，三理不通，作出的裁判，又怎么能够以理服人呢？又怎么能够为民做主呢？这位巡官大人，作为朝廷命官，不拘泥于机械的法条，也不受字面证据的约束，打破形式主义，仔细探究形式下面所潜藏的各种道理，最后重新断句、重新解读，判案以后取得了"人称快焉"的社会效果，就是大家都说好。郑克在《折狱龟鉴》中对这种做法的评价是："谨持法理，深察人情也。"意思是既深明法理，又体察人情，才能使法律与情理得以统一，体现为官"严明"的形象。这，就是古代父母官的形象。

父母官的时代已经远去，但父母官的文化情结，如果能进行创造性的转化，对推进我们今天的干部队伍建设和法治建设，一定有着它不可替代的借鉴价值。

三、庾纯供养有阙案

在此我们来讲西晋大臣庾纯因不孝免官的故事，从中来分析古代孝道对供养父母有哪些要求，违背者又会受到什么样的法律制裁。

（一）案件起因

庾纯，晋武帝司马炎执政时期（265—290 年）的人，曾任中书令、河南尹等高级职务，封关内侯（中书令是帮助皇帝在宫廷处理政务的官员，负责直接向皇帝上奏的密奏"封事"。两晋时，这一官职最为清贵华重，常用有文学才望者任职。河南尹始置于东汉，治所在洛阳县，为提高河南郡的地位，其长官不称太守而称尹，掌管洛阳附近的二十一县，是典型的实权派）。一天，权倾朝野的大将军贾充（217—282 年）召集朝中大臣聚餐，庾纯来晚了。贾充很不高兴地对他说："你平时干啥事都走在前面，今天咋姗姗来迟哩？"庾纯说："旦有小市井事不了，是以来后。"意思是：早上在市场上有点小生意没有搞定，所以来晚了。朋友们会问，庾纯这样的省部级高官，还需要去市场上做小买卖吗？非也非也，他这话是指桑骂槐，讽刺贾充的。原来，贾充的先辈曾做过

"市魁",就是管理市场的小官;庾纯的先辈则做过"伍伯",就是在大官僚前开道的力役,跑腿儿的,两人的出生都很低贱,相互之间常常揭老底来羞辱对方。晋朝讲究门第,出身寒微的人,哪怕现在做了高官,也往往为人所瞧不起。庾纯的话,等于在提醒大家莫忘了贾充的先人不过是市井小吏。

贾充自认为在这一般朝臣当中"位隆望重",被庾纯当众冷嘲热讽,心里非常郁闷。等到庾纯来敬酒时,就拿起架子不喝。庾纯说:"长者为寿,何敢尔乎!"老哥我痴长你几岁,长者给你敬酒,怎么能不喝呢?贾充实在忍无可忍,大怒骂道:"父老不归供养,将何言也!"你父亲年老,竟不回家奉养老父,还有什么话好说。你这不孝之徒!

(二) 供养有阙

贾充骂庾纯"父老不归供养"。庾纯的这种行为,属于"供养有阙"的不孝。那么古人应当怎样供养父母呢?供养有阙又会受到什么样的法律制裁呢?

先来看一下古人是如何供养父母的?

供养父母,即供给父母物质生活所需,照顾他们的衣食起居。在古代又叫"养体"。汉代桓宽《盐铁论》中说:"故上孝养志,其次养色,其次养体。"[①]

"养体"是孝道的最低层次,也是最基本的要求。在今天应该相当于法律术语所说的尽赡养义务。换句话说,今天法律只对子女从物质上赡养父母进行调整,不调整"养志"、"养色"等精神层面的问题。如何才能把养体做好呢?可以从这两方面来看。

---

① 《盐铁论·孝养》。

1. 饮食

孔子的弟子曾子说："孝子之养老也，……以其饮食忠养之。"① 父母身强力壮时，饮食上没有什么特殊要求，反倒是他们照顾子女的居多。当他们衰老时，就特别强调子女的供养，在饮食上应当特殊对待。具体的做法为：

"五十异粢。六十宿肉。七十贰膳。八十常珍。九十饮食不离寝。膳饮从于游可也。"②

人到五十岁，身体开始衰弱，子孙们就应该为老人单独准备有营养的食物，不吃粗粮专吃细粮；六十岁以上的人，每隔一天要保证有肉吃；七十岁以上的人应少吃多餐，所以随时备有零食；八十岁以上的人，可以经常吃到精美的食物；九十岁以上的老人，应随时随地给老人提供食物和饮品，无论到哪里，都有充足的食品可以取用。

2. 起居

父母年迈，行动不便，需要人在身边照顾。孔子说："父母在，不远游。"依此衡量，似乎每一个出来求学、为官、干事业的人，都成了不孝之人啰！所以他老人家的话也是留了余地的，后面又加上一句，叫作"游必有方"。如果儿子出来是为国家办事，建功立业，就是有规矩方圆的，不能算不孝顺。但别忘了常回家看看，别忘了到关键时刻要回去照顾年老的双亲。

自古及今，忠孝之间不可避免会发生冲突，如果儿子都出去当官了，家里就缺乏人手照顾老人，无法尽孝；都猫在家里照顾老人，不关心国家大事，又无法尽忠。因而《礼记》在设计孝道理论时就做了变通。"凡三王养老皆引年。八十者，一子不从政。九十者，其家不从政。废

---

① 《礼记·内则》。
② 《礼记·王制》。

疾非人不养者，一人不从政。"①父母八十以上，一个儿子不当官，回家照顾老人；父母九十以上，全家人都不要去做官，都在家里照顾老人。如果老人身体有残疾或精神有疾病，不能像正常人一样生活，一个儿子不能做官，留在家中照顾老人。

不能满足父母的饮食起居的需求，叫作"供养有阙"，又叫"奉养不周"，是犯罪，属于生前不孝的一种。

（三）供养有阙的法律制裁

相关立法，大致经历了两个发展阶段：

1. 从汉代到魏晋南北朝为形成阶段

对"供养有阙"的犯罪大概有三种处理方法。

A. 死刑

父母告发，且要求处死不孝子女的，处死刑。

汉代《二年律令·奏谳书》记载："有生父而弗食三日，吏且何以论子？廷尉等曰：当弃市。"意思是三天不给亲生父亲饭吃应该怎样定罪。廷尉即当时的最高审判机关长官（相当于今天最高法院院长）解释说：应当处弃市死刑。

三天不给饭吃就判死刑，是不是太重了点儿？然而其他史料可以印证这一说法。《汉书·董仲舒传》记载：兄弟二人按月轮流赡养其父，在交替时，一方攻击另一方赡养不周，致父体瘦，告于官府。官府不能断，询问董仲舒。董仲舒则认为，兄弟赡养其父，互相攻击赡养不周，实属不孝，处以弃市。其父不能无养，由官府供养。放在今天，不赡养父母行为只是民事违法，不算犯罪，父母只能通过民事诉讼的程序（也

---

① 《礼记·王制》。

就是打官司) 向子女进行追索赡养费。

不供养父母处死的法律规定, 在魏晋南北朝也得到了沿袭。南朝宋大臣、著名天文学家、无神论思想家何承天 (370—447 年) 说:"法云, 谓违犯教令, 敬恭有亏, 父母欲杀, 皆许之。"① 不供养父母处死的法律规定, 也不能一概而论, 而是有限制条件的, 必须是父母告发且主动要求官府处死子女的, 才能处死刑。

B. 免官

如果父母不告, 但有其他人检举告发, 则用免官的方法进行处理, 主要是针对官僚贵族。对于一般百姓怎么处理, 史料中很难见到记载了。

西汉成帝时的丞相薛宣, 因不供养后妈, 被两次免官。薛宣后妈长期和弟弟薛修生活在一起。薛宣做丞相时, 薛修做临菑县令, 薛宣去迎接后母来和自己一起生活, 薛修不同意。后母病死时, 薛修主动辞职, 不当官了, 要去守丧。薛宣劝薛修说:现在为父母守三年丧的已经不多了, 你也就算了吧!兄弟由此发生矛盾, 关系不好, 薛修坚持守完三年丧。从此, 薛宣落了个不孝的骂名, 皇帝下诏说:"君为丞相, 出入六年, 忠孝之行, 率先百僚, 朕无闻焉。"免去他丞相的职务。

过了两年, 因新任丞相翟方进的推荐, 薛宣又得到重用, 做了给事中的官。博士申咸与薛修关系密切, 知道薛宣的丑事, "数称宣恶", 到处说薛宣的坏话, 攻击薛宣"不供养行丧服, 薄于骨肉, 前以不忠孝免, 不宜复列封侯在朝省", 不应该在国家重要部门工作。薛宣的儿子薛况多次听到申咸说他爹的坏话, 于是顾了个名叫杨明的杀手, 将申咸砍杀八刀, 鼻子和嘴唇都砍断了, 整个人给毁了容。事情暴露后, 御史中丞弹劾说, 申咸所说的, 正是薛宣自身的所作所为, "众人所共见, 公家

---

① 《宋书·何承天传》。

所宜闻"。情况就是这么个情况，问题就是这么个问题，大家都是知道的。薛宣不但不思改悔，其子薛况反而雇凶伤人，应处弃市死刑。后经公卿大臣讨论，决定对薛况在死刑的基础上减罪一等，徙居敦煌。薛宣免为庶人，归故郡，卒于家。①

C. 不告不理

父母不告，也没有其他人告发的，只有不了了之。316 年（西晋建兴四年），五胡十六国中的汉政权的刘曜，攻陷长安，俘晋愍帝司马邺，西晋灭亡。此时司马懿的曾孙司马睿坐镇江左。司空刘琨在河朔拥戴司马睿称帝，派温峤"奉表劝进"，也就是到江南去给司马睿送信，劝他当皇帝。温峤要去出差，老母亲却拽住儿子不让走，温峤只好挣断衣袖毅然离去。次年三月，司马睿即晋王位，即晋元帝，开始了东晋的历史。温峤的举动，违忤了母命，是不孝。当时母亲不告发，也没有其他人检举，因为温峤效忠朝廷，屡建大功，没有人敢检举他。既然无人告发检举，温峤自然就没受到处理，反而在官场上平步青云，"每爵，皆发诏"②。每次提拔干部晋升级别时，皇帝就以发诏令的形式对他特事特办。

2. 唐朝以后为完善阶段

到了唐朝，"供养有阙"的法律规定得以统一。

一是各种各样供养有阙的行为，统统处两年徒刑。《唐律·斗讼》："诸供养有阙者，徒二年。"

二是特别强调罪与非罪的区别。"疏议曰"对"供养有阙"的解释说："《礼》云：'七十，二膳；八十，常珍'之类，家道堪供，而故有阙者，各徒二年。"各家的经济条件不同，条件好的，可以按照《礼》当中的

---

① 《汉书·薛宣传》。
② 《世说·尤悔篇》。

说法来给父母供给饮食；条件差的做不到，不能都视为犯罪。"堪供而阙"是区分罪与非罪的关键。家里条件好，故意使父母得不到应有的饮食供给，才构成犯罪。

（四）案件处理

对供养有阙的法律制度进行分析后，我们再来看庾纯案是如何处理的。庾纯"父老不归供养"，属于父母不告但有人揭发的情形。

且说当时的情况。贾充和庾纯吵完架，贾充立即把事件捅到了晋武帝那里。庾纯事后也感到害怕，因为贾充是司马家的功臣，得罪不起，赶紧自觉交出河南尹、关内侯的印绶，上表作自我批评：贾充大人骂我"父老不归供养"，是个无天无地的不孝子，真是骂得对呀骂得好。《礼记》中说："八十月制"，父母年满八十后，就应该每个月都为他们做好各种准备，以防不测。我的老父亲已经八十高龄，我不但不思念父老的生养之恩，不回家去照顾他老人家，反而"怀禄贪荣，乌鸟之不若"，怀念俸禄贪图荣华富贵，简直连乌鸦麻雀都不如。请免去臣的官位和爵位吧。不久，皇帝下诏免去庾纯现任各种官职。

庾纯不归供养老父，是客观事实。但这种客观事实是不是已经达到了"供养有阙"犯罪的程度呢？

第一，《礼记·王制》中说："八十者，一子不从政。"庾纯有兄弟六人，有三人在家，"孝养不废"，没有违反礼的规定；

第二，《礼记·王制》中又说："礼，九十者，其家不从政。"父亲满九十，一家人都不能在外当官。而当时颁布《新令》，完全吸收了礼的精神，"又令，年九十，乃听悉归。"但是庾纯的父亲当年刚好八十一岁，未满九十。所以庾纯的行为"不为犯令"，没有违反法令规定。

（五）案中隐情

既然庾纯一没有违背儒家经义，二没有违反法令规定，不构成"供养有阙"的犯罪。为什么他在给皇帝的上表中，要承认自己不孝，自愿免去官职。中间有没有什么隐情呢？

先来看看庾纯这个人的情况。史称庾纯"博学有才义，为世儒宗"，是一个很有学问的人；同时个人品德也很好，"时人称纯通恕"。他和贾充不对付，因为贾充虽然大权在握，但人品却不咋地，其他人是敢怒而不敢言。庾纯却和他针尖对麦芒，和贾充吵架时，不慎说了一句让他肠子都要悔青的话。当贾充骂他不孝时，他竟回了一句："高贵乡公何在？"

这句话说得很重，可真是犯了大忌了。为什么呢？曹魏甘露五年（260年），司马懿的儿子司马昭当政专权，皇帝曹髦愤慨说道："司马昭之心，路人皆知也！吾不能坐受废辱，今日当与卿等自出讨之。"率领宫人三百余人讨伐。曹髦实在是太年轻了，当时才二十岁，带三百人就敢去讨伐军权在握的司马昭，不是拿鸡蛋去碰石头吗？实在是太冲动啦！冲动是魔鬼啊！司马昭马上派兵入宫镇压，贾充率军迎战曹髦，命令部下成济把曹髦做掉。成济一戈从曹髦胸部刺穿，曹髦立即死在车上。高贵乡公即曹髦。另立曹奂为帝，即魏元帝。没过几年，司马昭的长子司马炎逼迫魏元帝曹奂退位，自己即位为帝，建立了晋朝。庾纯说"高贵乡公何在"，暗藏的意思是想想曹髦是怎么死的，不正是被你害死的嘛！曹髦可是你的主子，你身为魏臣，而弑魏君。你说我不孝，你却是不忠。

这句话本来是事实，却揭了贾充的老底。得罪了贾充倒不说，还揭了当朝皇帝司马炎的老底，他的政权也是从曹家抢来的。这可是大逆犯上的言论，触犯了政治高压线，一旦追究起来，恐怕连脑袋都保不住。

庾纯越想越后怕，所以赶忙给皇帝写信，一方面大胆承认自己的不孝罪；一方面说自己酒喝多了，"臣不自量，饮酒过多。醉乱行酒，重酌于公，公不肯饮，言语往来"，以至于"昏乱仪度"，完全没有一个为官的样子，主动请求有关部门追究自己的罪责。他这样做是一种策略，希望上面关注他不供养老父的事，而忽略"高贵乡公何在"那句话的严重性，转移注意力，以求避重就轻。随后就被免去官职。由此可见，在官场上，说话是要把门的。像庾纯这种说话不把门的人，有什么话就冲口而出，很可能给自己招来无限的危机乃至杀机！

庾纯免官之后，皇帝司马炎又叫大臣们对庾纯"父老不求供养"的事件，根据礼典来进行讨论，看究竟是不是构成不孝。结果有很多大臣认为庾纯的行为是符合礼典的：除了重申庾纯有弟兄六人，三人在家照顾八十一岁父亲的客观事实外，还引用现行有效法令，"按今父母年过八十，听令其子不给限外职，诚以得有归来之缘"。按照当时的规定，父母年过八十，儿子可以在当地任职，不能在外地做官，以便经常回家探望。庾纯作为河南尹，治所就在郡内，能够经常回家看望老父亲。

庾纯的行为既不违礼，又不违法，免去官职不合理。司马炎也算大度，得知这些意见后，下了道诏书重新启用庾纯，任命他为国子祭酒。①国子祭酒是国子监的主管官，国子监是中国古代国立最高学府和官府名，传授儒家思想，其中最重要的礼仪就是祭祀。用今天流行的话来说，国子祭酒就是世上最牛大学的校长。

庾纯免官风波，以出人意料的结局而平息，但其中展现的以维护孝道为宗旨的传统法律文化，却值得我们深思。那就是年迈的父母双亲，不但需要我们从物质上予以赡养，更需要我们从精神上给予安慰！

---

① 《晋书·庾纯传》。

四、赵和智断地契案

唐代赵和智断地契一案，反映了传统法文化中清官理念在司法实践中所发挥的积极作用，值得今天反思与借鉴。

（一）案情简介

唐朝那会儿，咸通（860—873年）初年，赵和任江阴县令，接到一个无头公案，就是没有证据、没有线索的案件。事情的由来是这样的。

邻近的淮阴县有一农户"东邻"（东庄农民），他以自己的田庄作抵押向"西邻"（西庄农民）的农户借钱万缗（古代穿铜钱的绳子叫缗。一根绳子穿一千个铜钱，叫一缗，又叫一贯。一万缗就是一万贯，是很大一笔钱，古人有腰缠万贯的说法），同时将"庄券"（就是地契）交给西邻。第二年，东庄农民先还了八千缗钱给西庄农民，由于两家彼此很熟，就没有打收条，只约定还剩余的钱时，一并归还庄券。

第二天，东邻来还剩下的两千缗。想不到西庄农民突然翻脸，不承认已经归还八千缗钱的事实，硬逼东庄农民归还全部债务，才能将地契还给东邻农民。东邻顿时觉得天都要塌了，那可是自己的全部家当，就这样被吞了，不由得呼天抢地地哭；西邻农民根本不管，心想："男人哭吧哭吧不是罪。这年头，借钱的是孙子，欠钱的是大爷，你哭死我也不管，爱咋咋地！"东邻无奈，只好去淮阴县衙门告状。县大爷说："你这案子，'既无保证，又无文籍'。"意思是既没有人做担保、做证明，又没有字据。没有证据，叫我怎么审判？举证不能，驳回起诉。告到州里，州官也是一样的说辞。唐代地方政府分两级，县是最基层一级；上面是州，州上面就是中央政府。

东邻告状无门，眼看没有希望，有人告诉他说邻近的江阴县令赵和是个清官，不妨找他试试？赵和听了案情，说："这事儿不好办。我是江阴县令，管不了淮阴的事啊！非要去管淮阴的案件，叫作超越管辖，是违法的。"东邻眼看最后一线希望破灭，伤心痛哭如泪人一般，"鸟之将亡其鸣也哀"，那样子眼看要跳楼上吊，声音凄惨无比。赵和看了，心有不忍，怜悯之心油然而生，劝他说："别哭啦，我管。但要等我想想办法。"东邻听赵和说要管他这案子，顿时眼睛一亮，又看到了希望，磕头称谢而去。

（二）为官清明的清官文化

说到这儿，人们就会感到奇怪：赵和身为江阴县令，为何要去管淮阴县的案子呢？就像今天小品说的公鸡下蛋——不是它的活儿它要干。这背后有什么原因在驱使他呢？

我个人认为，仍然是清官文化中"为官清明"的品格在支撑着他。前面我把清官的文化内涵分为三种：清廉、清明、清正。"清明"的清官品格最重要在于两点，一是"公"，二是"明"。这就是儒家代表人物荀子所说的："公生明。"官员要有了公心，才能明察是非。

1. 公

"公"就是指做官的要有一颗为民做主的公心。用今天的话就叫为人民服务。赵和见东庄农民受了冤屈，淮阴县领导没能帮他解决；自己作为一名县级干部，帮他一把，正是清官文化中"公"的要求。在今天看来有超越管辖权之嫌，说俗点就是"狗拿耗子——多管闲事"，但在当时却能得到国家政策法律的支持。

首先，从政策上讲。唐代，中国古代社会进入繁荣期，国家高举儒家思想的理论旗帜。《唐律疏议·名例篇》（也就是唐朝法典的总则）中开宗明义说道："德礼为政教之本，刑罚为政教之用，犹昏晓阳秋相须而成"，意思是道德礼义是政权统治的根本，刑罚只是辅助手段，两个就像夜晚（昏）与白天（晓）构成一天，春天（阳）和秋天（秋）组成一年一样，缺一不可。具体到本案来说，眼见东庄农民受了冤屈，万一想不开走了绝路，而赵和不管，袖手旁观、不关痛痒、置之不理，这样做是缺乏公心的，是缺德的，违反了"德礼为政教之本"的政策。赵和要管，在法律上虽有超越管辖权的嫌疑，但却是为他县百姓做主的道德义举，符合"德礼为政教之本"的政策，更体现了儒家"以天下为己任"、"天下为公"的忧国忧民的情怀。就是范仲淹所说的"先天下之忧而忧，后天下之乐而乐"。

其次，从法律上说。唐朝尤其重视官员的品德修养，对官员的考核评比，将道德品格放在第一位。根据唐代法令的规定：考察干部有四善二十七最，就是四个大标准，二十七个小标准。第一善"德义有闻"，说白了就是要多给老百姓做好事，他们才会口耳相传地说为官好，一旦传到中央有关部门甚至皇帝耳朵里，就叫德义有闻。当时考察官员政绩，特别注意搜集群众意见，"欲考吏治，莫若询诸民言"。因此做官的特别重视与民众搞好关系，不但要干好本职工作；本职工作之外的工作，也时常帮着干干，很多地方就出现了官员帮助百姓收割麦子的现象，他们头戴斗笠、脚穿厚底布鞋，一身短衣打扮，手握一把镰刀，和百姓们一起同吃同住同劳动。不但要干好本辖区内的工作；本辖区之外的工作，也可以帮老百姓干干。所以像赵和这样要去管别县的案件、为他县的农民做主，正是法律规定中"德义有闻"的表现。

2. 明

"明"是指官员要有明察是非、惩恶扬善的信念，是清官文化赋予官员的神圣职责。说通俗点，就是要有打破砂锅问到底，非要把案情弄清楚的那股子劲儿，这样才能树为官以清明形象，还人民群众以清明世界。老百姓势力较弱，当官的代表着国家机器，有着强大的后盾，官员不为他们伸张正义，还有谁为他们伸张正义呢？

总起来说，赵和正是具备"清明型清官"、"公"和"明"的文化品格，有一颗为民做主的公心，有一股辨明是非的劲头，所以他毅然决定为淮阴县的东庄农民做主，受理该案。

（三）洞察是非的明辨能力

依照大唐法律，凡在江中犯罪，两边的县都有管辖权。江阴与淮阴隔一条江，虽各属一县却一衣带水。为了受理东庄农民的案件，赵和也不是横加插手，而是打了个法律擦边球，给淮阴县去了一纸公文，说本县在江中破获一起"叩江"案，也就是人们常说的江洋大盗案，同案犯供认，贵县有个西邻的农民也参与了此案，姓名、性别、年龄、体貌特征、住址如何如何，望贵县协助缉拿，押送本县听审。唐朝法律规定："诸鞫狱官，囚徒绊在他所者，听移送先系处论之。"[①] 意思是审理案件时，有罪犯在其他地方的，应移送到最初受理此案的衙门审理，相当于

---

① 《唐律疏议·断狱律》。

今天刑诉讼法中"共犯案件并案审理"的地域管辖原则。依照这一规定，淮阴县衙门显然只能把西邻地主协助押送江阴县，更何况江阴县说是这一桩江洋大盗案，那可是责任重大，敢不积极配合吗？

现在，人给带来了，又该如何去弄清事实真相呢？对这样一个"既无保证，又无文籍"的案件，也就是完全没有证据支撑的案件，一般官员躲都躲不及，赵和却偏要费心费力把他从淮阴地界弄来，在别人看来简直是自找麻烦。但一个受清官文化熏陶的清明型官员是不会这么看的，因为要查清疑难案件，历史上是有很多方法和经验的，是可以借鉴的，"办法总比困难多"。

古代社会，没有现代化的侦查技术，但也有成熟的审案方法。如《周礼秋官》中，专门总结办案技术为"五听"：辞（言辞）、色（脸色）、气（呼吸）、耳（听聆）、目（眼神），就是通过这五个方面去分析判断当事人陈述是否真实，是心理学在古代司法实践中的最早运用。清代绍兴师爷的鼻祖汪辉祖（乾隆时进士）说，自己正是因为能对"五听"运用娴熟，所以料事如神。每当原被告双方在庭上，自己先不说话，而是定气凝神，拿眼专注地盯着他们。时间一长，"情虚者"（即干了坏事心虚的人）就会"眉动而目瞬，两颊肉颤不已"，再出其不意地发问，往往真相毕露。别人以为我懂得相法，能辨善恶忠奸，其实不然，主要是得益于五听中的"色听"。①

《周礼》中对"色听"的原理是这样解释的，"观其颜色，不直则赧"。一个人干了坏事，骗了人，容易脸红，因为他要编造谎言，思维就会加速，血流量就会增加，血压也要增高，毛细血管扩张，自然就要脸红。比如现代京剧《智取威虎山》，侦察英雄杨子荣来到山上，土匪头子座山雕跟他对暗号，问："天王盖地虎。"答："宝塔镇河妖。"又问："脸怎

---

① （清）汪辉祖：《学治臆说·治狱以色听为先》。

么红了?"又答:"容光焕发。"再问:"怎么又黄啦?"再答:"防寒涂的蜡。"虽然对答如流，但脸色还是会发生变化。侦察英雄尚且如此，何况一般的人呢？所以，对这样的方法，如能巧加运用，也能做到明察秋毫，明辨是非。所谓运用之妙存乎一心。举个例子来说明这一点。

薛宣是西汉末年的丞相，"为吏赏罚分明"。他在当地方官任临淮太守时（今江苏泗洪县），遇到一桩怪案。农民张三和李四为争一匹缣（精织丝绢），闹到衙门里来。张三说布是自己的，李四也说布是自己的，双方都拿不出证据来证明。薛宣一看，这事难办，就说："一匹缣才值几个钱？哪里值得你俩自找麻烦，闹到官府来打官司！拿剪刀来。"把缣从中剪断，两人各得一半走人。两人出了衙门，张三伤心不已，念叨自己织布花了那么多工夫，竟碰上这么个瞎了眼的昏官，竟被剪掉一半，不停咒骂。李四则喜上眉梢，念叨说："好在碰上个瞎眼的昏官，让我白得了半匹布。"看来做昏官，不但蒙冤的当事人会诅咒，得了便宜的当事人也会瞧不起，两头不讨好。

没想到的是，此时，薛宣派的衙役正跟在后面，一切都看得清楚明白。得嘞，都带回去吧！薛宣呵斥李四，"你贪了别人钱财，还敢鄙视本官。老实交代，否则大刑伺候"。李四只得交代。

原来，张三扛着缣到集市上去卖，路途遇雨，他就把缣打开顶在头上挡雨。李四没带伞，对张三说："哥儿们，咱帮着你一块儿顶着布，也好遮遮雨。"李四说："没问题。"就同意了。过了会，雨停分手时，二人都说这缣是自己的，其他路人真假难辨，他俩一直闹到官府。至此，案情真相大白，张三得到了公正的判决，李四只好低头认罪，甘愿接受惩罚。①

本案中，薛宣主要运用了色听的方法。李四对缣被剪成两段，毫不

---

① 《折狱龟鉴·薛宣断缣》。

伤心，反而是眉飞色舞，嘴里还大呼感谢感谢，显然不是缣的真实主人。薛宣正是掌握了人的这种心态，顺利弄清了案件真相，为张三伸张了正义。当然这样的案件，在今天的诉讼模式中，就很难办了。第一，依照谁主张谁举证的诉讼原则，张三为原告，要证明缣是自己所有，必须举出相应证据，可缣上又没写他的名字，显然难以举证；第二，对法官而言，应处于中立地位，不能行使侦查权，也无法弄清李四是吃诈的。恐怕最后只能以驳回原告起诉结案。但站在社会效果的角度来看，法官固守法律条文，不主动查明事实真相，完全依赖于当事人举证；当事人举证不能，则任由案件"存疑"下去，也就是糊涂下去，这种做法恐怕也难以得到民众的认同。

历史上，像薛宣断缣这样的事例屡见不鲜，对赵和办案不但是一个很好借鉴，也是一种鼓励：没有证据证明的案件，只要能够用心去做，同样能办得成功。

（四）结局

最后，我们再回到唐朝的地契案。且说西邻农民被淮阴县官吏押到江阴县衙门，县令赵和问他："老小子，为何去江中抢劫，还不如实招来。"西邻说："俺是种地的，连船都不会划，咋能到江中去干那事儿？"

赵和说："还想狡辩，把你家财产，报个清单上来。"

西邻农民赶紧一一申明：家里有稻谷多少斗，是庄人某某归还的；有绸绢多少匹，是自己家的机器织出来的；还有铜钱8000缗。

听到这里，赵和厉声断喝："你一个农户，既不炒股，又不炒房产，家里哪来这么多现金。肯定就是盗赃！"

"不是盗脏。"西庄地主急忙申辩说："是东邻农民还债的钱。他家庄券地契都还在我家中。"赵和说："你敢和东庄的人当面对质吗？"西邻农民为了洗清自己江洋大盗的罪名，连忙说："敢！敢！"因为在唐代，江洋大盗要判处死，而赖账不认只是判笞杖一类的刑罚，就是打屁股。

这时，东邻农民被衙役带上公堂，见到他，西邻农民只好承认了还钱的事实。于是，东邻农民讨回了地契，对西邻农民"置之以法"。按照《唐律疏议·杂律》"负债违契不偿"条："诸负债违契不偿"，最少用笞打二十，最多用杖打一百下。①

这样的案件，在今天的专家学者看来，赵和的办案方法是诱惑侦查，是严重程序违法，损害了程序正义。但古人不这样看，反而还会为赵和明辨是非、为民做主的举动大加颂扬。在传统文化中，中国人更注重实质正义，只要最终能惩恶扬善、实现正义，对程序中的瑕疵是不太在乎的。清明型官员正是满足了民众的这种需求，所以能得到民众的拥护爱戴，古往今来，传颂不已。

---

① 《棠阴比事》下篇。

五、张英礼让地基案

清朝"六尺巷"的故事，是一个真实的诉讼案件。通过它，可以看到传统法文化中礼让的理念对民众法律生活的影响，从而形成中国古代独特的"无讼"观念，也就是不喜欢打官司的法律观念。

（一）案例简介

清朝康熙年间，安徽桐城县发生了一起争夺地界的诉讼案件。原告叶秀才（有的文献记载这位秀才姓吴）；被告张英，是当朝宰相。事情的由来是这个样子的：张家要盖房子，地界紧靠叶家，便沿着叶家墙根砌起了围墙。叶秀才提出要张家在中间留出一条路以便出入。张家认为，他家的地契上写明"至叶姓墙"为界，按地契砌墙没有什么不对，即使要留条路，应该两家都后退几尺才行，也就坚持不让。

叶秀才看张家把墙砌上了，中间没有留过道，出入不便，用今天的法律术语来说就是侵犯了自己的相邻权，简直是仗势欺人！秀才很生气，后果很严重，他自己写了一纸状文，告到了县衙，打起了官司。这时张英在北京为官，官至文华殿大学士兼礼部尚书，并不是真正的宰相，因为中国古代宰相这个官职在明朝就废除了，明清时期的大学士只是相当于以前的宰相。张英之子张廷玉（雍正、乾隆两朝名臣）这时也考中进士，在朝为官，后来也官至武华殿大学士，史称"父子宰相"。叶张两家实力相差十分悬殊。

一个穷秀才与当朝宰相打官司，亲朋好友都为叶秀才担心，怕他吃亏，劝他早点撤诉，但叶秀才就是不听，坚持把官司打下去。张家一看，"耶！小样，还敢告我，看能不能把你摆平"。立即写了封信，派仆人送往北京，向张英求援。咱们以今推古，就能想象得到信中的内容，无外乎就是叫张英给地方政府打招呼呗。张英接到家书，稍作沉吟，挥笔写了一首诗作为回信。诗中说道：

> 一纸书来只为墙，
> 让他三尺又何妨。
> 万里长城今犹在，
> 不见当年秦始皇。

诗中意思表明，张英对这场官司的态度是退让、不要打。依照法律规定，这场官司张家是能打赢的，因为地契上载明是"至叶姓墙"为界，有法律依据。张英身为国家一品高官，却不愿打一场有把握之战，在我们今天看来，不是法律意识低下，就是大脑缺氧了。那深层原因是什么呢？我们来作一番法文化的分析和追问。

（二）文化分析

受儒家文化的影响，中国古人形成了"无讼"的法律观念。

古代的诉讼大致可分为两种："狱"、"讼"。"罪名相告谓之狱"，相当于今天的刑事诉讼；"财货相争谓之讼"，相当于今天的民事诉讼。对于狱，被害人或被害人家属必须强制告发，绝不言退，类似的复仇案件。对于讼，则不愿诉诸官府解决，看得淡，不愿斤斤计较。可见古代的法律观念是有所争有所不争，有所告有所不告，是相互配套的。不能简单地批评古人法律意识低下。"无讼"指的是不喜欢打民事官司，而不是所有的诉讼。

无讼观念最早来源于《易经》。

《周易》"讼卦第六"："讼，有孚窒惕，中吉，终凶。"意思是人在遇到纠纷时，最好能忍辱负重、忍气吞声，如果非要涉讼不可，尽量保持平和的心态，做到"中"，不偏不倚，方呈吉祥；如果追求过度，则成"凶"兆。

为什么"讼"是凶兆呢？《易经》有十本解释性的工具书，叫《十传》，其中《象传》对此做了解释："天与水违行，讼。君子以作事谋始。"讼卦为水形。天道由东向西运转，水道由西向东运行，故讼与天道是相悖的，君子处世要小心谨慎，从一开始就要避免诉讼的发生。

这种"无讼"的思想，在后来的历史中，从三方面得到了发展。

一是思想上加以弘扬。

《易经》中将打官司视为不吉利之事，这样的观念，在孔子那里得到了进一步的发扬。《论语·颜渊》："子曰：'听讼，吾犹人也，必也使无讼乎。'""听"为审理之义，西周有"五声听狱讼"的审判方式。孔子的意思是，审理民事财产案件，我和别人差不多。但我的追求是让人们不要为财产争议来打官司。

这种不愿打官司的思想，古代各级衙门无不大力宣传，方式多样，如贴告示、张榜文等。有的还用门联来劝民息讼，清代山西平遥县的县衙大门楹联可以说明这一点：

莫寻仇莫负气莫听教唆到此地，费心费力费钱，就胜人，

终累己；

要酌理要揆情要度时世作这官，不勤不慎不清，易遭蹲，

难欺天。

在这样的思想教育环境中，古人把无讼当作是一种人生态度和生活智慧。

从正面来看，喜欢打官司会得不偿失。在相对封闭的农业社会，老百姓被固定在某一片土地上，一辈子生于斯、长于斯、老于斯，很少外迁，人与人之间真正是低头不见抬头见。就算官司打赢了，但和谐的人际关系也会打破，是不划算的亏本买卖。《易经·象传》中说："以讼受服，亦不足敬也。"① 就算通过争讼而得到了利益，也并不让人佩服。

从反面来讲，不喜欢打官司会因祸得福。不爱打官司，表面看起来会失去某些应有的物质利益，却能获得更加良好的人际关系，干起事来，既能减少别人的人为阻碍，又能得到更多人的支持，反倒容易成功。在这一点上，无讼似乎还受了道家思想的影响。"不争善胜"，老子在《道德经》第七章中说："后其身而身先，外其身而身存。非以其无私耶？故能成其私。"不争并不是真的不争，而是一种更大的争，第一是不树敌，减少人为阻力；第二是能够得到更多的支持，得道多助。比如一个官位，两派去争，上面一看，给了这一派，那一派会不服；给了那一派，这一派会跳高，干脆都不给，而给派性之外的没有参加争斗的人。所以无讼不争成为一种人生智慧。

有了这种比较，民众就不喜欢争斗。明代科学家徐光启的一句话，集中反映了这种民族性格。他说："一家不争便是家齐，一国不争便是

———————————

① 《周易·第六卦讼天水讼乾上坎下》。

国治，天下多不争便是天下平。……总来也只是个不争。"① 因为不争就不喜欢打官司，这种谦让，在今天的生活中也有遗传，比如咱们中国人在接受别人礼物时，总是会反复推让，绝不可能马上接过来就说"三颗药"，那是西方人的搞法。有位名人说，中西方的文化差异在于，西方人接受礼物后必然马上打开看，并说"哦买嘎的！我好喜欢哟！"而中国人总是要等客人走后才打开看。说明我们身上现在仍流淌着传统文化的血液。

二是制度上加以完善。

国家提倡无讼，是不是对民事纠纷就不管了呢？非也非也。古代社会将田宅、户婚、债务、地租、斗殴、相争一切小事，叫作"民间细故"，要求先进行调解处理。实在调解不成，再到官府来告状。为了提高调解的成功率，国家在制度上进行了相应的完善。

1. 民间调解可以采用强制手段。如在明初期，各地各乡设立"申明亭"，由本乡人推荐公直老人负责在申明亭的调解工作，并报官府备案。"凡民间应有词讼，许耆老里长准受于本亭剖理"，即民间纠纷小事由老人主持，在申明亭调解。调解时可用竹篦责打当事人，增强调处的威慑力，提高调解的成功率。所谓不见棺材不掉泪，不来点狠的，斯斯文文，郁郁乎文哉，恐怕很难搞成事儿。今天的民间调解之所以成功率较低，估计原因就在这儿。

2. 民间调解的结论有约束力。通过调解，当事人同意的，记入"和簿"，不得反悔。

3. 将调解作为诉讼的前置程序。明朝开国皇帝朱元璋在"教民榜文"中曾规定，不经调解而直接到官府告状的叫"越诉"，当事人要打六十下屁股，"不问虚实，先将告人杖断六十，仍发里甲老人量断"。只有先

---

① 《经筵讲义》，载《徐光启集》，上海古籍出版社1984年版，第521页。

经调解而没有解决问题的案件，才能告到官府。

三是司法中加以引导。

对诉来官府的案件，办案官吏多用调解之法解决，与当今法院的诉讼调解相似，做到案结事了，追求法律效果与社会效果的统一。具体做法多种多样，如自我谴责法、教喻开导法，多做思想教育工作，让当事人反省，最后主动撤诉或达成和解，培养民众的无讼意识。

最常见的就是拖延不办。明朝赵豫任松江太守，当地民众喜欢打官司，赵豫对此非常担忧，《明史·循吏传》中说他"患民俗多讼"，凡有人来打官司，往往好言相劝。耐心劝说道："明日来嘛明天来。"周围的人都笑他迂腐，传出"松江大守明日来"的民谣。① 殊不知有些为鸡毛蒜皮的纠纷就来打官司的人，常常是赌一口气。等其回家后，过了一夜，气就消了大半；或者被亲友劝阻，第二天就不来打官司了。

赵豫作为一方司法官员，对人性心理的了解是很透彻的，所以用"明日来"的策略来化解诉讼。据史料记载，赵豫在松江做太守十五年，地方政通人和，百姓拥护。由此看来，赵豫独创的"明日来"断案法则并非一无是处，也有它的可取之处。人生不如意者，十之八九，不可能事事称心、件件如意。一旦遇到什么困难挫折，不妨也来它个明天再说，防止冲动，岂不妙哉？俗话说：冲动是魔鬼。

有的执法官，为化解纠纷，不时采用一些出人意料的妙法。某知县受理一桩兄弟争讼遗产的案件，父母去世后，兄弟分家，哥哥说弟弟分得的遗产多，不合法；弟弟说哥哥分得的遗产多，不合理。知县眼见兄弟二人分歧很大，判哥哥胜诉，弟弟不服；判弟弟胜诉，哥哥不依，便郑重询问二人，是不是对方得到的遗产确实比自己多，双方都回答"是"。于是知县判决哥哥搬入弟弟家居住，弟弟搬入哥哥居住。搞得兄

---

① 《明史·循吏传》。

弟二人无言反驳，化争讼于无形。

由于思想、制度、司法三方面的作用，中国人形成了牢固的无讼观念。宋代著名诗人陆游告诫其子孙说："纷然争讼，实为门户之羞。"①

对"无讼"的法律观念作了全面梳理后，现在仍回到桐城那桩诉讼案。被告方张英，虽贵为宰相，但仍是古代中国人的一员，甚至是那时的人中精品、极品，自然也有着牢固的无讼观念，所以他写信叫家里人将围墙退让三尺，以化解纠纷、消除诉讼，正是这种观念在行动上的表现。今天看起来难以理解，在当时则是自然而然的事情。

(三) 案件结局

张英的态度虽然表明了，但案件究竟是如何发展的呢？

且说张英的家人接到回信，一看是这样一首诗，明白了主人的意思是要退让三尺，消除诉讼，就来到叶家，告诉叶秀才说自己准备明天拆墙，后退三尺重新修围墙。叶秀才以为是戏弄他，根本不相信这是真话。张家人就把张英那首诗给叶秀才看。叶秀才看了这首诗，十分感动，连说："宰相肚里好撑船，张宰相真是好肚量。"现在动不动就说笑点、看点啥的，看来老百姓的感动点是很低的，很容易被感动，也很善良。

第二天早上，张家就动手拆墙，后退了三尺。叶秀才见了心中也很激动，就把自家的墙拆了也后退了三尺。于是张、叶两家之间就形成了一条百来米长六尺宽的巷子，被称为"六尺巷"。一桩诉讼就这样圆满地解决了。

这条巷子现存于桐城市城内，2007 年 4 月，"桐城文庙——六尺巷"

---

① 《万金家书·陆游家训》。

被列为国家 3A 级旅游景区，成为中华优秀文化的遗产，是中华民族和睦谦让美德的见证。

现在我们来对"六尺巷"的案例做一个法律分析。

依照今天的法学知识，"六尺巷"的争议属于"相邻权纠纷"，单纯按照法律条文来办案，这个案子就很好办。如果把眼光放宽，既要考虑法律因素，又要考虑社会因素，就会发现这是个法、权、情交织不清的案子，有道是剪不断理还乱。谁去做这桐城县令，接手了这样的案件，都会十分棘手。我考虑，要妥善处理此案，无外乎三种策略，两种办法。

三种策略：

上策等待转机。看当事人双方能否自行和解；

中策诉内调解。劝解双方各让一步，既不得罪宰相，也不得罪秀才，搁平就是水平；

下策依法判决。如何判决呢？则有两种办法：

首先，判张家胜诉合法，还不得罪权贵。张家的地界有地契为据，上面载明："至叶姓墙"为界，因此张家紧靠叶家墙修围墙，是合法行为。立地契要向官府交税，官府要盖红印，叫"输钱印契"；因而地契又叫"红契"，具有法律效力。据此判张家胜诉，坚持是依法办事的原则。而且，张家贵为宰相，而叶家穷为秀才，势力悬殊简直是池塘里面看月亮——一个在水里，一个在天上。古人有"为政不可得罪巨室"的说教，今天某些人有"在火灾面前，让为官先走"的逻辑，照此理解，一个小小的地皮纠纷，委屈一下小民百姓，也不是不可以的！谁敢得罪当朝宰相呢？

其次，判叶家胜诉合理。两家比邻修房，中间留一条通道，既方便别人，也方便自己，是善良风俗的体现。张家紧靠叶家修墙，不留过往通道，违背了这一风俗。根据公序良俗原则，判张家败诉、叶家胜诉也是可以的。

本人以"小人之心度君子之腹"认为,在没有上策、中策的情况下,桐城县令很可能选第一种方法来下判决书:判张家胜诉、叶家败诉。这样判虽然缺德,但却是合法的。这叫作"依法缺德",所以不会有法律风险,更不会有政治风险。

《桐城县志》以及其他相关史料,对当时桐城县令如何办理该案没有记载。但从整个案情发展来看,张家把信送到了北京,张英的回信也带回了桐城,其间应该耗去不少时间,而不见桐城县官有何动作,说明他在等待。好在那是一个落后的时代,不但通信落后,观念似乎也落后,大家不喜欢打官司,所以既无人打电话说人情,又无人发信息作指示,否则不跳楼自杀,也得抑郁成疾!

在各种利益冲突碰撞的情况下,正是因为有"无讼"的法律观念,才刺激了转机的出现。张家放弃了利益诉求,主动退让,从而打造出一个真实而又美丽的传说——六尺巷。如果奉行"健讼"(诉讼至上)的法律观念,就可能不会出现互谅互让的六尺巷,而会走进"依法缺德"的黑胡同。

六、赵娥复仇案

曾经火爆上演的电影《赵氏孤儿》，是古代男性复仇的典范。这里我来讲一个古代女性复仇的代表——赵娥复仇。通过对本案的介绍、分析，我们既能领略到一个紧张而精彩的真实故事，又能了解到中国古代司法是如何处理复仇案件的。

（一）寻仇

赵娥是个女人，甘肃酒泉郡禄福县（即今肃州）人，生活在东汉末年灵帝时期（168—188 年），距今有 1800 多年。父亲赵君安，被同县恶霸李寿杀害。赵娥娘家有三兄弟，都想报仇，不幸在一场瘟疫中先后病死。家道惨烈，凄凄惨惨戚戚，此情此景，复仇的重任就落到了赵娥那柔弱的肩上。

赵娥暗怀愤恨，每晚磨刀扼腕，发誓要报仇。邻居徐氏妇人担心赵娥杀不了李寿，反被李寿所害，多次劝解她。因为李寿这人本来就很凶残。西晋文学家傅玄作乐府诗《秦女休行》颂扬此事，其中说道："庞氏有烈妇，义声驰雍凉。父母家有重怨，仇人暴且强。"面对如此"暴且强"的对手，赵娥绝不退缩，而是"潜备刀兵，常帷车以候雠家，十余年不能得"。她暗藏剑刃刀具，坐着安装了纱窗的驴拉车去侦查李寿的虚实。这样，李寿看不见她，她却能看见李寿，找准时机再动手，而不是蛮干。"在战略上藐视敌人，战术上要重视敌人。"赵娥正是这样做的。

赵娥寻仇虽然十几年都没能如愿，但她却是历经苦难、此心不改。赵娥为什么会有如此坚韧的复仇意志呢？除了父女情深的感情因素之外，还有一个重要原因，就是受了传统法文化的影响。

受儒家经典《春秋》复仇大义的影响，中国古代形成了"崇尚复仇"的文化心理。

我认为，古代的复仇问题，既是一个法律问题，更是一个文化问题。秦朝奉行法家思想，禁止私人之间的斗杀，不允许复仇。汉朝"罢黜百家，独尊儒术"，儒家思想成为国家的指导思想。因为儒家文化提倡"孝道"，大汉王朝在政治上就推行"以孝治天下"的方针政策。为父母报仇是孝的强烈表现；如果不报仇，会让父母的冤魂在九泉之下也得不到安宁，是不孝的表现，所以国家大力宣扬《春秋》这部儒家经典，因为《春秋》这本书是鼓励复仇的。

先做一个简单的学术介绍，《春秋》是"经"，为《春秋》作解释的工具书叫"传"，有《公羊传》、《穀梁传》、《左传》这三本，惯称为春秋"三传"。《春秋》的经和传都鼓励复仇，叫作"切复仇之志"（即坚定每个人复仇的意志），被称作春秋大义，在汉朝大得推崇，地位排在"儒家五经"之首。在春秋复仇大义的影响下，民众形成了"崇尚复仇"的文化心理。

请看《春秋·公羊传》的说法：

"子不复仇，非子也。"（隐公十一年）

意思是不为父母报仇，就不配为人子、为人女。如此简简单单七个字，作用却非常不简单。一方面，刺中了每个人最真实的内心情感，容易让人产生共鸣，谁都愿意听从这样的教化！另一方面，儒家经典自汉以后成为国家的正统思想，是最高指示，简直是一句顶一万句，违背它就是离经叛道，谁又敢不听从这样的教化呢？举个例子来说：

东汉初期有个名士叫周党，名士就是现在说的公众人物或者说公共知识分子。小时曾被人欺辱。在长安讲学时，读到春秋这句话，马上就回乡报仇去了。史称他"后读《春秋》，闻复仇之义，便辍讲而还。"①可见这句话的作用之大，简直比喝了一斤老白酒还要容易令人冲动。

我们说崇尚复仇是一种文化心理，那什么叫"文化"呢？"文化"就是"文而化之"。进一步说就是《易经·系辞》中说的"观乎人文，以化成天下"。"文"通"纹"。小孩没有皱纹，老人才有，因为老人有了生活经验教训的积累。人类已有的积淀就是"人文"，用这样的积淀去同化天下；同时天下也为其所化，就是文化。《春秋》的"子不复仇，非子也"。就是"文"，用这种文去教化天下百姓，同时天下人也被它所同化，就形成了关于复仇的文化。当我们在古装影视中看到有人说："不报此仇，誓不为人。"那咬牙切齿的样子，就是这种文化心理的外在表现。既然是一种文化，就不光是说"我要报仇，我要报仇"！那只是一种态度。文化就得讲究怎么报？君子报仇，报必有方。那可是有规矩、有方法的。

首先来看一看复仇的方法。分三个层次：

父母之仇，不共戴天。不是你死，就是我亡，只能是单项选择，不可能和仇人共同顶着一片蓝天苟且地活着，这是态度。怎么个报法呢？孔子告诉大家："寝苫，枕干，弗仕。……遇诸市朝，不反兵而斗。"要

---

① 《后汉书·遗民列传》。

睡草席，枕斧头，不当官。当了官就不好报仇啦！一旦遇到仇人，不管是菜市场还是办公室，立马就上，不要回家去拿兵器，《礼记·曲礼》把这种方法叫作"不反兵"。兄弟之仇也要"不反兵"，不要说还要回家拿双节棍来"哼哼哈兮"以壮声色，等你拿得来，仇人已像"波斯猫"那样"一转眼你就看不见"，岂不遗憾！以表示仇恨之烈。

堂兄弟之仇，报法就不同了。自己不要主动站出来当老大，如果堂兄弟家有人敢带头，就拿起刀枪棍棒去砸场子。《礼记·檀弓》叫这种方法为"执兵而陪其后"。

朋友之仇，就不和仇人在一个城市生活、工作，叫作"不同国"。佛教"八苦"中有一苦叫"怨憎会"。我恨你，还要经常看到你，不如躲远些，眼不见心不烦。

其次是复仇的对象。

要找凶手本人报仇，冤有头债有主，体现《春秋》"恶恶止其身"① 的原则。如果滥及其亲人，就是"推刃之道"，你来我往，冤冤相报何时了？

最后是复仇应遵循的原则。

报仇不要乘人之危，如果仇家有病，或家里正在办丧事，最好莫动手，那样才显得仁至义尽。汉朝人赵喜，为从兄报仇。来到仇家，仇人正生病卧床，不能起来接招，"无相拒者"。赵喜觉得这时动手，"非仁者心"，告知仇家说："等你们病好了，我还要来报仇，赶紧躲远些。"然后扬长而去。酷！根据《东观汉记》的记载，赵喜最后还是把仇家给干掉了。

崇尚复仇的文化心理一旦形成，它有多方面的内涵，同时也很难消除。如果说复仇的行动是激情喷发的火山，那复仇的心理就是暗流涌动

---

① 《春秋·公羊传》昭公二十年。

的岩浆。

在这种文化心理的支配下，赵娥复仇的意志更加坚定，那简直就是一架开足马力的战车，勇往直前，绝不回头。就像她自己所说："怨塞身死。"不报仇那股怨气足以把人给憋死。

（二）高潮

佛教偈语说："善有善报，恶有恶报。不是不报，时候未到。"灵帝光和二年（179年）二月上旬的一天早晨，机会终于来了。赵娥在都亭前与李寿相遇。此时的李寿单枪匹马，没有随从保驾护航。赵娥立即跳下车扣住李寿的马，厉声叱责。李寿虽然凶悍，但做了伤天害理之事，总归心虚，看见赵娥，回马就跑。

赵娥奋力挥刀砍去，没砍中，砍到了李寿的马屁股上。马受伤狂奔，将李寿摔在道路旁的水沟里。赵娥赶紧追上，又是一刀砍去，又没砍中。砍在哪儿呢？砍在路边的树干上，刀也给砍断了。此时李寿一跃而起，正要拔刀反击。"说时迟那时快"，赵娥徒手直奔李寿，"挺身奋手，左抵其额，右桩其喉，反覆盘旋，应手而倒"。这是史书上的描绘。意思就是左手抵住李寿的额头，右手抓住他的脖子，反复地拧，像现在特种兵一招制敌的招数一样。其仇恨如火山爆发，其动作如武松打虎。李寿终于气绝，结束了他罪恶的一生。

赵娥拔刀割了李寿的头，义无反顾地来到福禄县衙门自首。四周乡亲听说后，纷纷前往观看，无不感叹：父母之仇，不共戴天，但应该是男子汉的责任。赵娥作为女流之辈，而能报杀父之仇，"近古以来，未之有也"。

谁说女子不如男，赵娥叫人开了眼。

（三）处理

来到衙门，福禄县的官员面对赵娥：站在情感的角度，她是为父报仇的烈女；站在法律的角度，她又是故意杀人的凶手。这该如何是好呢？且看他们是怎么处理的：

第一种，消极放纵。禄福县长尹嘉一看这案子不好办，就叫赵娥跑："你走吧，我也不追究你，咱睁只眼闭只眼得啦！"赵娥不愿跑，说："既然杀了人，应该承担相应的法律责任。"尹嘉一看，噫，你还懂不起耶！判了你老百姓会骂我——缺德；不判你又违反了高祖以来订立的"杀人偿命"的法律规定——违法。简直是"耗子钻进风箱里——两头为难"。你不跑，我跑，咱不当这破官儿了，咱惹不起还躲得起！把官服、官印往县尉手上一塞，走了，伤自尊哩！

第二种，遣送回家。县尉（相当于今天的公安局长）接了个麻烦，又不敢公然叫赵娥逃跑。县尉只好悄悄教赵娥逃跑，找个地方躲起来。赵娥却大义凛然地说："我虽然是个妇道人家，但也懂得国家法律。杀人之罪，法所不纵。今既犯之，义无可逃。"县尉看实在无法改变赵娥的主意，思想工作做不通耶，只好强行用车将她送回家里。

下面我们对这一案件的处理作一番法律分析。

消极放纵也好，强送回家也好，虽然办法不同，但态度确是一样的，都不愿在法律上追究赵娥。那么，福禄县官员不追究赵娥复仇杀人的法律责任，在汉代有没有法律依据呢？

我可以明确告诉大家：没有。在东汉第三代皇帝汉章帝(76—88年)时期，曾经制定了一部《轻侮法》，允许子女为父母复仇。但到第四代皇帝汉和帝（89—105年）时期就废除了。赵娥案发生在东汉第十一代皇帝汉灵帝时期，此时《轻侮法》已废除七八十年啦！没有法律依据，福禄县官员仍然要宽容赵娥，还是受了儒家文化的影响。

受儒家经典《春秋》复仇大义的影响，中国古代形成了"宽容复仇"的司法传统。

秦朝禁止复仇，对复仇杀人的行为也要追究法律责任，所以汉朝人批评秦朝的法律是"刻薄少恩"、"亲亲之恩绝"。为了纠正这种机械执法的偏差，汉朝形成了《春秋》决狱的审判方法，遇到疑难案件，用法律规定来判案，可能会背离人情常理，就改用春秋经义来判案。这种新型的审判方式，汉武帝时出现，到唐朝才废除，前后流行了七八百年。用这种方法来审理复仇案件，自然是引用春秋经传中的复仇大义为依据。

请看《春秋公羊传·定公四年》中说：

> 父不受诛，子复仇可也。

意思是父母没有过错、没有犯法律规定的死罪，而被他人杀害，子女是可以报仇的。用这样的经义去审理案件，自然不能给复仇者定罪量刑，而应该予以宽容。由汉到清两千多年，为亲属报仇的勇敢者前赴后继；司法界宽容复仇的做法也一以贯之。形成了"宽容复仇"的司法传统。

大致有三类做法。

第一类是判决无罪。引用春秋大义，认定因复仇而杀人的行为不是犯罪行为，直接判复仇者无罪，当庭予以释放。

第二类是减轻刑罚。上报朝廷，由文武大臣讨论后进行减刑。这是唐朝出现的宽贷复仇的新型司法审判方式。因为唐朝已形成严格的法律体系——律、令、格、式，中国法律到唐朝已经很完善了，法官审案必须严格引用其条文，否则构成犯罪，要打三十下屁股，法律术语叫作

"笞三十"。春秋决狱便不太好使啦，逐渐退出了司法领域。遇到复仇这一类疑难案件，法官自己不敢定夺，只好逐级上报。上报理由大都是引用《春秋》里那句老话，有的也引用《礼记》中关于复仇的言论，以求给复仇者减刑。

唐宪宗时期，有个叫梁悦的人，父亲被秦果所杀。梁悦杀了秦果之后，到县衙自首。案子最后报到朝廷上来，唐宪宗很为难，依照儒家经典，父母之仇，不共戴天；按照我朝法典，杀人又该偿命。礼与法发生冲突，咋办？"下尚书省议。"尚书省相当于今天的国务院，议就是集体讨论，最后对梁悦从轻处罚，杖一百，配流循州（今广东河源市龙川县）。

第三类是免除刑罚。上报朝廷，皇帝直接下诏进行赦免。《清史稿》记载了这样一个案例。明清之际，李复新的父亲李际春被强盗贾成伦所杀。李复新告官，贾成伦被依法判了死刑。顺治初年，正好遇到大赦，贾成伦被免除死刑，死罪已免，活罪难逃，改处徒刑执行。狱吏（就是今天的司法警察）押送贾成伦去监狱。李复新埋伏在道路旁边，等其到来，举大石头砸向贾成伦，一招毙命。然后主动到县衙自首，县官为其孝行感动，上报朝廷，免除了李福新刑罚。地方政府还为他修了座孝烈牌坊，作为孝道教育的学习榜样。①

宽容复仇的司法传统，从汉朝形成，牵牵连连、缠缠绵绵，两千年未曾断绝，一直存续到清朝末年。

现在回到赵娥案，福禄县官员的处理好像属于第一类，但仔细分析后就知道不是。因为第一类宽容复仇的司法方式，是要用判决的形式确认复仇者无罪；而福禄县的官员只是内心认为赵娥无罪，却没有下判决书。

------

① 《清史稿》卷四百九十八。

首先是县长不愿下判。禄福县长尹嘉，作为一个县级领导，肯定懂得春秋大义，但不一定熟悉春秋决狱的操作方法，所以不知道怎样给赵娥下判才好，只好弃官而去，一走了之，看来业务水平还有待提高哦。如果直接用春秋决狱的方法认定她无罪，既能作出符合民心的判决，又可以保住乌纱帽。何乐而不为呢？

其次是县尉不能下判。作为一县的治安长官，县尉也应该懂得春秋大义，但他只有侦查权，没有判决权。在该案的处理中，没有权力下判决书，也就没有更好的办法，只好蛮干。宁愿自己犯包庇纵容（当时叫"见知故纵罪"）罪，也要把赵娥强行送走，但却是充满侠气的、舍己为人的、令人赞叹的"蛮干"。

赵娥虽然送回家了，但给人的感觉是：事情还没完。因为一个案件总得有一个判决，而赵娥案却没有。福禄县长和县尉的做法虽然都令人敬佩，但他们的处理是不彻底的，是留有尾巴的。万一哪天有人揪尾巴追查，岂不麻烦？那么，后来该案究竟是怎样结尾的呢？咱们拭目以待。

（四）结局

福禄县的上级酒泉郡太守刘班，酒泉郡的上级凉州刺史周洪，这两个人一个是正部级官员，一个是正厅级官员，当他们得知赵娥案后，立即共同向皇帝上表汇报，"称其烈义"，赞扬她是为父报仇的孝女。同时，少不了引用《春秋》中"父不受诛，子复仇可也。""子不复仇，非子也"的经文作为辩护依据。

汉灵帝一看奏章，哇！还有这等人物，奇女子也。奉天承运皇帝诏曰：赦免赵娥无罪，通报表扬。上面有政策，下面就贯彻。于是有了两个巨好的结果：第一，地方政府为赵娥立了孝烈牌坊，以资精神鼓励。

第二，政府官员给赵娥送钱送物送温暖，作为物质奖励。赵美女得了"束帛二十端"（一匹布有个端头，一丈八尺；二十端为十匹，共十八丈），是一笔大大的财富。

看来，酒泉郡太守刘班、凉州刺史周洪不但深明春秋大义，还很熟悉春秋决狱的具体操作方法，所以连忙上奏朝廷，取得了皆大欢喜的结局，达到了法律效果与社会效果的统一。可见，这样的领导水平就是高！

赵娥案到此就画上了圆满的句号，圆满得叫人有点儿不敢相信了。但在《后汉书·列女传》，在皇甫谧的《烈女传》，在《福禄县志》都有详细记载，佛教故事《二十四孝》还把她列为古代杰出女青年呢！

我们通过赵娥案，主要对古代复仇做了法律文化学的分析。看到了中国古代"崇尚复仇"的文化心理和"宽容复仇"的司法传统。

如果还要继续追问，可以得出这样的结论：复仇问题说到底就是国家公权力不到位造成的。公权力不到位，犯罪就得不到有效的打击，罪犯就有可能逍遥法外。被害人家属只好选择其他渠道来伸张正义，复仇作为一种有效的私力救济手段，自然就成为首选，同时也是不得已的选择。如果公权力及时到位，能有效打击犯罪，分分钟就能把罪犯绳之以法，谁还会自己去报仇呢？

当代社会，随着国家权力的深入、法治建设的推进，人民的生命安全得到有效的保护，罪犯难逃法律的追究，复仇的行为也就越来越少。少之又少，以至于没有复仇案件可以处理了，宽容复仇的司法传统也就不复存在。要注意的是，传统的断裂，不意味着传统背后的文化也随之断裂。积淀了两千年的复仇文化心理，在现实生活中也隐约存在，真可以叫作"天长地久有时尽，此恨绵绵无绝期"。

那么，怎么对待这种文化心理呢？我建议，大家既要有一分克制，又要有一分理解。因为克制，才能把复仇的文化心理纳入正确的法治轨道上来；因为理解，才能把传统文化中的合理成分转化到现实中来，推动当代司法的进一步完善，使之达到情、理、法相互融合的美好境界。

七、刘贺无耻被废案

汉代短命皇帝刘贺，一生只当了二十七天的皇帝。从他被废帝位的事件可以看到，一位寡廉鲜耻的皇帝，哪怕身居高位，也不能得其善终。同时看一看，古人为父母服丧期间应遵循哪些孝道？违反者又会受到什么样的法律惩罚？

（一）事件起因

刘贺（？—前59年），汉武帝之孙，昌邑哀王刘髆之子。刘髆这个人不出名，大家可能不熟悉，但他母亲却是个明星，就是汉武帝特别宠爱的李夫人，还说过"色衰而爱弛"的名人名言。刘贺五岁时，父亲刘髆去世，他接班当了昌邑王。公元前87年，汉武帝去世，武帝的幼子、刘贺的叔叔刘弗陵当了皇帝，即汉昭帝。

公元前74年，汉昭帝刘弗陵病死，没有儿子承继皇帝宝位。再来看与刘弗陵平辈的，汉武帝共有六个儿子，现在只剩下广陵厉王刘胥还活着，本来可以选他当皇帝。但大臣们认为他不着调，"王本以行失道，先帝所不用"，于是继续寻找其他合适的接班人，大运便降临到刘贺头上。当时的辅政大臣霍光等人，决定迎立昌邑王刘贺为帝。

依照儒家之礼："为人后者为之子也。"汉昭帝没有子嗣，即没有政治继承人，现在选刘贺为继承人，刘贺就应该为汉昭帝行父丧之礼。为父母守丧，衣食住行都有特殊要求，不能违反。否则构成犯罪。那么为父母守丧究竟需要遵循哪些礼节呢？

（二）居丧礼的内容

衣。要穿"斩衰"的衣服，俗称披麻戴孝。古代为亲人服丧，在服制上有要求，根据自己和死者的关系远近不同，来决定穿什么样的孝服，有斩衰、齐衰、大功、小功、缌麻五种，叫作"五服"。为父母服丧，穿"斩衰"这种孝服，即不缝边的麻布衣服。是五服中最重的一种。

食。哀发于饮食。守丧期间不能饮酒吃肉，以示悲哀。若因饮食问题而可能严重影响生命健康，则可变通，"有疾则饮酒食肉，疾止复初"。生病了可以适当吃肉，病好了就停。为什么呢？因为第一，长期不进营养，引起更深重的疾病，是不可取的，"毁瘠为病，君子弗为也"；第二，万一危及生命，孝子无法将守丧坚持到底，"不胜丧，乃比于不慈不孝"①，是一种更大的不孝。

住。哀发于居处。《礼记·问丧》说："居于倚庐，哀亲之在外也。寝苫枕块，哀亲之在土也。"孝子要在坟墓旁边搭盖草房子居住，睡觉时用草苫，头枕土块，表示自己与亲人过着类似的生活，以表达对已逝亲人的哀思。

行。杜绝参与一切与喜庆有关的活动。如嫁人娶妻、生儿育女、从事娱乐活动、饮酒吃肉、参加别人的喜宴等。

---

① 《礼记·曲礼》。

凡违背这些礼制，统统称"居丧失礼"。通俗地讲，即居丧不孝，是犯罪。

（三）刘贺是否"居丧失礼"

刘贺眼看就是要做皇帝了，一般来说，他肯定会在为前任皇帝守丧的问题上好好表现，以保证政治上的顺利交接。且看他是如何做的？《汉书·霍光金日磾传》等史书有详细记载。

朝廷派使者来昌邑王领地（今山东金乡县北）接刘贺前往京师长安主持丧礼。刘贺随使者天未亮便出发，半天急走了一百三十五里，"侍从者马死相望于道"。尽管着急奔丧，刘贺途中仍不忘玩乐，到济阳（今河南兰考东北），寻找"长鸣鸡"，作为沿途解闷的玩意儿；经过弘农（今河南灵宝北）时，叫家奴物色美女载于车上供其淫乐。

1. 居丧淫乱

刘贺这种行为已构成"居丧淫乱"罪。那么，什么是居丧淫乱呢？在汉代，这种罪名至少有三种表现形式。

A. 居丧嫁娶。为父母守丧期间，儿子不能娶妻，女儿不能出嫁，否则就叫居丧嫁娶，要受到法律制裁。"诸居父母及夫丧而嫁娶者，徒三年；妾减三等。各离之。"① 守丧期间，儿子讨老婆、女儿出嫁的，处三年徒刑；纳妾娶小老婆的，减三等量刑，同时要强制离婚。唐朝徒刑有五等，每半年为一等，纳妾"减三等"，就是在三年的基础上减三个半年，实际量刑为一年半徒刑。

B. 居丧生子。指在服丧期间生儿育女的行为，也为法律所不容。如在父母死前怀孕而生于服中，不为罪；服中怀孕而生于服外，仍为犯

---

① 《唐律疏议》卷一三，《户婚》。

罪。东汉的时候，山东青州乐安郡（今山东省广饶县）出了一个孝子赵宣。他在父母去世之后，守孝三年不够，干脆就住在墓道里了，而且一住就是二十多年，"乡邑称孝，州郡数礼请之。"他因此而名闻乡里，州郡两级政府多次以礼相请，给予了莫大的荣耀。郡内还准备以"举孝廉"的方式推荐他出来做官。后来乐安太守陈蕃亲自接见他，问起妻室儿女，才发现他有5个不到20岁的儿女，都是在丧服中生的。陈蕃登时勃然大怒，说：你在墓道里都干了些什么？圣人制定守丧之礼，就是要让贤者和不孝之徒都有所依循。你倒好，躲在坟墓里生出这么多娃儿，还号称自己在守丧，捞取孝道美名，简直欺骗人民群众，亵渎先人神灵，"遂致其罪"，即追究其罪责。①

汉朝时究竟给居丧生子的人判什么刑，史无明载。从后世的情况来看，是要受徒刑制裁的。唐朝法律规定："诸居父母丧，生子及兄弟别籍、异财者，徒一年。"②

C.居丧奸。依照汉朝制度，为父母守丧期间，与婚姻关系外的人发生淫乱，叫"居丧奸"，要受法律惩罚。张家山汉简《奏谳书》："夫、父母死，未葬，奸丧旁者，当不孝，不孝弃市；不孝之次，当黥为城旦舂。"在灵柩停放处奸淫，属不孝，处"弃市"死刑；在服丧期间奸淫，属于不孝之次，处徒刑，黥为城旦舂，即面部刺记涂墨，男性罪犯修筑城墙，女性罪犯舂米。例如武帝元鼎元年（公元前116年），隆虑侯陈融、陈季须兄弟（均为汉文帝外孙）为母亲（即文帝长女、馆陶长公主刘嫖）居丧期间奸淫，事情败露后，畏罪自杀。③居丧奸是居丧违礼行为中最常见的一种，当事人竟然畏罪自杀，估计法律制裁的力度很大。

在这三种情形中，刘贺在奔丧路上，将美女藏在车上淫乐，属于居

---

① 《后汉书·陈蕃传》。
② 《唐律疏议》卷一二，《户婚》。
③ 《汉书·高惠高后文功臣表》。

丧奸的范围。

刘贺还没走到京城，就已犯下居丧淫乱的罪了。到了京城之后又怎样呢？

来到长安城门，昌邑郎中令龚遂对刘贺说："按礼制规定，在奔丧路上望见国都时要哭。前面就是长安东郭门，您还是依法哭一下吧。"刘贺说："我喉咙痛，不能哭！"哭丧是礼制中最基本的要求，曹魏作家邯郸淳著《笑林》中讲到一事，一个呆子去给亲戚吊孝，不知该送啥才好，有人告诉他说：你家有啥就送啥呗！于是就拿了一斛（十斗）大豆去送给死了父亲的孝子，说："没啥好送的，只有一斛大豆相送。"孝子哭道："奈何啊奈何！"应该是因悲伤而发的感叹，意思是父亲死了，我该怎么办啊。呆子不懂，以为问他大豆拿来做什么用，说："可以当饭吃啊！"孝子还是哭个不停，呆子又说："你要是嫌不够，我就再送你一斛。"殊不知，孝子的哭，那是礼数的要求。

且说刘贺一行，最后来到了未央宫东阙，龚遂又提醒他要哭丧。刘贺知道这里人多，不哭是过不了关的，于是"下车，向西、拜伏，哭尽哀止"。表演到位后，接受皇帝玺绶，即皇帝位。

然而，就在汉昭帝灵柩还停放在前殿，尚未下葬时，刘贺已耐不住寂寞了。一是带领他的昌邑随从搞娱乐活动；二是饮酒食肉，作长夜之饮。

看来，刘贺来到京城，做了皇帝后，搞的尽是些荒唐事。史称他"既至，即位，行淫乱"。除了继续进行着"居丧淫乱"的犯罪外，至少还触犯了两桩罪名。一是"居丧作乐"，一是"居丧饮酒食肉"。

2. 居丧作乐

什么是居丧作乐的犯罪呢？刘贺又是如何触犯这个罪名的呢？

居丧之制本于孝子哀痛追思之心，所以在父母尊亲丧期之内，不能作乐歌舞。汉朝对居丧作乐如何处罚，缺乏史料记载，从相关案例来看，肯定是要处罚的。

汉武帝元鼎三年（公元前 114 年），常山宪王刘舜去世，太子刘勃（景帝孙）继承王位。刘勃是王后修的儿子，刘舜在世时，修不得宠。等刘舜病重时，那些受宠的姬妾在身边照顾。王后修心存妒忌，不经常守候在病危老公的身旁，而是动不动就回房间思考人生、睡大觉去了。太子刘勃跟他妈一样，也不去照顾老爹，也不为他尝药。等老头一死。"王后、太子乃至。"刘勃取得王位。后来，另一个不受宠的儿子刘棁告发，朝廷派使者来调查宪王葬礼，刘棁自言宪王病时，王后、太子不侍。等宪王死后，太子刘勃"私奸、饮酒、博戏、击筑，与女子载驰，环城过市，入狱视囚。"后经查证属实，刘勃被废王位，"徙王勃以家属处房陵。"房陵即房县，在今湖北十堰市境内。

由于国家法律禁止居丧作乐，所以社会上对这样的行为也是看不惯的，要给予强烈的道德谴责。十六国时期，后秦第二任国君姚兴(394—416 年) 执政时，有给事黄门侍郎古成洗，每每以天下是非为己任（给事黄门侍郎，汉代开始设置的官，六百石，为皇帝左右之官，传达诏命。魏、晋时为皇帝侍从官。齐、梁以后，因执掌诏令，备皇帝顾问，地位逐渐提高）。京兆韦高"居母丧，弹琴饮酒"。古成洗听说后，气得直咬牙，说："我一定要亲手宰了这个不孝的家伙，以尊崇风俗教化。"然后持剑四处追杀韦高。韦高吓得四处逃窜躲藏，"终身不敢见"。可见当时的社会风气，对居丧作乐十分憎恨。①

到了唐朝，对居丧作乐的处理就更完备了。"丧制未终，释服从吉，若忘哀作乐，徒三年；杂戏，徒一年；即遇乐而听及参预吉席者，各杖一百。"作乐，指丝竹、歌舞类娱乐活动，无论自身作乐或遣人作乐，性质相同，判徒三年；杂戏，指从事棋牌类游戏的，判徒一年；即使路

① 《日知录》卷十五《居丧饮酒》。

遇奏乐而去凑热闹听音乐的，吃别人家喜宴的，也要杖一百。这和我们现在的风俗大不相同，很多农村地区，老人去世，亲友会请来专门的乐队，通宵达旦地跳舞唱歌，与古人的情趣，确实格格不入。

再来看刘贺先生，先帝汉昭帝的灵柩还在前殿放着，他就和随从四处游玩，还召集让昌邑乐人击鼓、吹箫、唱歌、演戏；汉昭帝下葬的当天，又命令乐工"鼓吹歌舞，悉奏众乐"，搞演唱会。一点悲哀沉痛的样子都没有。是典型的居丧作乐。

3.居丧饮酒食肉

什么是居丧饮酒食肉的犯罪呢？刘贺又是如何触犯这个罪名的呢？

丧期不能饮酒吃肉，以表达对死者的哀悼之心。两汉魏晋南北朝，居丧饮酒食肉，为道德法律所不容。

先来讲一个反面例子。

魏晋之际的名士阮籍，就是典型。三国末年，司马昭主持魏国朝政，阮籍不拘礼教，母亲去世时，阮籍正和人下围棋，对方说不下了，阮籍坚持要下完。然后一口气饮酒二斗，大哭一声，吐血数升。母亲即将下葬时，"食一蒸肫，饮二斗酒"（"肫"在古汉语中作"豚"，就是小猪仔），阮籍吃了一只蒸乳猪，喝下两斗酒，说了些临终诀别的话，然后又是大哭一声，又吐血数升，"毁瘠骨立，殆致灭性"，骨瘦形削，完全没有人形了。当时的冀州刺史裴楷前往吊丧，阮籍"散发箕踞，醉而直视"，披头散发，两脚张开，两膝微曲地坐着，形状像簸箕一样，一双醉眼直勾勾看着裴楷。裴楷吊唁完毕就离去了。有人问裴楷："凡是吊丧的，主人家哭，客人也要礼貌性地哭上几嗓子。阮籍不哭，你为什么也不哭呢？"裴楷说："阮籍是方外之士，所以不尊崇礼典。因此也就不必拘泥礼节啰。"

没过多久，阮籍和司马昭一起坐着饮酒吃肉。司隶校尉何曾也在场，实在看不下去，就对司马昭弹劾阮籍，说：明公（对有爵位的权贵长官的尊称）您以孝治天下，阮籍这家伙为母服丧还要饮酒食肉，这可是犯罪，"宜流之海外（本指我国国境以外的地方，这里泛指边远地区），以正风教"。司马昭打圆场说：阮籍身体不好，瘦得快成鬼了，你看他这样子也不忍心啊！何况，"且有疾而饮酒食肉，固丧礼也"①。《礼记》中说，居丧时如身体有病可以饮酒食肉，这也合于丧礼的嘛。这件事至少可以反映三点：

A.居丧饮酒食肉是法律所禁止的，很可能就是判流刑。所以何曾建议将他流放边远地区；

B.司马昭虽然大权在握，也不敢公然违反法律，只好用儒家礼义来打圆场；

C.虽然没有给阮籍以法律制裁，但是当时的人是有意见的，"由是礼法之士疾之若仇，而帝每保护之"②。只是由于晋文帝司马昭老是保护他，其他人拿他没办法罢了。

再来讲一个正面例子。

自汉以来，正史常立《孝义传》。为父母居丧而能素食守节，往往能够名垂青史。东晋时有位吴隐之（？—414年），为母亲守丧期间，"尝食咸菹，以其味旨，掇而弃之"。只吃点咸菜下饭。后来觉得咸菜的味道吃起来也特美；他就连咸菜也扔掉了。哭丧之时，竟有两只白鹤在房顶盘旋不去，引来一大群大雁来聚集，集体鸣叫，非常悲壮，当时的人都说是他的孝行感动苍天，才出现了如此景观。善有善报，吴隐之与太常韩康伯是邻居（太常在晋代为九卿之一，主管礼仪祭祀与文化教育），韩康伯的母亲，是个贤明妇人，每次听到吴隐之的哭声，丢下筷子就不吃饭，不由自主地伤心流泪，然后对韩康伯说："汝若居铨衡，当举如

---

① 《礼记·曲礼》。
② 《晋书·阮籍传》。

此辈人。"你要是当了选拔干部的官儿，一定要选吴隐之这样的人去做官。后来韩康伯果然做了吏部尚书，相当于今天的组织部兼人事部部长，就推举吴隐之出来做官，官至御史中丞（魏晋时，以御史中丞为御史台正长官，相当于高检检察长），成为著名廉吏。①

到了唐朝，居丧饮酒食肉的法律规定就更清楚了，一般是比照"释服从吉"来处理。按照唐律，守丧期间脱掉孝服，穿上正常人衣服过正常人日子，叫"释服从吉"，处徒三年的刑罚，居丧饮酒食肉自然也是处三年徒刑了。

再来说刘贺，他服斩衰之丧，"亡悲哀之心，废礼谊，居道上不素食"，"常私买鸡豚以食"。经常私下买猪肉狗肉来吃，甚至与随从的昌邑官员偷吃祭灵用的供牲与美酒，"作长夜之饮"，是典型的居丧违禁。

（四）结局

刘贺干了这么多荒唐事，理应受到法律的制裁。但他是皇帝，是不是就拿他没办法了呢？

先来看看他的态度。刘贺当皇帝后，不但继续饮酒作乐，还发展到与昭帝宫人蒙等淫乱，并以诏令的形式命令掖廷令说："敢泄言要斩。"谁敢泄露自己的这些事情，当处腰斩之刑。掖庭令是主管后宫事务的官，由宦官担任。皇帝诏令具有最高法律效力，此令一出，谁还敢乱讲。

然而纸包不住火。辅政大臣霍光以"昌邑王行昏乱，恐危社稷"为理由，联合了几十名大臣，集体向汉昭帝的上官凤儿皇后（现在的皇太后）弹劾刘贺的种种罪行。指出刘贺自接受皇帝印玺以来27天，共做

---

① 《晋书·孝友传》。

了 1127 桩坏事，其中最具杀伤力的罪证，还是刘贺居丧不孝的那三件事。最后引用儒家经典"五辟之属，莫大不孝"，认为如此不孝之徒，"不可以承天序，奉祖宗庙，子万姓，当废"。

上官皇太后同意大臣弹奏，废除刘贺帝位，诏令他回去继续做自己的昌邑王。刘贺回到封地，因长期纵欲过度，"脸青黑，……患风瘫，行步不便"。没过几年便一命呜呼，终年三十三岁。

刘贺被废一事，说明在提倡礼义廉耻的传统社会，荒淫无耻之徒，哪怕贵为帝王，也会受到道德的谴责和法律的制裁。

八、姜诗休妻案

《二十四孝》中"涌泉跃鲤"的故事,又叫"姜诗休妻"。在《后汉书·烈女传》、《东观汉记》、《华阳国志·蜀志》和《水经注》中都有记载。反映了夫妻情义的文化理念对古代婚姻法律和婚姻生活的影响。

(一)情节简介

东汉初年,广汉郡(今天四川省德阳市)有一户农家,主人名叫姜诗。父亲早逝,他与母亲相依为命。《后汉书》说"诗事母至孝",他对母亲尽心侍奉,从不让母亲担心生气,孝名就在乡里传开了。同郡雒县(今四川广汉市)有位名士叫庞盛,他女儿庞三春聪明贤惠,从小学习诗书礼仪,织布裁衣,对父母也是百般孝顺,她的恋爱观就是要嫁一个孝顺父母的好夫君。后来就嫁给了姜诗,对守寡的婆婆"奉顺尤笃",打洗脚水,捶背揉肩,自己也乐在其中。

姜母日渐衰老,犯了眼疾。因为生活不便,脾气慢慢变得古怪。一天晚上,姜母梦到离家六七里远的江水可以医治自己的眼疾,便对儿子媳妇说起这件事。姜诗信以为真,叮嘱妻子每天去江中担水来给母亲喝，庞氏自然照办。说到这儿，可以看到这位姜帅哥虽然是个孝子，同时也是位大男子主义者。担水这种体力活儿，本来应该男人去干，他却叫庞美女去干。久而久之，姜母形成了只喝江水，不喝其他饮用水的习惯，史称"母好饮江水"。

一天，庞氏担水迟迟未归，姜母在家口渴难耐，内心烦闷，坐卧不安，一时怒起，便对姜诗哭诉："儿啊，你看看你这个媳妇，也不体恤你老娘。眼看我口渴要命，她还慢慢吞吞地不回来，像这样忤逆不孝的媳妇，你娶来做甚啊！今天你非得给我休了她！"老妈很生气，后果很严重。姜诗见母发怒，只得好言劝慰。就在此时庞氏正好取水回来，姜母见之便闹将起来，非要儿子将媳妇休去才肯罢休。姜诗心里虽然不舍，却不敢违背母亲心意，无奈之下将妻子逐出了家门。

（二）法律规定

姜诗就这样把庞氏休掉，有没有法律依据呢？

儒家经典中记载，丈夫休妻，有七种法定理由，叫"七出"。

《仪礼·丧服》：一、无子，二、淫逸，三、不事舅姑，四、口舌，五、盗窃，六、妒忌，七、恶疾。

《大戴礼记·本命篇》：一、不顺父母，二、无子，三、淫，四、妒，五、有恶疾，六、多言，七、盗窃。

妻子只要有其中一种情形，就可以休掉，又叫"出妻"，就是今天说的离婚。显然，姜诗休庞氏，引用的是《仪礼》第三条"不事舅姑"；或者是《大戴礼记》的第一条"不顺父母"。

在古代，舅姑指的是丈夫的父母，即俗话所说的公婆，公婆就是舅姑。不事舅姑就是不顺从公婆的心意。为什么公婆不叫公婆，偏要叫舅姑呢？

古典文献中，舅姑一词的使用是很频繁的。我们仅用一首唐诗来说明。唐朝诗人朱庆余写了一首《闺意》（后改为《近试上张水部》，是他临考进士之前写给当时的水部郎中张籍的，希望他向考官推荐自己），流传甚广：

> 洞房昨夜停红烛，待晓堂前拜舅姑。
>
> 妆罢低声问夫婿，画眉深浅入时无？

诗中描写了新媳妇拜见公婆前的各种准备工作和惶惶不安的心态。说明"舅姑"就是公婆。之所以将公婆叫作舅姑，因为在历史的某一阶段，作为血亲的"舅"的子女，和"姑"的子女是可以通婚的，或者说兄弟的子女与姊妹的子女能够相互通婚，这就是婚姻史上的姑舅表配婚（中表婚）制。由此形成的婚姻，男方的父亲有可能是女方的舅舅，或者男方的母亲有可能是女方的姑姑，所以公婆就有了"舅姑"的称呼。

不事舅姑，即不顺从公婆。当然，这种"不顺"还没有达到"不孝"的程度。如果达到不孝的程度，比如打骂、杀伤公婆，就不仅仅是离婚了，而要遭到刑法意义上的惩罚，被治以不孝罪。"不顺"只是遭受婚姻法意义上的惩罚——解除婚姻关系。

（三）不顺父母的种种情形

"不顺父母"的法律规定，有些什么情节呢？或者说，在哪些情况下，可能构成不顺父母呢？归纳起来，主要有三种情形，可以把它归纳为"三不"。

第一，服务不周。

夫妻者，所以承养舅姑也。在饮食起居上，照顾好公婆是媳妇应尽的义务。《礼记·昏义》云："舅姑入室，妇以特豚馈，明妇顺也。"古时有个习俗，新媳妇进门后，头三天要下厨房做饭，表现自己做家务的能力。

唐朝诗人王建的《新嫁娘》一诗中说：

> 三日入厨下，洗手作羹汤。
>
> 未谙姑食性，先遣小姑尝。

可见媳妇为了从生活上照顾好公婆，颇费心思。真能这样去做，婆媳关系就能够搞好。从利益的角度考虑，只要把婆婆搞定了，婚姻就稳定了。

反之，在生活上对公婆照顾不周的，就可以用不事舅姑的理由休妻。

孔子的弟子曾参以孝顺出名，是孔子最为看重也大加赞扬的大孝子。他母亲死后，父亲娶了后妻。史称"参后母遇之无恩，而供养不衰"。后母对曾参百般挑剔，但他对继母仍十分孝顺。后母喜欢吃一种名叫"藜"的野菜。一次，曾参去采了些藜菜，本想做给后母吃，遇事外出，吩咐妻子做给后母吃。结果"妻蒸藜不熟，因出之"。妻子不知是粗心大意还是手艺不好，没把菜蒸熟就给后妈吃。后妈认为媳妇是故意要虐待自己，大怒。曾参回来后，对媳妇大加批评说："蒸藜这点儿小事都干不好，遇到大事还能办好吗？"就把妻子给休掉了。此后再也没续娶。①

第二，态度不好。

《礼记·内则》记载："妇事舅姑，如事父母。"媳妇对待公婆，要

---

① 《孔子家语·七十二解》。

像对待自己的老爹老妈那样。而对待自己的父母,《弟子规》就说了,"亲有过,谏使更。怡吾色,柔吾声。"如果在公婆面前声音如狮吼,行动如狼奔,把锅碗瓢盆搞得"砰砰"响,估计就是态度不好了。西汉末年的鲍永,以学习儒家经典《尚书》为专业,孝养后母。有一天他的妻子在他后母面前骂狗,估计声音很大,作咆哮状。鲍永认为妻子对婆母态度恶劣,不懂礼节,不守孝道,就把妻子给休弃了。①

唐代科举考试中,尤其重视"判"的书写。为了供科举之人学习,以应付考试,有人撰写专门的"拟判",也就是虚设的案例和判决。著名诗人白居易著的《拟判》中,就有一则典型的"姑前斥狗"案例,很可能就是以上述鲍永休妻案为蓝本的。拟判中说:甲的妻子在婆婆面前骂狗,甲就将妻子休掉。白居易认为,媳妇在婆婆面前骂狗是不对的,"细行有亏,信乖妇顺","叱狗愆仪",有违礼仪仁义。但"若失口而不容,人谁无过",人非圣贤孰能无过。所以甲不应该休妻,应当把她迎回家来。②

古时候,媳妇对公婆有意见,是绝对不敢公开表达的。如果用语言表现出来,就成了顶撞、骂詈公婆,是犯罪。汉代以来骂詈公婆是要判死刑的,谁又有那么大的胆子呢?因此婆媳关系可以套用贾谊《过秦论》的一句话来形容:"使天下之人不敢言而敢怒,独夫之心,日益骄固。""使天下媳妇不敢言而敢怒,婆婆之心,日益骄固。"婆婆对媳妇有意见,可以训斥责骂;媳妇对婆婆怨恨,却不能言说,往往就会采用其他方式来表达。小时候我在农村,经常看到一些媳妇为发泄对婆婆的不满,常常会借鸡骂狗、指桑骂槐。听话听音,周围的人都知道她在骂谁。若有旁人去干涉,她会说"我在骂狗,又没骂人"。其咆哮之状、

---

① 《后汉书·鲍永传》。
② 《全唐文》卷六百七十二。

泼悍之色，令人心惊胆战。鲍永之妻当着婆婆面骂狗，白居易说是"失口"。我看恐怕没那么简单。

第三，观念不合。

老年人和年轻人，对很多问题看法不同。现在很开明，讲的是求同存异。但在那时，只能求同，不能存异。年轻人必须接受长辈的教化，媳妇必须统一于公婆的看法，否则就要糟糕。《礼记·内则》："子妇未孝未敬，毋庸疾怨，姑教之；若不可教，而后怒之；不可怒，子放妇出，而不表礼焉。"媳妇有不孝敬的地方，不要恨不要怨，而要先教育；若教育不听，可以发脾气；不能发脾气的话，由儿子休弃她，但不要向社会明说她的失礼之处。

汉代《乐府诗》代表作《孔雀东南飞》中的故事，老公焦仲卿将老婆刘兰芝休掉，应当就是这一类。诗中描绘刘兰芝的形象是："指如削葱根，口如含朱丹。纤纤作细步，精妙世无双。"如此美人儿，怎么婆婆就不待见呢？

估计刘兰芝在那时算得上是个女知识分子，"十五弹箜篌，十六诵诗书"，既有音乐才华，又熟读诗书，恐怕思想观念上也比较激进。而婆婆是老顽固，接受不了她的行为做派。就像今天，小年轻喜欢唱通俗流行歌曲，"我爱你，爱着你，就像老鼠爱大米"；或者唱一些"狼爱上羊"一类的小曲。老年人则喜欢"临行喝妈一碗酒"的老歌，一听年轻人唱的调调，心想：这哪儿是人说的话，简直是驴唇不对马嘴，气就不打一处来；教年轻人改，有的年轻人虽然不和长辈顶嘴，不发生正面冲突，但却是虚心接受、坚决不改。长此以往，双方关系自然紧张。所以焦母对他儿子说的离婚理由，就是"此妇无礼节，举动自专由。吾意久怀忿，汝岂得自由"！说明刘兰芝的行为，她已经很久都看不惯了，非要焦仲卿休掉她不可。

综合上面三种情况来讲，姜诗休弃庞三春，在这三种情况中，明显属于第一类：服务不周。

庞氏去江中担水，"不时得还，母渴"，很长时间没回来，婆婆口渴难忍，发怒大骂。姜诗不知道庞三春为啥不能及时归来，是不是出去打牌啦？是不是出去搬弄是非啦？是不是躲在哪儿偷懒啦？害得婆婆没水喝，显然是服务不周。于是，"诗责而遣之"，姜诗是个孝子，时时处处都要考虑母亲的感受，就不问青红皂白把庞三春责骂了一顿，然后一纸休书将她休掉。

（四）不顺公婆的文化揭秘

仅仅是不顺从公婆心意，就要离婚。今天看来是极不合理的，实在是太过草率，太不把人当人了。为什么古今的看法，会有如此巨大的差异呢？潜藏在这种差异背后的文化奥秘又是什么呢？我分析，主要有如下两点。

1. 婚姻观念不同

古代婚姻以等级差异为观念，现在婚姻以平等自由为观念。

古代生活以大家庭为背景，不同角色必须坚持一定的规矩，即伦理道德，才不会乱套。父辈有父辈的伦理，《说文》中说，"父"这个字，"家长率教者。从又举杖。"说明父字本身就含有率教与用木杖惩罚的双重含义。这就是父权，母权是父权的延伸。父母在家庭中处于支配地位，高高在上，不可冒犯。反之，儿子辈有儿子辈的伦理，媳妇随从丈夫，在家庭中处于被支配的地位，必须服从，父辈与子辈是不平等的。从人性的角度看，儿子顺从父母，出自天性，所谓"父子之亲，天性也"，容易认同这种不平等；媳妇顺从公婆，则出自"义"，并非天性，因为他们没有血缘生养关系，很难认同这种不平等，这也是很正常的现象。这就需要用文化来培养，所以儒家有"三从四德"的纲领，要求女性从小培养起顺的意识和观念，"在家从夫，出嫁从夫，夫死从子"。对于公婆，《礼记·昏义》中说："妇顺也者，顺于舅姑，和于室人，而后当于夫。……故圣王重之。"媳妇好不好，先看她是否孝顺公婆，是否和小叔子小姑子妯娌们和睦，其次才看她与丈夫是否和谐。……这简直就是圣明君王所重视的国家大事。在这种文化环境中，女性普遍形成了以柔顺为美的观念。如果说"军人以服从为天职"。那么，在古代社会"以服从为天职"的，还有一种人，那就是女人。

现代婚姻以小家庭为背景，儿子媳妇和公婆住在一起的情况虽然存在，但是很少，发生矛盾冲突的可能性较少。尤其是，父辈和子辈之间的观念，不再是等级差异，而是平等自由。公婆对儿媳妇不再是指挥命令，而是尊重；媳妇对公婆也不再是一味顺从，而是尊重。彼此尊重，是现代人的家庭伦理。

2. 婚姻基础不同

古代婚姻以尽孝为基础，现在婚姻以感情为基础。

受儒家孝道文化的影响，孝为百善之首。家庭之中，对父母尽孝的道德伦理高于一切。婚姻以尽孝为基础，至少体现在三个方面。第一，婚姻就是为尽孝道而缔结的：上以敬养老人，下以传宗接代，夫妻间的情感则屈居第二位，就是孝道大于爱情。第二，媳妇孝顺公婆，即便和丈夫关系不好，也不能离婚。《礼记·内则》说："子不宜其妻，父母曰，是善事我，子行夫妇之礼焉，没身不衰。"儿子不喜欢妻子，爹妈会说，她是来伺候我们的，你喜不喜欢管什么用？反之，"子甚宜其妻，父母不悦，出"。媳妇不孝顺公婆，即使和儿子关系再好，也得离婚。第三，媳妇为公婆守丧三年，尽了孝的义务，这样的媳妇也不能休。古代禁止离婚有三条原则，叫作"三不去"，其中一条就是"为更三年丧"。结婚、离婚都是以孝为取舍标准的，夫妻之间的情感，不是考虑的重点。

现代婚姻观是以夫妻情感为基础，情好则合，不好则去。法院判决离婚的焦点，就是看夫妻感情是否破裂。因此，孝顺公婆不能成为禁止离婚的理由，不孝顺公婆也不能成为强制离婚的借口。

正是有了上述两方面的差异，所以今人认为，媳妇与公婆是平等的，没有必要一味顺从，彼此尊重就足够了；即便不顺从公婆，也只是道德问题，而不是法律问题，不能作为离婚的法定理由。而古人认为，儿媳妇顺从公婆是天经地义的，不顺就违背孝道，应该离婚，而且法律也加以支持。美国的法人类学家霍贝尔说："法律归根到底是文化的产物。"将"不顺舅姑"作为离婚的法律规定，正是汉代以来儒家文化盛行的必然结果。

（五）结局

庞三春对自己被丈夫以"不顺舅姑"的理由休掉，有没有意见呢？她后来又是怎么做的呢？

庞氏之所以担水晚归，并非故意。而是那天回家时刚好碰上逆风，难以行走，以致回家太晚，惹得婆婆生气，丈夫责骂。但她一没有以理抗争，说这可是"不可抗力"；二没有大吵大闹，说明"妇顺"的价值观念已经深深埋在她心里。正如古代女性道德教材《女儿经》中所说："公婆言，莫记恨。丈夫说，莫使性。……事公姑，如捧盈。"

庞氏遇到这么大的人生变故，不但没有怨恨，反而如孟子所说："爱人不亲，反其仁。……行有不得者，皆反求诸己。"[①] 更严格要求自己。悄悄地住在了邻居大妈家中，日夜纺纱织布，用布匹卖得的钱财在街市买回好吃的，让邻居大妈送回家中给婆婆食用。时间长了，婆婆觉得奇怪，你学雷锋也不能天天给我送好吃好喝的呀！后来邻居大妈终于

---

① 《孟子·离娄上》。

道出了实情。"姑感惭呼还，恩养愈谨。"婆婆觉得十分惭愧，赶紧把媳妇庞三春召回家来，彼此感情越来越好。

此后，姜诗与庞氏孝养老母。母亲喜欢吃鲤鱼，"夫妇常力作供鲙"。两口子勤劳苦做，到处打工挣钱来买鱼。突然一天，姜家房屋侧边流出一股泉水，味如江水，每天早晨还从泉水里跳出两条鲤鱼，正好用来供母亲饮食。周围的人都说是孝行感动了天地，才会出现如此奇异的自然景观。130年，东汉顺帝御赐在姜诗故乡建立孝子祠堂，供人祭祀。元代郭居敬编著《二十四孝》一书，把姜诗夫妇的孝行写入书中，这就是"涌泉跃鲤"的故事。

后　记

　　自 2011 年以来，我在央视《法律讲堂》栏目主讲"中华法文化"，至今已积累数十余集。在曾经的学术评价体制中，学者上电视往往被讥为不务正业；讲坛类电视节目更会被有学术话语权的大人先生们视为"俗"物，让讲者油然生出一种"狗肉做宴席——上不了台面"的自卑感，故而不敢把节目文稿拿来，以印刷品形式登台亮相。今逢学术界破除"唯论文"顽疾之良机，遂产生付梓出版的念头。

　　法文化之所以在法治建设中至关重要，不仅仅在于它要研究、诠释法律之"文"：包括与法律制度有关的种种文本、文字与文章，更在于要将这种种之文"化"入民众之中，使芸芸众生能够听得懂、信得过、用得上，能够在内心得到消化，在言行上引起变化，"文而化之"的功效，方能得到显现。然而，我们的法学界似乎更注重法治之"文"，而轻视法治之"化"，只要能发表"谁写谁看，写谁谁看"的文章，就可以得意得不要不要的，连走路都会迈着六亲不认的步伐；就可以晋级、晋职、拿奖金，年终总结时还能坐前排而被灌米汤、受吹捧，前途一片光明，至于老百姓读不读得懂，能不能消化，便事不关己、高高挂起了。讲个段子，以明其理。

一秀才因有了学问便不说人话，见卖柴人则呼之，曰："荷薪者过来。"卖柴人不知"荷薪者"是啥意思，但明白"过来"之义，担着柴就来到秀才面前。秀才问曰："其价几何？"卖柴人不懂整句话的意思，却明白"几"的意思是讲价，报了个价格。秀才叹曰：你这担薪，"外实而内虚，烟多而焰少，请损之。"卖柴人一句都没听懂，只好担柴而去，一桩买卖就此泡汤。

法学学术的话语系统，与秀才思维相类，使用的都是专业术语，用于写论文专著、开学术会议、编教材则可，用于大众传播则不可！假比有人向您讨教，什么是法律观念？您给他说，法律观念就是人们对现行法律的看法和想法，他就懂了。结果您却如某些大咖那样，一边拂拢着思想家一般的长发、一边从眼镜片中透射出深邃的目光，说："法律观念是在这个记忆框架上的思维层面上的理路范式之再现。"估计别人就会像卖柴人一样趔身就走。如此，则法治之"文"就始终是高居象牙塔中的阳春白雪，难以转"化"为民众喜闻乐见的下里巴人；法学研究也会陷入"谈笑皆鸿儒，往来无白丁"的围城之中，法文化"文而化之"的功能，也就成了一句空话。

传统的法学研究自然是伟大神圣的，人人都得顶礼膜拜。鄙人也是以此作为"饭碗"之学的，自然要举双手赞成。然而固守这种评价机制，必将限制法治文化的生命活力，失去其应有的社会价值。时值国家加强法治文化建设之际，相关文件指出：除了写文章外，还可以"运用各类融媒体手段和平台"，以推动法治文化的深入。可见法治文化建设，不仅需要严肃的理论研究，也需要活泼的大众传播。思路的转变，必将引领法治文化建设方式的转变，只有将高深的问题通俗化，将复杂的问题简单化，将枯燥的问题趣味化，才能让古往今来的良法美意，变成普罗大众津津乐道的谈资。"旧时王谢堂前燕"，方能"飞入寻常百姓家"。

《易经·系辞》中云："观乎人文，以化成天下。""文"通"纹"，乃经验教训、知识智慧的积淀。文化的真谛在于用人类既有的"文"去"化"天下；中华法文化的真谛则在于用中华传统法律中优良的"文"，如仁义、孝慈、诚信、礼让、廉耻等，去"化"天下，使天下人在不知不觉中变得仁义、孝慈、诚信、礼让，变得尚廉知耻。这样一来，个人品质自然养成，文明程度自然提升，社会秩序自然和谐，法治的基础也就在不知不觉中培育起来。"润物无声春有功"，此法文化之功也。

斯为愿！

龙大轩

2021 年 11 月于山城

责任编辑：张伟珍

图书在版编目（CIP）数据

道路与理念：中华法文化趣论／龙大轩 著 ．—北京：人民出版社，2021.11
ISBN 978－7－01－023756－5

I.①道⋯ II.①龙⋯ III.①社会主义法制－研究－中国 IV.① D920
中国版本图书馆 CIP 数据核字（2021）第 188426 号

道路与理念：中华法文化趣论
DAOLU YU LINIAN ZHONGHUA FA WENHUA QU LUN

龙大轩 著

人民出版社 出版发行
（100706 北京市东城区隆福寺街 99 号）

环球东方（北京）印务有限公司印刷 新华书店经销

2021 年 11 月第 1 版 2021 年 11 月北京第 1 次印刷
开本：710 毫米 ×1000 毫米 1/16 印张：18.5
字数：240 千字

ISBN 978－7－01－023756－5 定价：56.00 元

邮购地址 100706 北京市东城区隆福寺街 99 号
人民东方图书销售中心 电话：（010）65250042 65289539